경제성 공학

고근환 · 김광호 · 김기화 · 김정한 · 남시복
남 현 · 노인배 · 문종훈 · 박상혁 · 손학식
윤석구 · 정해종 · 최성우 공저

문 운 당

머 리 말

에너지 진단은 에너지 이용효율의 향상과 함께 온실가스 감축을 효과적으로 줄이기 위한 수단으로 건물, 금속. 철강, 요업, 화공, 식품, 전기전자, 반도체, 제지, 목재, 섬유 및 열병합발전소 등 1차 에너지를 이용하는 모든 산업분야에서 효과적으로 에너지를 활용하고 있는지를 점검, 측정하여 문제점에 대한 새로운 개선책을 제시하여 수용가가 가장 합리적으로 에너지를 이용할 수 있도록 하는 컨설팅 분야이다. 기업의 비용절감과 함께 국가의 에너지 수요를 경감시키는 기술분야로서 최근에는 국제적 관심사인 기후변화 환경에 대응하는 새로운 분야로 인식되고 있다.

일정 규모 이상의 에너지를 사용하는 수용가들이 적극적인 관심을 보이고 있는 분야이긴 하지만 아직 인력양성이 제대로 되어 있지 않아 1980년대부터 국내 처음으로 전기진단기법을 만들어 지금까지 이른 필자의 실무경험을 토대로 진단의 기초와 실무에 도움이 될 수 있는 기술도서를 이번에 출간하게 되었다. 그동안 부분적으로 진단보조 인력을 어느 정도 양성시켜 왔지만 기술교육 교재는 전무한 국내 실정을 감안하여 필자는 이러한 관점에서 전력 및 열진단 전반에 걸쳐 비교적 실용적인 기초지식과 활용 가능한 기법을 소개하여 일선 현장과 대학에서 처음 공부하려는 사람들을 위해 이해를 돕고자 노력하였다.

이 책은 설비에 대한 내용을 쉽게 이해할 있도록 기초적인 이론을 근거로 실용 가능한 진단기법 중심의 내용을 다루었다.

이 책을 출간하면서 다른 저서로부터 인용한 부분이나 내용 중 미흡한 부분에 대해서는 독자들의 의견을 들어 앞으로 보완 수정해 나갈 것을 약속드립니다.

끝으로 이 책이 출간되기까지 주위에서 도움을 준 에너지관리공단, 에너지관련 협회, 진단관련 회사 및 동료 교수님들과 문운당 출판사에 진심으로 감사드립니다.

2012년 2월
저자 일동

목 차

제 1 장 경제성 기초이론

제 2 장 경제성공학의 개요

제 3 장 시간적 가치와 경제적 등가

제 1 장

경제성 기초이론

학습목표

- 경제학의 개념을 이해한다.
- 경제학의 분야를 파악한다.
- 경제학의 방법론의 개략적 특징을 설명할 수 있다.
- 희소성의 법칙과 이로 인해 발생하는 합리적 선택의 문제의 관계를 이해한다.
- 경제의 3대문제를 설명할 수 있다.
- 기회비용과 매몰비용의 개념을 이해한다.
- 경제적비용의 개념을 파악한다.
- 여러 가지 비용의 개념을 숙지한다.
- 생간가능곡선의 정의와 특징을 이해한다.
- 수요의 법칙을 설명할 수 있다.
- '수요량의 변화'와 '수요의 변화'의 차이를 이해한다.
- 공급의 법칙을 설명할 수 있다.
- '공급량의 변화'와 '공급의 변화'의 차이를 이해한다.
- 완전경쟁시장의 정의와 특징에 대하여 파악한다.
- 독점시장의 정의와 특징에 대하여 이해한다.
- 경제적 장·단기의 구분기준을 파악한다.
- 단기생산함수간의 관계를 설명할 수 있다.
- 단기비용함수간의 관계를 설명할 수 있다.

1. 경제학이란?

[1] 경제학의 정의

경제학은 선택의 문제를 다루는 학문이다. 경제주체는 경제활동을 영위해 나가면서 필연적으로 연속되는 경제적 선택에 직면하게 되는데, 이때 판단의 기준을 제시하고자 하는 것이 경제학의 제일 목표라고 할 수 있다. 경제주체가 선택의 문제에 직면하게 되는 이유는 자원의 희소성 때문이다. 이는 어려운 개념이 아니다.

이해를 돕기위해 예를 들어보자. 20대 초반의 신체 건강한 대학생인 김군이 있다. 김군은 오늘 아침에 일어나 등교준비를 마치고 학교에 간다. 그런데 어제 늦게까지 그의 여자친구 이양과 전화통화를 하느라 그만 아침에 늦잠을 자고 말았다. 그런데 마침 오늘 오전에는 불행이도 학생들의 지각을 무척 싫어하시는 남교수님의 강의가 있다. 강의에 늦지 않게 도착하기에는 시간이 아슬아슬하여, 김군은 집앞에서 평소에 통학수단으로 이용하던 버스대신 통학시간을 다소 줄여줄 수 있는 택시를 탈까 잠시 고민하다가 그냥 버스를 타기로 마음을 먹는다. 이유는 넉넉하지 않은 용돈 때문에 오늘 택시를 타는데 돈을 써버리면 오후에 친구들과의 약속에서 할 수 있는 일이 많이 제한되기 때문이다.

여기서 학생인 김군은 돈을 지불하고 용역(사람의 운송)을 소비하는 경제활동을 하는 경제주체가 된다. 오늘 아침에 김군은 자연스럽게 버스를 탈지 아니면 택시를 탈지에 대한 경제적 선택의 기로에 직면하게 되었는데 여기에는 가장 중요한 원인이 있다. 바로 용돈이 넉넉하지 않기 때문이다. 만약 김군에게 화수분과 같은 것이 있어서 돈을 무한하게 쓸 수 있다면 오늘 아침의 선택은 필요가 없었을 것이다. 비용에 관계없이 자신을 빠르고 편안하게 목적지까지 데려다 줄 수 있는 현존하는 가장 좋은 교통수단(가령 개인 헬리콥터)을 선택없이 사용하면 된다.

하지만 불행이도 이 세상 어떤 경제주체도 무한한 자원을 소유할 수는 없다. 따라서 경제학은 "제한된 자원으로 인간의 물질적인 욕구를 충족시키기 위한 합리적인 방법을 연구하는 학문분야"라고 정의할 수 있겠다. 경제학은 사회과학의 한 분야이며, 사회전체적인 관점에서 본 경제문제의 해명이 경제학자들의 주요 관심사가 된다. 전통적으로는 재화의 생산, 교환, 소비 등과 관련된 선택의 문제가 경제학의 주요 분석대상이 되었다. 그러나 최근에 들어서는 범죄, 자녀출산, 스포츠 등의 분야로까지 그 연구의 범위가 점차 확대되어가고 있다.

[2] 경제학의 구분

(1) 실증경제학과 규범경제학

경제학에 있어서 가치판단의 유무에 따라 실증경제학(positive economics)과 규범경제학(normative economics)으로 나눌 수 있다. 실증경제학은 경제현상을 객관적으로 분석하고 경제변수들간의 인과관계를 추론하여 경제현상의 변화를 예측하는 이론체계이다. 다시 말해서 실증경제학은 그 이론을 구성하고 있는 경제현상들 간의 상호의존관계를 이용함으로써 여러 가지 경제현상의 변화를 예측하는 것을 중시한다. 실증경제학에는 가치판단이 개입되지 않으며 객관적인 인과관계만을 분석하는 분야이다. 예를 들면 통화량이 증가하면 물가가 상승한다든지 임금이 상승하면 고용량이 감소한다든지와 같은 명제를 제시하는 경제학의 분야이다. 그러므로 실증경제학의 가치는 그 이론의 설명능력과 예상능력에 의해서 결정된다.

(2) 미시경제학과 거시경제학

경제학의 연구대상에 따라서 경제학을 미시경제학(microeconomics)과 거시경제학(macroeconomics)으로 나눌 수 있다. 미시경제학의 분석대상은 경제를 구성하는 개별경제주체인 소비자와 생산자의 행동원리 및 개별시장(생산물과 요소시장)에서의 가격과 수급량 결정 등이다. 소비자의 효용극대화 행위로부터 수요곡선과 요소공급곡선이 도출되는 과정 및 기업의 이윤극대화 행위로부터 공급곡선과 요소수요곡선이 도출되는 과정에 대해서 분석하는 한편, 생산물시장에서 재화가격과 생산량, 그리고 생산요소시장에서 요소가격과 고용량이 결정되는 과정을 분석하고, 그 이외에도 경제전체의 일반균형, 외부효과와 공공재, 정보의 비대칭성 등에 대해 분석하는 것을 주요내용으로 하고 있다.

거시경제학에서는 개별경제주체들로 구성된 국민경제 부문간의 상호관계, 경제전체의 구조와 성과 및 이에 영향을 미치는 각종 정부정책 등이 분석의 대상이다. 총체적인 거시경제 변수인 국민소득(GDP), 물가, 고용, 실업 등의 결정요인을 분석하고, 경제활동수준이 주기적으로 변동하는 경기변동과 장기적으로 경제규모가 점차 커지는 경제성장의 요인에 대해서 분석하며, 정부의 각종 정책이 경제활동에 미치는 영향과 그 파급경로 등을 연구하는 것이 거시경제학의 주요내용이다.

(3) 경제이론, 경제사, 경제정책론

이론경제학이라고도 불리우는 경제이론 분야는 수학이나 그림 등의 분석도구를 이용하여 여러 가지 경제현상 사이에 존재하는 경제법칙을 규명하고 그 법칙을 이용하여 미래의 경제현상을 예측하는 분야이다. 경제사는 지나간 경제현상을 해석하거나 과거의 경제자료를 추출, 분석함으로써 경제법칙을 밝혀내는 분야이며, 경제정책론은 어떤 경제가 바람직하며 그 바람직한 경제상태를 효율적으로 달성하기 위해서는 어떤 정책을 사용해야 하는가를 다루는 경제학의 한 분야이다.

[3] 경제학의 방법론

(1) 정태분석과 동태분석

경재학을 분식하는 빙법에는 정태분석(static analysis)과 동태분석(dynamic analysis)이 있다. 정태분석에서는 시간개념이 도입되지 않으며, 한 균형[1]에서 다른 균형으로 이동하는 과정은 고려하지 않고 단순히 두 상태를 비교·연구하는 방법이다. 정태분석을 다르게 비교정학(comparative statics)라고도 부른다.

동태분석은 분석에 시간의 개념을 도입하여 시간의 흐름에 따라 경제변수가 어떻게 변화하는 가를 분석하는 방법을 의미한다. 즉 한 균형점에서 새로운 균형점으로 이동하는 과정에 포커싱한 방법이라 볼 수 있다.

이해를 돕기위해 예를 들어 설명하자면 정태분석은 두 장의 다른 사진을 놓고 무엇이 다른지 비교해보는 방법이라면, 동태분석은 두 개의 동영상을 놓고 변화해가는 모습까지 비교하는 방법이라고 볼 수 있겠다.

(2) 부분균형분석과 일반균형분석

경제학의 방법론으로 부분균형분석(partial equilibrium analysis)과 일반균형분석(general equilibrium analysis)이 있다. 부분균형분석은 「다른 조건은 일정하다」라는 식의 일정한 가정을 도입하여 경제의 한 부분만을 따로 떼어내어 분석하는 것을 부분균형분석이라고 하다. 부분균형분석은 고려하는 변수 이외의

1) 외부에서 어떤 충격이 없는 한 그 상태에서 벗어나지 않는 상태를 균형(equilibrium)이라고 한다.

부분은 통제함으로써 분석 자체의 난이도가 내려가는 장점이 있다. 일반적인 경우 부분균형분석만으로도 올바른 결정을 내릴 수 있으므로 경제학에서는 주로 부분균형분석을 많이 사용한다.

일반균형분석은 경제 각 부문이 서로 영향을 주고 받는다는 것을 명시적으로 고려하면서 특정부문을 분석하는 것을 말한다. 일반균형분석에서는 경제의 각 부문이 서로 영향을 주고 받는다는 것을 고려하기 때문에 부분균형분석에 비해 정확한 결론에 도달할 수 있다는 장점이 있으나 분석 자체가 너무 복잡하다는 단점이 있다.

(3) 경제이론의 표현방법

경제학에서 구축된 이론이나 원칙을 표현할 때에는 다양한 방법이 사용된다. 가장 많이 사용하는 방법으로는 서술적인 표현방법과 수학적 표현방법 및 기하학적 표현방법의 세 가지가 있다.

경제이론을 순수하게 언어를 사용하여 나타내는 방법이 서술적 표현이다. 가령 다른 조건이 일정할 때 가격이 상승하면 수요량이 감소한다와 같이 서술의 방법으로 경제이론을 표현하는 것이다.

이런 서술적인 표현 대신 수학기호를 사용하여 경제이론을 설명하는 것이 좀 더 간단하고 명료한 경우도 있다. 방금 예로 들은 경제이론을 수학기호로 표현해 본다면 다음과 같다.

$$Q^D = f(P), \quad \frac{dQ^D}{dP} < 0$$

단, • Q^D : 수요량
• P : 가격

경제이론을 도형이나 그림 등을 이용하여 나타낼 수도 있는데 이를 기하학적 표현방법이라 하며 경제학에서는 이러한 기하학적 표현방법이 자주 사용된다. 마찬가지로 전술한 경제이론을 기하학적 표현방법을 사용한다면 가격과 수요량 사이에 존재하는 역의 관계를 다음과 같은 우하향의 수요곡선을 통하여 나타낼 수 있다.

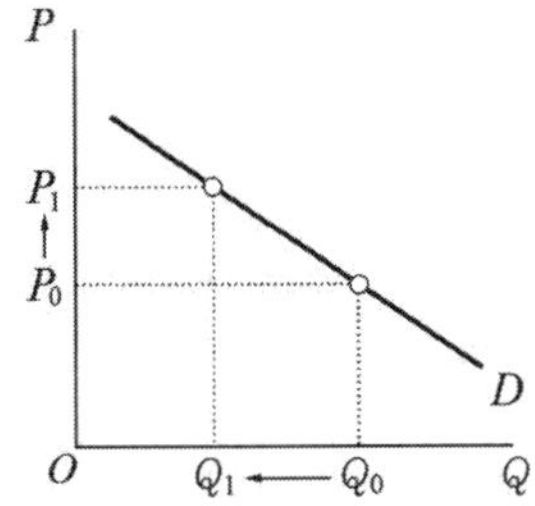

앞의 세 가지의 예시는 모두 표현의 방법이 다를 뿐 같은 경제이론을 나타내고 있다.

2. 경제학의 기본 개념

[1] 희소성의 법칙과 합리적 선택

경제학에서는 인간의 욕망은 무한한 것으로 전제한다. 이에 대한 철학적 이견이 존재할 수 있겠으나, 한 가지의 욕망이 충족되면 다른 욕망이 생기는 즉, 욕망의 무한연속성 측면에서 인간의 욕망이 무한한 것으로 보고 있다. 인간의 욕망이 무한한 반면 인간의 무한한 욕망을 충족시켜 줄 자원은 한정적이다. 이와 같이 인간의 욕망은 무한한 데 비하여 이를 충족시켜 줄 수 있는 경제적 자원[2)]은 제한되어 있음을 희소성의 법칙(law of scarcity)이라고 한다.

자연세계에서 만유인력의 법칙의 지배를 벗어날 수 없듯이, 희소성의 법칙은 우리 인간사회에서 재화와 용역을 생산하고 소비하는 경제문제를 지배하고 있다. 결국 경제적 자원의 희소성으로 인하여 제한된 자원을 어떻게 사용하는 것이 합리적인지에 관련된 선택의 문제에 직면하게 된다. 결국 경제 문제라는 것은 자원의 희소성으로 인해 발생하는 소비, 생산, 분배의 여러 가지 문제를 의미하게 된다.

여기서 경제적 선택에 있어서 합리적으로 선택을 한다는 것은 최소의 비용으로 최대의 효과를 낼 수 있도록 선택한다는 의미이다. 주어진 자원으로 최대의 효과를 얻고자 하는 것을 최대효과의 원칙, 일정한 목적을 최소의 자원으로 달성하고자 하는 것을 최소비용의 원칙이라고 하는데, 이 최소비용의 원칙 또는 최대효과의 원칙이 달성되었을 때를 경제적으로 효율적이라고 한다.

[2] 경제의 3대 문제

모든 경제사회는 제한적이고도 희소한 자원을 사용하여 그 사회의 경제적 후생을 극대화하려고 노력한다. 한편 P. A. Samuelson은 국민경제가 다음의 3가지의 주요 과제를 가지고 있다고 하였다. (1) 어떤 재화를 얼마만큼 생산할 것인가?(what and how to produce), (2) 어떻게 생살할 것인가?(how to produce), (3) 누구를 위하여 생산할 것인가?(for whom to produce)의 문제인데, 이상의 3가지의 경제적 과제를 「경제의 3대 문제」 라고 한다.

3대 기본문제 중에서 첫 번째의 문제는 한 사회가 생산해야 할 재화의 종류와 수량에 관한 것이다. 희소성의 법칙이 작용하고 있기 때문에 어느 사회이든 생산

2) 경제적 자원 : 노동, 자본, 토지 등과 같이 생산과정에 투입되어 재화나 서비스로 변환될 수 있는 것

해야 할 재화의 종류와 수량을 선택해야 한다. 희소성의 법칙으로 말미암아 어떤 재화를 얼마만큼 생산해야 할 것인가를 선택함으로써 무한한 인간의 욕망을 합리적으로 선택하여 충족시키게 된다. 만약 희소성의 법칙의 제한을 받지 않는다면 생산할 재화를 선택할 필요없이, 원하는 모든 재화를 생산하여 인간의 무한한 욕망을 채우는 것이 가능할 것이다. 그러나 현실의 사회는 희소성의 법칙의 제한을 받기 때문에 생산해야 할 재화의 종류와 수량을 합리적으로 선택해야만 한다.

국민경제의 3대 기본문제 중 두 번째의 문제는 생산방법과 생산조직에 관한 문제이다. 생산할 재화의 종류가 결정되면 어떤 방법으로 생산할 것인지에 대한 결정 또한 합리적으로 이루어져야 한다. 얼마나 효율적인 생산방법을 채택하느냐에 따라 소비가능한 재화와 서비의 수량이 달라지고 경제전체의 후생수준도 차이를 보이게 된다.

국민경제가 직면하는 마지막 문제는 사회에서 생산된 생산물을 사회의 구성원들간에 어떻게 분배할 것인가의 문제이다. 이 문제는 전술한 두 가지의 문제와 차이점을 갖는다. 전술한 두 가지의 문제는 합리적인 방안을 모색한다는 공통점이 있으나 마지막 문제의 해는 공평한 방안을 모색한다는 점에서 차이가 있다. 즉, 분배의 문제는 효율적이고 합리적인 방안을 찾는 것이 아니라 가치 판단에 의해 사회구성원간에 협의에 의하여 결정해야할 사안이므로 일치된 견해가 존재하지 않는다는 특징이 있다.

[3] 경제적 비용

경제학의 최대의 모토 중에 하나는 합리적 선택일 것이다. 합리적으로 선택을 한다는 것은 최소의 비용으로 최대의 효과를 낼 수 있도록 해야한다는 것은 전술한 바 있다. 즉 최소비용의 원칙 혹은 최대효과의 원칙이 달성되었을 때를 경제적으로 효율적이라고 하는데, 여기서는 그렇다면 경제학의 입장에서 이야기하는 비용이란 무엇인지에 관하여 짚고 넘어가고자한다. 의사결정 상황에 따라 필요한 비용의 개념이 달라지며, 따라서 다양한 비용의 개념에 대한 이해가 필요하다.

우선 경제학에서 말하는 비용은 일반적으로 회계학에서 말하는 비용의 개념과 다르다. 회계적 비용은 화폐의 지출이 실제로 일어난 비용을 말한다. 경제학에서 말하는 비용은 화폐의 지출이 실제로 일어난 회계적 비용은 물론 어떤 경제행위를 함으로써 포기해야하는 이득을 화폐가치로 환산한 기회비용(opportunity cost)까지를 합한 비용을 말한다.

(1) 기회비용과 매몰비용

기회비용(opportunity cost)이란 어떤 선택을 함으로써 포기해야 하는 다른 선택대안 중에서 가장 가치가 큰 것을 의미한다. 예를 들어 대학교 진학 여부를 고민할 때는 등록금과 교재비와 같이 실제로 현금이 들어가는 명시적비용뿐만이 아니라 대학진학을 함에 따라 포기해야하는 가능한 수입까지 포함된 기회비용을 고려해야하는 것이다. 고등학교 야구선수 중 유망주들이 대학진학을 포기하고 곧바로 프로로 진출하는 것은 대학진학에 따른 기회비용이 너무 크기 때문으로 볼 수 있다. 이렇듯 어떠한 경제적 선택에 있어 합리적인 선택을 위해서는 항상 기회비용의 관점에서 의사결정을 내려야 하며, 경제학에서 사용하는 비용은 전부 기회비용임을 부언해 둔다.

이와 반해 매몰비용(sunken cost)이란 이미 지출한 뒤에는 다시 회수가 불가능한 비용을 의미하며, 합리적인 선택을 하기 위해서는 이미 지출되었으나 회수가 불가능한 매롤비용은 전혀 고려되어서는 안된다. 가령 어떤 기업이 지금까지 기술개발에 10억원을 투입한 상황에서 기술개발 완료를 위해서 추가로 20억이 더 필요하고, 기술개발이 완료될 경우 25억원의 수입창출이 가능한 상황이라고 가정해 보자. 현 상황에서 추가적으로 20억원을 들여 기술을 개발해야 하는지 혹은 지금이라도 기술개발을 중단해야하는지 의사선택을 해야한다면, 이미 투입한 10억원은 어떠한 선택을 하더라도 회수가 불가능한 매몰비용이 된다. 따라서 매몰비용 10억원은 고려하지 말고, 추가로 20억원의 기술개발비용이 들더라도 25억원의 수익 창출이 가능하므로 추가 투자를 통해 기술개발을 완료하여야 하는 것이 합리적인 선택이 된다. 25억원의 수익을 위하여 총30억원의 비용을 들일 수는 없는 일이라고 판단하여 기술개발을 완료를 위한 투자를 포기한다면 불합리한 선택을 하는 것이 된다.

예제 1

기회비용에 관한 다음의 서술 중 가장 옳은 것은? 에너지진단사 기출 (제6회)

① 어떤 행위를 할 때의 기회비용은 그로 인하여 포기된 행위 중 최선이라고 생각되는 행위의 가치로 측정된다.

② 기회비용은 양(+)의 값을 가질 수 없다.

③ 기회비용은 경제학에서 일반적으로 사용되는 비용개념에는 포함되지 않는다.

④ 학원에 다니는 기회비용은 수강료와 교재비를 합한 금액이다.

⑤ 기회비용은 화폐단위로 나타낼 수 없다.

[해설]

② 기회비용은 일반적으로 양(+)의 값을 갖는다.

③ 경제학에서 일반적으로 사용되는 비용은 기회비용의 개념이다.

④ 수강료와 교재비와 같은 직접비용에 학원에 다님으로써 포기한 행위 중 최선의 가치를 포함한다.

⑤ 일반적으로 기회비용은 화폐단위로 나타낸다.

정답 ①

예제 2

주말에 햄버거 가게나 피자가게에서 아르바이트를 하는 대학생 A는 아르바이트를 하는 대신 극장표를 6천원에 구입하여 3시간 동안 영화관람을 즐겼다. 이 학생의 시간당 급여가 햄버거 가게에서는 5,000원이고, 피자 가게에서는 4,000원이라고 한다면, 이 학생의 영화관람에 따른 경제적 비용으로 올바른 것은?(단, 이 학생의 아르바이트 장소 선택에는 제한이 없다고 한다) 에너지진단사 기출 (제9회)

① 6,000원 ② 15,000원 ③ 19,000원

④ 20,000원 ⑤ 21,000원

[해설]

기회비용 = 6,000원 + 5,000원×3시간 = 21,000원

정답 ⑤

(2) 명시적비용과 암묵적비용

명시적비용(explicit cost)이란 실제로 지출된 비용으로 기업으로 치자면 생산활동 과정에서 실제로 지출된 원재료구입비·임금·이자·임대료 등이 명시적비용이 된다. 회계적비용이라고도 한다.

암묵적비용(implicit cost)은 일반적으로 자신이 소유한 생산요소에 대한 비용

으로 명시적으로 비용계산에 포함되지 않는 비용으로서 귀속비용(imputed cost)이라고도 한다.

(3) 회계적비용과 경제적비용

회계적비용(accounting cost)이란 기업의 생산과정에서 실제로 지출된 금액으로 전술한 명시적비용과 거의 동일한 개념으로 이해하면 된다.

경제적비용(economic cost)이란 생산에 소요된 모든 비용으로서 기회비용의 관점에서 측정한 것을 말한다. 따라서 기업의 정상이윤[3] 또한 경제적 비용에 포함된다.

경제적 비용 = 명시적 비용 + 암묵적 비용
(기회비용으로 측정) (기회비용으로 측정)

이해를 돕기 위해 수입과 이윤의 관계를 통해 설명하자면, 회계적이윤은 총수입에서 명시적으로 지출된 비용만 뺀 것인데 비하여 경제적이윤은 총수입에서 명시적비용뿐만 아니라 암묵적비용까지 차감한 값이므로 회계적이윤과 경제적이윤 간에는 암묵적비용만큼의 차이가 발생한다.

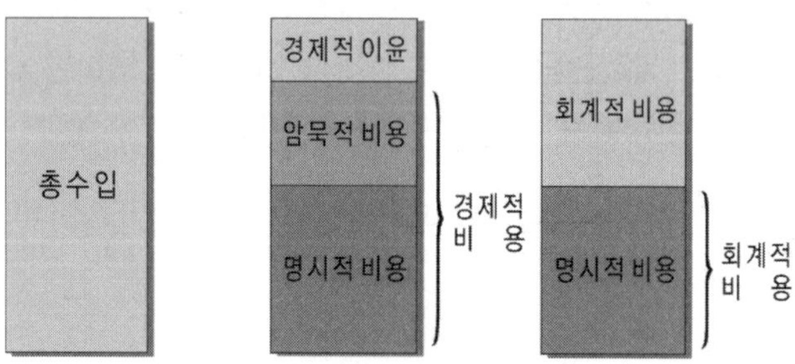

(4) 고정비용과 가변비용

고정비용(fixed cost)이란 생산량의 수준과는 관계없이 일정하게 들어가는 비용을 말한다. 이에는 기계, 건물, 임대료 및 기타 설비에 지출되는 비용이 있다. 주소 사업의 초기에 발생하며, 생산량에 관계없이 일정하게 들어가는 비용을 고정비용이라 하는 것이다.

3) 정상이윤이란 기업가로 하여금 계속해서 그 재화를 생산하도록 하기 위해서 보장되어야 하는 최소한의 이윤을 의미한다.

가변비용(variable cost)이란 생산량이 변화함에 따라 변화하는 비용을 말하며 변동비라는 용어도 같이 쓰인다. 원재료비, 임금, 연료비와 같은 비용은 생산량이 증가하면 함께 증가하는 양상을 보이는데 이러한 비용을 고정비용이라 하는 것이다. 재화의 생산량은 판매량에 영향을 받아 변화하게 되는데 이렇게 생산량이 변화할 때, 가변비용은 그에 연동하여 변화하나 고정비용은 그렇지 않게 된다.

예제 3

고정비란 무엇을 의미하는가? 에너지진단사 기출 (제4회)

① 매출액과 관계없이 변하는 비용
② 매출액과 관계없이 일정한 비용
③ 총비용과 관계없이 변하는 비용
④ 순이익과 관계없이 변하는 비용
⑤ 매출액과 일정한 관계를 유지하는 비용

정답 ②

(5) 사적비용과 사회적비용

비용에는 다시 사적비용과 사회적비용의 개념이 있다.

개인 또는 개별 기업의 입장에서 볼 때 발생하는 비용을 사적비용(private cost)이라고 한다. 예컨대, 어떤 기업이 화학약품을 생산한다고 하면, 화학약품을 생산하는 원재료비, 인건비, 공장의 건설 및 유지비 등이 화학약품 생산의 사적비용이 되는 것이다.

사회적비용(social cost)이란 사회전체의 입장에서 볼 때 발생하는 비용을 말한다. 전술한 예에서 사실은 실제로 비용이 발생하지만 고려하지 않는 것들이 있다. 화학약품을 생산함에 있어서 공장에서 발생하는 대기오염 및 하천오염 등과 같은 비용이 있다. 화학약품을 생산공장을 가동하기 위해서는 어쩔 수 없이 환경이 훼손되며 이러한 훼손이 사회전체에서 보면 하나의 비용인 것이다. 따라서 사회적비용은 사적비용에다가 환경오염과 같은 비용을 추가로 고려한 비용을 의미한다.

경제선택에 있어서 사적비용을 기준으로 선택을 하는 것과 사회적비용을 비용을 기준으로 선택을 하는 것은 선택의 결과 차이를 가져올 수 있다.

[4] 생산가능곡선

생산가능곡선은 전술한 희소성의 법칙과 이로 인한 경제적 선택의 문제 그리고 기회비용의 개념을 잘 나타내주는 단순화된 경제모형이다. 전술한 바와 같이 인간의 욕망은 무한한데 이에 비해 그 욕망을 채워줄 수 있는 자원은 유한하기 때문에 여러 가지 선택의 문제가 발생하는 현상을 희소성의 법칙이라 부른다. 희소성의 법칙은 그 특성상 유한한 자원으로 무엇을 얼마만큼 생산해야 할 것인가라는 문제로 귀결된다. 이러한 문제들은 단순화 시킨 생산가능곡선이라는 경제분석 도구를 살펴본다.

(1) 가정

[가정1] 쌀과 자동차만을 생산하는 경제를 상정한다.

[가정2] 재화 생산에 필요한 생산요소인 노동력, 원재료, 자본 등의 부존량은 일정하며, 요소가 대체가 제한된 범위내에서만 가능하다. 이는 노동자의 수는 일정하지만 그들은 농사일도 할 수 있고 자동차 제조공장에서도 일할 수 있다는 의미다.

[가정3] 기술진보는 없는 것으로 가정한다.

[가정4] 경제는 완전고용상태에 있고 생산은 효율적으로 이루어진다. 즉, 모든 생산요소가 생산에 사용되는 것이다.

(2) 생산가능곡선의 개념

생산가능곡선에 대한 이해를 돕기위해 생산가능표를 작성해보자. 앞서 가정한 바와 같이 현재시점에 가장 발전된 기술을 이용하여 경제내의 모든 자원을 효율적으로 이용하여 생산하였을 때 생산가능한 쌀과 자동차의 생산량 조합을 나타낸 표가 생산가능표이다.

〈표〉 생산가능표

생산물	생산물 배합					
	A	B	C	D	E	F
자동차[대]	15	14	12	9	5	0
쌀[만톤]	0	1	2	3	4	5

이상과 같은 생산가능점들의 궤적을 연결하면 다음과 같은 생산가능곡선이 그려진다.

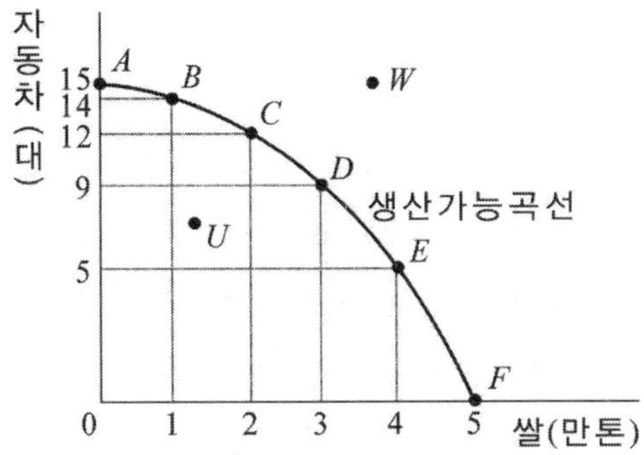

[그림] 생산가능곡선

그림과 같이 생산가능곡선(production possibility curve ; PPC)이란 경제내의 모든 생산요소를 가장 효율적으로 투입했을 때 최대로 생산가능한 X재(쌀)와 Y재(자동차)의 조합을 나타내는 곡선을 의미한다.

그림의 예에서 A점은 이 경제가 이용가능한 모든 자원을 자동차 생산에만 투입하여 자동차 15대를 생산하는 상태를 의미하며, B점, C점으로 이동할수록 자동차 생산은 일부 포기하고 쌀을 생산하는 상태를 의미하게 된다.

여기서 생산가능곡선 내부의 U점은 자원이 효율적으로 사용되지 않는 네 번째 가정이 위배되는 상황이므로 논의에서 제외되며, W점은 현재의 기술과 자원으로는 달성이 불가능한 점이므로 논의에서 제외된다.

여기서 한 가지 짚고 넘어가 점은 점A에서 점F에 이르는 생산가능곡선상의 점들은 무수히 많으며 그 무수히 많은 점 중에 어느 점에서 생산을 할 것인지는 경제체제 내의 구성원들의 필요와 합의에 의해 자유롭게 선택되어진 다는 것이다.

(3) 생산가능곡선의 형태

생산가능곡선은 일반적으로 우하향하는 원점에서 오목한 곡선의 형태를 띠게 된다.

여기서 첫 번째 생산가능곡선이 우하향하는 이유는 희소성의 원리가 작용하고 있기 때문이다. 쌀을 더 생산하여 소비하기 위해서는 자동차의 생산을 줄여야함을 의미한다. 즉 자원이 한정적이기 때문에 두 재화의 생산량을 동시에 증가시킬 수는 없는 것이다.

두 번째 생산곡선이 원점에서 오목한 곡선의 형태를 띠고 있다는 것은 기회비용이 체증함을 의미한다. 이를 이해하기 위해서 생산가능곡선의 기울기가 기회비용의 의미를 갖는다는 것을 먼저 이해할 필요가 있다. 생산가능곡선상의 B점에서 C점으로 이동하는 경우를 생각해보자. 이는 추가로 쌀 1만톤을 생산하기 위하여 자동차 2대를 포기하게 됨을 의미하고 두 점간의 기울기(자동차2대/쌀1만톤)가 쌀 한 단위를 추가적으로 생산하기위해 포기된 기회비용임을 알 수 있다.

다시 아까의 논의로 돌아와서 생산가능곡선의 기울기가 쌀 한 단위를 추가적으로 생산하기 위한 기회비용임을 이해했다면, 그림에서와 같이 원점에서 오목한 곡선의 모양은 쌀의 생산을 늘려감에 따라 생산가능곡선상의 각 점에서의 기울기의 절대값이 증가하고 있음 즉 기회비용이 상승하고 있음을 알 수 있게 해준다. 이와 같이 어떤 재화의 생산량이 증가함에 따라 그 재화생산의 기회비용이 점점 증가하는 것을 '기회비용체증의 법칙(law of increasing opportunity costs)'이라고 부른다.

이러한 기회비용체증의 법칙이 발생하는 이유는 생산요소간에 완전대체가 불가능하고 한계생산체감의 법칙과 규모의 비경제가 복합적으로 발생하기 때문이다. 한계생산체감의 법칙과 규모의 비경제 개념은 후술하기로 하고 여기서는 생산요소간에 완전대체의 불가능에 대해 생각해보자. 가령 쌀의 생산을 점차 늘려가면 자동차의 생산에 사용되던 인력, 설비 등의 생산요소가 쌀 생산에 투입되게 되는데 자동차 제조 기술자와 자동차 생산용 설비를 쌀생산에 사용했을 때 부적합도가 상승할 것이기 때문이다. 만약 생산요소간에 완전한 대체가 가능하다면 생산가능곡선은 우하향 직선의 형태를 갖게 된다.

(4) 생산가능곡선의 이동

이제 가정을 좀 완화하여 생산가능곡선의 이동을 통해 생산가능곡선에 대한 이해의 폭을 조금 더 넓혀보도록 하자.

① 기술의 진보

먼저 기술이 진보하는 경우를 생각해 보자. 자동차 제조기술이 발달하여 같은 인력과 자원으로도 많은 자동차를 생산할 수 있게 된다면 그림(b)과 같은 생산가능곡선의 이동이 이루어지게 된다.

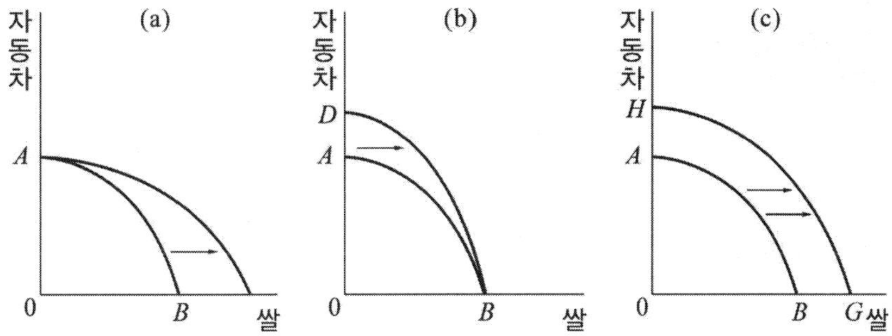

[그림] 생산가능곡선의 이동

반대로 쌀의 경작기술이 발달하여 동일한 인력과 자원으로 더 많은 쌀을 생산할 수 있게 된다면 생산가능곡선은 그림(a)와 같이 변화하게 될 것이며, 쌀과 자동차의 생산기술이 모두 진보하게 된다면 생산가능곡선은 그림(c)와 같이 바깥쪽으로 이동하게 될 것이다.

② 생산요소 부존량의 증가

가령 새로운 천연자원이 발견된다면 경제 내에 생산가능한 재화의 수량이 증가할 것이므로 생산가능곡선은 바깥쪽으로 이동하게 된다. 이와 마찬가지로 인구증가, 여성의 경제활동참가율 상승과 같은 노동생산요소의 증가가 발생한다고 해도 생산가능곡선은 바깥쪽으로 이동하게 될 것이다.

3. 수요·공급의 이론

[1] 수 요

(1) 수요의 개념

수요란 일정한 기간동안에 수요자들이 주어진 가격으로 재화나 서비스를 구입하고자 의도하는 총량을 의미한다. 여기서 구입하고자 의도한다라는 말을 뜻은 실제로 구입한 양이 아니라 구입하려고 마음속에서 의도하고 있는 양을 의미한다. 또한 수요는 기간이 정해져야 측정이 가능한 유량의 개념이다.

(2) 수요함수

수요함수란 어떤 재화에 대한 수요와 그 재화의 수요에 영향을 주는 요인들간의 함수관계를 말한다. 수요함수를 식으로 표현하면 다음과 같이 표현이 가능하다.

$D_X = f($$X$재의 가격, 소득수준, 다른 재화의 가격, 인구수, 소비자의 선호, 소득분포 …$)$

단, • D_X : X재의 수요량

그런데 재화의 수요에 가장 큰 영향을 미치는 것은 그 재화의 가격일 것이므로 일반적으로 다른 요인들은 불변이라고 가정하여 수요함수를 단순화 하면 다음과 같다.

$$D_X = f(P_X)$$

단, • P_X : X재의 가격

예제 4

다음 중 수요를 결정하는 요인에 해당하지 않는 것은?

에너지진단사 기출 (제5회, 제6회)

① 상품의 가격 ② 생산요소의 가격

③ 소비자의 소득 ④ 관련 상품의 가격

⑤ 소비자의 선호와 기호

정답 ②

(3) 개별수요곡선과 시장수요곡선

① 개별수요곡선

개별수요곡선이란 개별소비자 개인이 각각의 가격에서 구입하고자 의도하는 재화와 서비스의 양을 나타내는 곡선을 의미한다.

② 시장수요곡선

시장수요곡선이란 각각의 가격에서 개별소비자 개인 모두의 수요를 합한 재화와 서비스의 향을 나타내는 곡선을 의미한다.

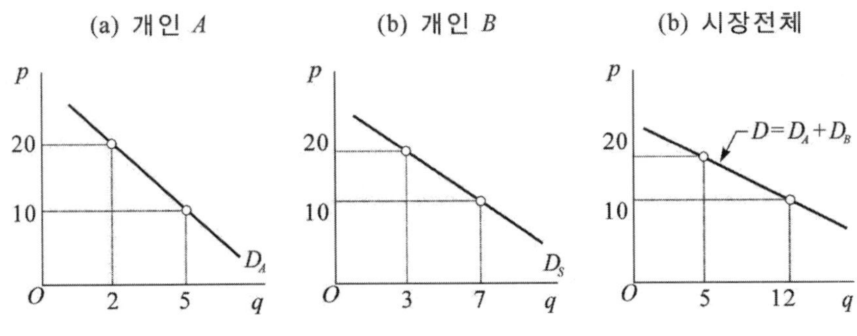

시장수요곡선은 개별수요곡선을 수평으로 합하여 도출하며 따라서 시장수요곡선은 개별수요곡선보다 일반적으로 완만한 형태를 띤다.

(4) 수요의 법칙

수요의 법칙(law of demand)이란 가격(P)이 상승(하락)하면 수요량(Q)이 감소(증가)하는 역(−)의 관계를 의미한다. 이 수요의 법칙에 의하여 수요곡선이 우하향하게 된다.

(5) '수요량의 변화'와 '수요의 변화'

① 수요량의 변화란 가격변화에 따라 소비자가 구입하고자 의도하는 재화의 수량이 변화하는 것을 의미한다.

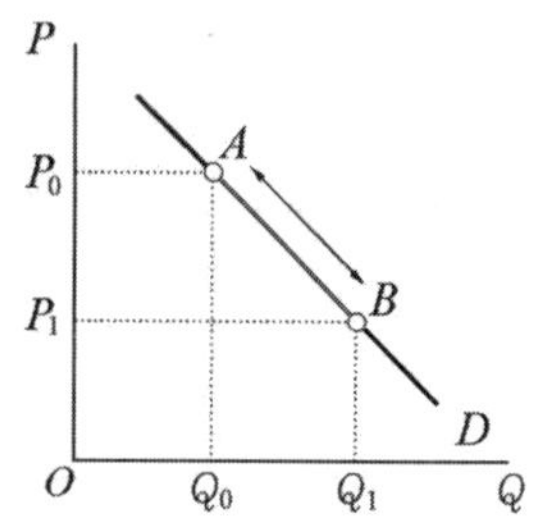

이는 그래프에서 수요량의 변화가 발생하면 수요곡선상에서의 이동이 발생함을 의미한다. 즉, 가격이 상승(하락)하면 수요량이 감소(증가)하는 역(−)의 관계를 나타낸다.

② 수요의 변화

수요의 변화란 수요곡선을 단순화함에 있어서 했던 가정, 즉 소득수준, 다른 재화의 가격, 인구수, 소비자의 선호, 소득분포 … 등의 변화로 인해 수요곡선 자체가 이동하는 것을 의미한다.

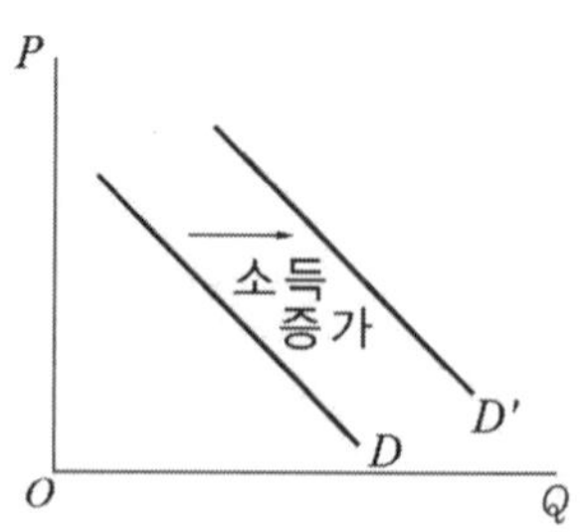

수요의 변화가 발생하면 수요곡선이 좌우로 이동하게 되는데, 이러한 이동의 요인과 방향을 정리하면 다음의 표와 같다.

[표] 수요변화의 요인

수요변화의 요인		수요변화	수요곡선이동
소득수준 향상	정상재	증 가	우측이동
	열등재	감 소	좌측이동
다른 재화의 가격 상승	대체제	증 가	우측이동
	보완제	감 소	좌측이동
광고의 증가		증 가	우측이동
인구의 증가		증 가	우측이동
소비자의 예상(가격상승 예상)		증 가	우측이동

[2] 공 급

(1) 공급의 개념

공급이란 일정한 기간 동안에 공급자들이 주어진 가격으로 재화나 서비스를 판매하고자 의도하는 총량을 의미한다. 여기서 판매하고자 의도한다라는 말을 뜻은 실제로 판매한 양이 아니라 판매하려고 마음속에서 의도하고 있는 양을 의미한다. 또한 공급은 기간이 정해져야 측정이 가능한 유량의 개념이다.

(2) 공급함수

공급함수란 어떤 재화에 대한 공급과 그 재화의 공급에 영향을 주는 요인들간의 함수관계를 말한다. 공급함수를 식으로 표현하면 다음과 같이 표현이 가능하다.

$S_X = f(X$재의 가격, 기술수준, 생산요소의 가격, 다른 재화의 가격, 경기전망, 기업 목표 $\cdots)$

단, • S_X : X재의 수요량

그런데 재화의 공급에 가장 큰 영향을 미치는 것은 그 재화의 가격일 것이므로 일반적으로 다른 요인들은 불변이라고 가정하여 공급함수를 단순화 하면 다음과 같다.

$$S_X = f(P_X)$$

단, • P_X : X재의 가격

예제 5

어느 재화의 공급을 결정하는 요인이 아닌 것은? 에너지진단사 기출 (제3회)

① 그 재화의 가격변화 ② 관련 재화의 가격 변화
③ 소득분배의 변화 ④ 기술수준의 변화
⑤ 생산소요 가격의 변화

정답 ③

(3) 개별공급곡선과 시장공급곡선

① 개별공급곡선

개별공급곡선이란 개별공급자가 각각의 가격에서 공급하고자 의도하는 재화와 서비스의 양을 나타내는 곡선을 의미한다.

② 시장공급곡선

시장공급곡선이란 각각의 가격에서 개별공급자 모두의 공급을 합한 재화와 서비스의 향을 나타내는 곡선을 의미한다.

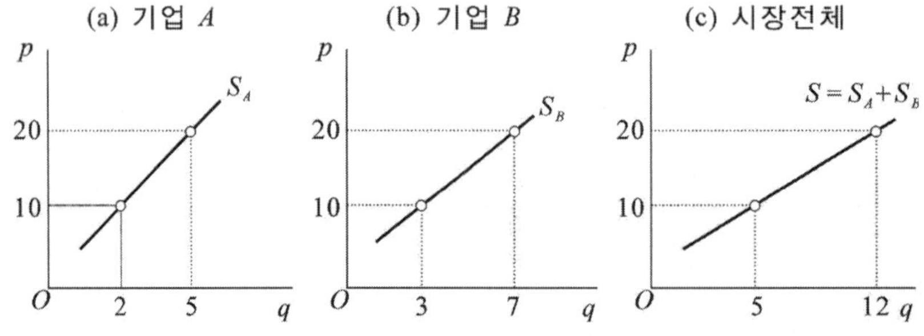

시장공급곡선은 개별공급곡선을 수평으로 합하여 도출하며 따라서 시장공급곡선은 개별공급곡선보다 일반적으로 완만한 형태를 띤다.

(4) 공급의 법칙

공급의 법칙(law of supply)이란 가격(P)이 상승(하락)하면 공급량(Q)이 증가(감소)하는 정(+)의 관계를 의미한다. 이 공급의 법칙에 의하여 공급곡선이 우상향하게 된다.

(5) '공급량의 변화'와 '공급의 변화'

① 공급량의 변화란 가격변화에 따라 생산자가 공급하고자 의도하는 재화의 수량이 변화하는 것을 의미한다.

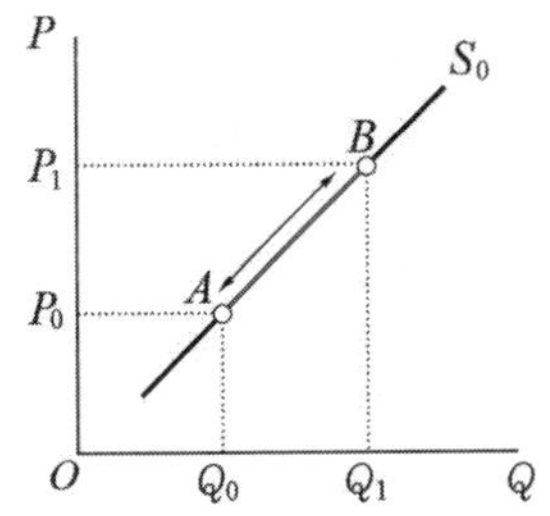

이는 그래프에서 공급량의 변화가 발생하면 공급곡선상에서의 이동이 발생함을 의미한다. 즉 가격이 상승(하락)하면 공급량이 증가(감소)하는 정(+)의 관계를 나타낸다.

② 공급의 변화

공급의 변화란 공급곡선을 단순화함에 있어서 했던 가정, 즉 기술수준, 생산요소의 가격, 다른 재화의 가격, 경기전망, 기업목표 … 등의 변화로 인해 공급곡선 자체가 이동하는 것을 의미한다.

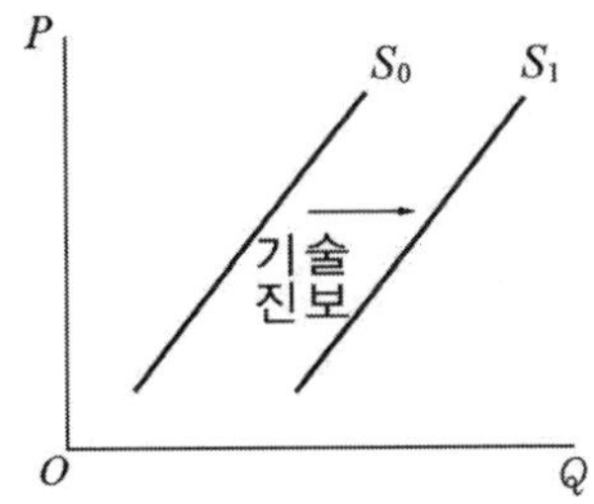

공급의 변화가 발생하면 공급곡선이 좌우로 이동하게 되는데, 이러한 이동의 요인과 방향을 정리하면 다음의 표와 같다.

[표] 공급변화의 요인

<table>
<tr><th colspan="2">공급변화의 요인</th><th>공급변화</th><th>공급곡선이동</th></tr>
<tr><td colspan="2">기술진보</td><td rowspan="7">증가</td><td rowspan="7">우측이동</td></tr>
<tr><td colspan="2">생산요소가격의 하락</td></tr>
<tr><td colspan="2">경기전망의 호전</td></tr>
<tr><td colspan="2">기업목표변화 : 이윤 극대화 → 판매수입극대화</td></tr>
<tr><td colspan="2">기업수의 증가</td></tr>
<tr><td colspan="2">보조금지급</td></tr>
<tr><td rowspan="2">다른 재화의 가격상승</td><td>생산면에서 보완재</td></tr>
<tr><td>생산면에서 대체제</td><td rowspan="3">감소</td><td rowspan="3">좌측이동</td></tr>
<tr><td colspan="2">공급자들이 가격상승을 예상</td></tr>
<tr><td colspan="2">조세부과</td></tr>
</table>

예제 6

어느 재화의 가격이 상승할 것이라고 예상하는 경우, 수요와 공급은 각각 어떻게 변화하는가? 에너지진단사 기출 (제6회, 제7회)

① 수요증가, 공급증가
② 수요감소, 공급증가
③ 수요감소, 공급일정
④ 수요감소, 공급감소
⑤ 수요증가, 공급감소

정답 ⑤

4. 시장의 형태

[1] 시장의 정의와 시장의 형태

일상생활에 있어서 시장(market)은 재화나 서비스의 거래가 이루어지는 구체적인 장소라는 의미로 사용되는 용어이다. 경제학에서는 이보다 넓은 의미로 재화 및 서비스의 거래가 이루어지는 추상적인 메커니즘을 통틀어 시장으로 정의한다. 따라서 농수산물시장과 같이 과일과 야채를 사고파는 물리적인 장소도 시장(현물시장)이라고 할 수 있고, 인력시장에서 일당노무자를 구하는 장소도 시장(노동시장)이며, 개인이나 사업가가 돈을 맡기고 빌리는 은행 또한 시장(자본시장)의 한 형태이다. 이와 같이 경제학에서의 시장은 어떤 구체적인 장소의 개념이라기보다는 재화나 서비스에 대한 수요와 공급이 반복적으로 이루어지는 추상적인 시스템을 의미하는 것이다. 시장은 수요자와 공급자의 만남이 이루어지는 '만남의 장'으로서 수요자와 공급자의 상호작용에 의해 재화의 가격과 거래량이 결정되게 된다. 대부분의 재화시장에서 소비자는 다수이므로 개별소비자가 시상가격에 영향을 미치는 것은 거의 불가능하다. 이에 반해 기업(공급자)의 경우는 다수인 경우도 있고 소수인 경우도 가능하며, 기업의 수가 소수인 경우 개별기업은 가격지배력을 행사하는 것이 가능해질 수 있다.

시장의 형태란 수요와 공급이 이루어지는 시스템의 조직형태를 의미한다. 동일한 재화라 하더라도 시장의 형태에 따라 가격과 생산량이 달라지며 그에 따라 자원배분의 효율성도 달라진다. 시장의 형태를 크게 나누면 완전경쟁시장과 불완전경쟁시장으로 구분할 수 있다. 불완전경쟁시장은 다시 독점, 독점적 경쟁, 과점시장으로 분류할 수 있다.

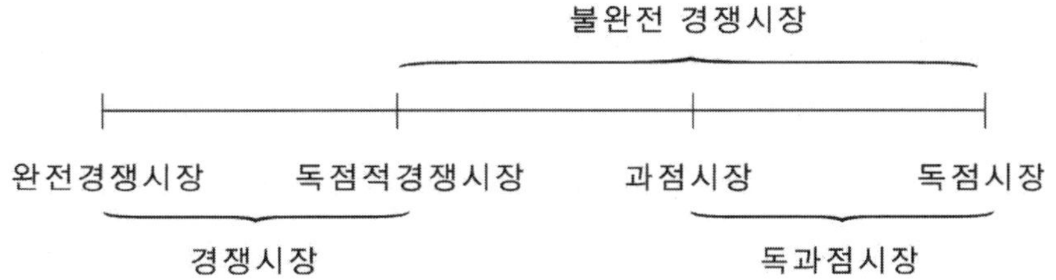

[그림] 시장의 형태

[2] 시장형태의 결정요인

시장의 형태를 결정하는 근본적인 요인에는 ① 공급자의 수, ② 재화의 동질성(homogeneity), ③ 시장의 진입장벽, ④ 가격 지배력, ⑤비가격경쟁의 존부 등을 들 수 있다. 대표적인 시장의 형태인 완전경쟁시장과 독점시장의 경우는 뒤에서 자세히 살펴보겠지만 먼저 각 시장형태의 특징을 요약하면 다음의 표와 같다.

[표] 시장의 형태와 결정요인

특징	시장형태			
	완전경쟁	독 점	과 점	독점적 경쟁
1. 기업의 수	무수히 많음	하나	소수	많음
2. 재화의 동질성	같음	단일 상품	같거나 다름	다름
3. 가격통제력	없음	매우 큼	작음	작음
4. 진입장벽	진입자유	진입불가능	장벽 큼	장벽 약함
5. 비가격경쟁	없음	없음	강함	매우 강함
6. 한국경제의 예	과일, 계란, 채소	전기, 수도, 철도	설탕, 승용차	주유소, 약국

권오철 외 저, 현대경제학입문, 삼영사, 2006

[3] 완전경쟁시장의 개념과 성립조건

완전경쟁시장이란 현실에 존재하지 않는 가상의 시장으로 다음과 같은 성립조건을 만족하는 시장을 의미한다.

(1) 다수의 수요자와 다수의 공급자

완전경쟁시장이 성립하기 위해서는 재화를 파는 사람과 사는 사람이 무수히 많아야 한다. 절대다수의 수요자와 공급자가 존재하기 때문에 개별 수요자와 공급자는 시장에서 가격에 영향을 미칠 수가 없다. 따라서 개별 수요자와 공급자는 시장에서 결정된 가격을 주어진 것으로 받아들일 수밖에 없게 되고 이러한 특성으로 인하여 가격순응자(price taker)로서 행동하게 된다.

가령 시장에서 쌀 10kg에 2만원이라고 한다면 쌀의 소비자는 쌀을 조금이라도 더 싸게 사고 싶어 할 것이다. 그래서 1만5천원에 쌀을 10kg 팔아줄 것을 어떤 생산자에게 제안하였다고 하자. 하지만 쌀을 사려는 사람이 무수히 많은 상황에서 쌀 공급자는 싸게 사려는 사람에게 팔지 않고 그냥 시장가격 2만원에 사려는 무수히 많은 다른 사람에게 팔면 되므로 그 제안을 거절할 것이다. 공급자의 입장에서도 쌀을 조금이라도 비싸게 팔고 싶겠지만, 이 또한 마찬가지로 쌀을 공급하는 사람이 무수히 많다면 소비자는 비싸게 파는 공급자에게 쌀을 사지않고 시장가격 2만으로 파는 공급자에게서 쌀을 사면 그만인 것이다.

(2) 재화의 동질성

완전경쟁시장이 성립되려면 모든 생산자는 완전히 동질적인 재화(homogeneous product)를 생산해야한다. 전술한 예에서 생략한 조건 중에 하나가 바로 재화의 동질성이다. 만약 시장에 오직 한 가지의 쌀만 존재하는데, 어떤 농부가 기존의 쌀보다 맛 좋고 영양가 높은 쌀을 생산하여 판매한 다면 쌀의 시장가격 2만원 보다 높은 가격으로 시장에 내어놓아도 판매가 가능할 것이다. 또한 재화의 동질성은 재화 자체의 품질뿐만 아니라 판매조건 및 판매후의 애프터서비스 조건 등 모든 것이 동일함을 의미한다.

(3) 공급자의 자유로운 진입과 퇴거

완전경쟁시장이 성립하기 위해서는 신규 공급자가 해당 시장으로 자유롭게 진입할 수 있어야하고, 또 기존의 공급자 또한 언제든지 퇴거가 가능해야한다. 어떤 시장에서 재화의 수익성이 높다면 누구든지 공급자로서 시장의 진입이 가능해야 완전경쟁이 가능해진다. 시장으로의 진입이 어렵다면 소수의 공급자만 시장에 존재하게 되고 이러한 경우 독점이나 과점과 같은 불완전경쟁시장이 된다.

다만 여기서 해당 시장으로의 진입과 퇴거가 가능하다는 것은 즉각적인 진입과 퇴거를 의미하는 것이 아니라, 한 산업에서 다른 산업으로 이동하는 데 비용이 발생하지 않음을 의미한다. 즉, 매몰비용이 존재하지 않아야 한다.

(4) 자원의 완전한 이동성

완전경쟁시장이 성립하기 위해서는 자원(생산요소)가 자유롭게 이동이 가능해야된다. 자원의 이동성이라 함은 기존의 자원을 가지고 다른 재화를 생산하는 것이 가능함을 의미한다. 또는 해당 재화를 생산함에 있어서 특정 자원의 꼭 필요하다면 그 자원이 소수의 공급자에게 독점적으로 소유되지 않아야 함을 의미한다. 그렇지 않은 경우 시장에 소수의 공급자만 존재하는 상황이 벌어지게 된다.

(5) 완전한 정보

시장에 참여하는 경제주체 즉 재화의 수요자와 공급자들은 재화의 가격, 재화의 품질, 위치, 거래 조건 등 재화와 관련한 모든 정보(perfect information)를 비용없이 획득할 수 있어야 하며, 미래에 대한 불확실성은 없는 것으로 가정한다. 전술한 조건이 충족되면 일물일가의 법칙(一物一價의 法則)이 성립하게 된다.

[4] 독점시장의 개념 및 특징

(1) 독점의 개념

독점(monopoly)이란 거의 대부분 혹은 모든 재화의 공급이 시장지배력을 갖는 하나의 기업에 의하여 이루어지는 시장형태를 말한다. 시장을 독점시장으로 볼 것인지 독점시장과 유사한 개념인 과점시장[4]으로 볼 것인지는 산업의 정의에 따라 달라진다. 산업의 범위를 좁게 정의하면 할수록 독점으로 분류되는 경우가 많이 발생한다. 가령, 지하철 시장에서 지하철공사는 독점공급자이지만 시장의 범위를 대중교통으로 확대시켜 대중교통 시장에서는 대체재[5]인 시내버스, 택시 등이 있으므로 과점시장이 되는 것이다.

(2) 독점의 발생원인

기본적으로 독점의 발생원인은 진입장벽(entry barrier) 때문이다. 독점시장은 다른 기업의 시장진입을 가로막는 진입장벽이 존재하기 때문에 발생하는데, 구체적인 진입장벽으로는 다음과 같은 것들이 존재한다.

① 생산요소의 독점적 소유

특정 재화에 필수불가결한 원재료를 하나의 기업이 독점적으로 소유하는 경우 독점이 발생한다. 예를 들어 다이아몬드 광산을 소수의 기업이 독점적으로 소유한다든지, 일정지역의 토지를 독점적으로 소유하는 경우가 있다.

---

4) 과점(oligopoly)이란 새로운 기업의 진입이 어렵거나 불가능한 상황에서 소수의 기업이 시장수요의 대부분을 공급하는 시장의 형태를 말한다. 기업수가 소수이므로 개별기업이 시장에서 차지하는 비중이 상당히 높으며, 한 기업의 생산량 변화는 시장가격고 다른 기업 이윤에 큰 영향을 미친다. 과점시장은 현실에서 보편적으로 관찰되는 시장형태이며, 과점기업이 생산하는 재화는 동질적인 경우도 있고 이질적인 경우도 있다.

5) 대체재란 한 재화 대신에 다른 재화를 사용해도 되는 관계를 지닌 두 재화를 의미한다. 갈증이 날 때 콜라가 마시고 싶지만 팔지를 않아서 사이다를 마셨다면, 콜라와 사이다는 대체재관계에 있는 것이다.

② 규모의 경제 발생

생산요소를 2배, 3배, … , λ배 증가시켰을 때 생산량이 동일하게 2배, 3배, … , λ배가 증가하지 않고 2배 이상, 3배 이상, … , λ배 이상 증가하는 경우 규모의 경제(economics of scale)이 발생하였다고 한다. 규모의 경제가 발생하는 경우 초기에 시장에 진입한 단일 또는 일부 기업만이 점차 기업의 규모가 커지면서 평균생산비용 하락을 통한 가격경쟁력을 끊임없이 가지게 되기 때문에 다른 기업이 시장에 진입할 수가 없게 되는데 이를 자연독점(natural monopoly)라고 한다. 초기에 많은 투자비용이 필요한 전화, 수도, 철도, 전기 등의 사업분야에서 주로 발생한다.

③ 작은 시장규모

시장의 규모가 한정되어 있어서 하나의 기업만이 정상이윤[6]을 얻을 수 있는 경우에도 독점이 발생한다. 예를 들어 중소 신도시에는 대형 할인마트는 먼저 입점하면 다른 경쟁사는 입점이 불가능해지는 경우가 있다.

④ 특허권

어떤 기업이 특정 재화를 생산하기 위한 독점적, 배타적 기술인 특허권을 가지고 있다면 독점적 지배력을 갖게 된다. 제약회사들이 보유하고 있는 신약관련 특허나 첨단 IT기업들이 보유하고 있는 특허 등이 예가 된다.

⑤ 정부의 독점권 부여

어떠한 이유로 정부가 독점적으로 공급을 허용하는 경우가 있는데 이 경우에도 독점시장이 발생한다. 예를 들어 담배인삼공사의 경우 정책적인 차원에서 담배를 독점적으로 공급하고 있다.

⑥ 정부의 인·허가

정부가 인·허가의 방식을 통하여 재화 공급 기업의 수를 제한하는 경우에도 독점시장이 발생할 수 있다.

---

6) 정상이윤이란 기업가로 하여금 계속해서 그 재화를 생산하도록 하기 위해서 보장되어야 하는 최소한의 이윤을 의미한다.

예제 8

다음의 서술 중에서 독점이 형성되는 원인이 아닌 것은?

에너지진단사 기출 (제6회, 제7회)

① 규모의 경제 ② 시장의 진입장벽
③ 원재료의 독점적 소유 ④ 특허권 보유
⑤ 수입자유화

정답 ⑤

(3) 독점의 특징

① 시장지배력

독점시장의 경우 단일 기업에 의해 재화가 공급된다. 독점기업의 공급량은 그 재화에 대한 전체시장의 총공급량과 동일하다. 따라서 독점기업은 시장지배력(market power)을 갖게 되고 가격설정자(price setter)로서 행동하게 된다. 독점기업은 완전경쟁시장의 기업들과는 달리 가격차별(price discrimination)이 가능하다. 또한 독점기업은 수요곡선상에서 자신에게 가장 유리한 생산점을 마음대로 선택할 수 있기 때문에 독점기업의 공급곡선은 특정되지 않는다.

② 강력한 진입장벽

독점시장에는 강력한 진입장벽이 존재하기 때문에 독점산업으로의 진입은 사실상 어렵다.

③ 우하향의 수요곡선

독점기업이 직면하는 수요곡선은 우하향하는 시장전체의 수요곡선[7]이 된다. 이는 판매량을 증가시키기 위해서는 반드시 가격을 인하해야함을 의미한다.

④ 경쟁압력의 부재

독점의 경우에는 직접적인 대체재가 존재하지 않기 때문에 경쟁기업이 존재하기 어렵다. 따라서 독점기업은 직접적인 경쟁압력을 받지 않는다.

---

7) 참고로 완전경쟁시장의 경우 개별 기업이 직면하는 수요곡선은 시장가격으로 수평인 직선이다.

5. 생산함수

[1] 개 념

(1) 생산의 개념

생산이란 생산요소를 적절히 배합·가공하여 인간에게 유익한 재화와 서비스를 창출함으로써 사회후생을 증가시키는 일체의 행위를 의미한다. 단순히 제품을 생산하는 것뿐만 아니라 재화의 운송·저장·포장 등 효용을 증가시키는 일체의 행위를 포함하는 넓은 개념이다.

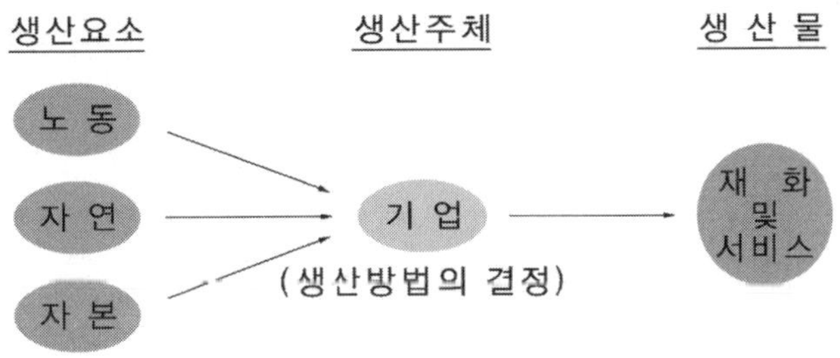

(2) 생산주체

생산의 주체란 직접적으로 생산행위를 하는 존재를 의미하는 것으로서 인간의 효용을 증대시키는 모든 행위를 하는 개인이나 기업뿐만 아니라 정부 등 모든 경제주체가 생산주체가 될 수 있다.

(3) 생산요소

생산요소란 생산을 함에 있어 투입되는 모든 인적 및 물적자원을 지칭하는 용어이다. 생산요소는 본원적인 생산요소인 노동과 토지 그리고 파생적 생산요소인 자본으로 분류된다.

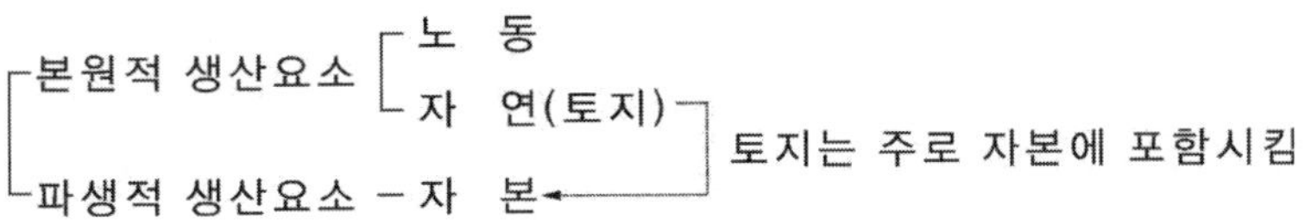

노동(labor)이란 어떤 재화나 용역의 생산을 목적으로 일정한 보수를 기대하여 행해지는 인간의 육체적·정신적 활동을 말한다. 노동의 생산성은 분업과 협업에 의하여 증대될 수 있다.

토지는 사실상 하천, 지하자원, 해수, 풍력 등 모든 자연자원을 아우르는 의미로서 자연자원에 가장 대표격인 토지로 통용된다. 토지는 자연발생하여 그 양이 줄거나 늘지 않기 때문에 본원적인 생산요소로 분류되며, 그 한정성으로 인해 지대(rent)[8]가 발생하게 된다.

자본(capital)은 인간이 만들어 낸 생산수단을 말한다. 자본은 유동자본과 고정자본으로 나누어지는데 유동자원은 한번 사용하면 소멸되는 것으로 원재료 같은 것이 대표적인 예이다. 고정자본이란 1회의 사용으로 없어지지 않고 여러번 반복해서 사용가능한 자본으로 기계, 건물, 도로, 항만 등과 같은 것을 말한다. 살펴본 바와 같이 자본은 인간이 만들어낸 생산수단이기 때문에 파생적 생산요소로 분류한다.

[2] 생산이론의 기초

(1) 개념

생산함수(production function)란 일정기간 동안 생산요소 투입량과 재화와 서비스의 산출량간의 기술적인 관계를 말한다.

생산함수 : $Q = F(L, K)$

단, • Q : 생산량
• L : 노동
• K : 자본

가령 노동자 3명과 컴바인(자본) 2대를 투입하면 1년에 쌀을 몇 톤이나 생산할 수 있나? 라는 물음에 답을 하기 위한 관계식이라 보면 되겠다. 예에서도 알 수 있듯 생산함수는 일정기간 동안 생산요소 투입량과 생산량간의 관계를 나타내므로 유량(flow)의 개념이며, 기수적인 측정이 가능하다.

8) 지대란 총공급이 완전히 고정된 생산요소에 대한 대가를 말한다.

(2) 단기와 장기의 구분

앞서 자본에서도 언급했듯이 생산요소는 분석의 편의를 위하여 고정요소와 가변(유동)요소로 구문한다. 고정요소란 생산물의 양이 변화해도 일정기간동안 그 투입량을 변화시킬 수 없는 요소를 말한다. 고정요소로는 주로 기계설비와 건물과 같은 것이 있다. 이와는 달리 가변요소는 생산물의 양이 변화할 때 그 투입량이 변화하는 요소를 말한다. 원재료나 노동과 같이 생산량을 증가시키기 위해서는 투입량의 증가가 필요한 요소가 가변요소이다.

생산요소을 고정요소와 가변요소를 구분하기 위해서는 기간의 정의가 필요한데 이때 사용되는 개념이 장·단기의 개념이다.

개별 생산자의 차원에서 장·단기의 구분은 고정요소가 존재하는 기간을 단기라 하고, 모든 생산요소가 가변적이 되는 충분히 긴 기간을 장기라고 한다.

산업 전체의 차원에서는 기존 기업의 퇴거나 새로운 기업의 진입이 불가능할 정도로 짧은 기간을 단기, 진입과 퇴거가 완전히 자유로운 충분히 긴 기간을 장기라고 한다. 따라서 장·단기의 구분은 개별 기업별 그리고 산업별로 모두 상이한 상대적인 개념이다.

예제 9

경제학의 생산이론에서 단기와 장기로 구별하는 기준은?

에너지진단사 기출 (제3회)

① 통상 1년 미만의 단기이고, 그 이상은 장기로 구분한다.

② 최초의 고정비용 이외에 추가적 고정비용이 소요되는 때부터 장기이다.

③ 고정요소가 존재하면 단기이고, 모든 요소가 가변적이면 장기이다.

④ 모든 요소가 고정이면 단기이고, 일부요소만 고정적일 때는 장기이다.

⑤ 규모의 경제가 실현되면 단기이고, 한계생산물체감의 법칙이 적용될 때 장기이다.

정답 ③

[3] 단기생산함수

(1) 개념

단기생산함수란 고정요소가 존재할 때의 생산함수로 가변요소의 투입량과 산출량간의 기술적인 관계를 나타낸 함수를 의미한다. 단기적으로 자본이 $\overline{K}$로 고정되어 있다면 단기 생산함수는 다음과 같이 표시된다.

$$Q = F(L, \overline{K})$$

단, • $K = \overline{K}$로 고정

(2) 총생산물, 한계생산물, 평균생산물

① 총생산물

총생산물(Total Product)이란 n단위의 가변요소를 투입하였을 때 생산된 재화의 총량을 의미한다. 일반적으로는 가변요소의 투입이 증가하면 총생산물이 증가한다.

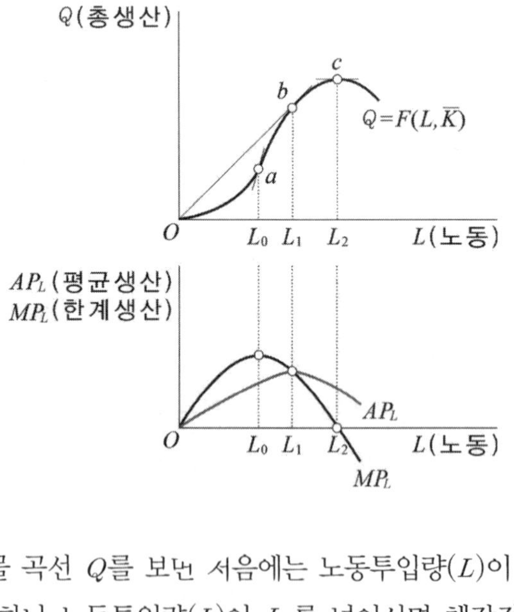

그림에서 총생산물 곡선 Q를 보면 처음에는 노동투입량(L)이 증가할 때, 총생산물이 체증적으로 증가하나 노동투입량(L)이 L_0를 넘어서면 체감적으로 증가하고, 노동투입량이 L2를 넘어서면 오히려 감소함을 보이고 있다. 총생산물이 체증적으로 증가하는 구간은 노동을 추가로 투입함에 따라 분업과 협업 등으로 생산력(productivity)

이 증가하기 때문이고, 총생산물이 체감적으로 증가하는 구간에서는 한계생산물체감의 법칙[9]이 나타나기 때문이다. 따라서 전형적인 총생산물곡선은 그림과 같이 S자를 약간 눕혀 놓은 형태를 갖는다.

n단위의 노동을 투입할 때의 총생산물은 그때까지의 한계생산물의 합과 동일하다. 따라서 한계생산물을 적분하면 총생산물을 구할 수 있다.

$$TP_L = \sum MP_L$$

단, • TP_L : 총생산물(노동이 가변요소일 때)

• MP_L : 한계생산물(노동이 가변요소일 때)

② 한계생산물

한계생산물(Marginal Product)이란 가변요소를 추가적으로 1단위 투입하였을 때 총생산물의 증가분을 의미한다.

$$MP_L = \frac{\Delta TP\,(\text{or } \Delta Q)}{\Delta L}$$

정의와 같이 한계생산물은 그래프상에서 총생산물곡선의 접점의 기울기로 측정가능하며, 수식으로는 총생산물을 미분하면 구할 수 있다.

위의 그래프에서 노동투입량이 L_0에 도달할 때까지는 한계생산물이 계속 증가하고, 노동투입량이 L_0를 넘어서면 한계생산물은 지속적으로 감소함을 알 수 있다. 이는 전술한 분업과 협업 등으로 인한 생산력(productivity)와 한계생산물체감의 법칙으로 설명이 가능하다. 노동투입량이 L_2를 넘어서면 총생산물이 오히려 감소하므로 총생산물곡선의 기울기인 한계생산물은 음(−)의 값을 갖는다.

참고로 총생산물과 한계생산물은 다음과 같은 관계를 갖는다.

$$MP_L > 0 \leftrightarrow TP_L \text{ 증가}$$
$$MP_L = 0 \leftrightarrow TP_L \text{ 극대}$$
$$MP_L < 0 \leftrightarrow TP_L \text{ 감소}$$

9) **한계생산물체감의 법칙(수확체감의 법칙)** : 고정요소가 존재하는 단기에 가변요소 투입량을 증가시키면 일정한 단계를 지나고부터는 그 가변요소의 한계생산물이 지속적으로 감소하는 현상을 말한다. 한계생산물체감의 법칙은 정도의 차이는 있으나 단기에 거의 모든 산업부문에서 나타나는 일반적인 현상이다.

③ 평균생산물

평균생산물(average Product)이란 투입된 생산요소 1단위당 생산량을 의미한다.

$$AP_L = \frac{Q}{L}$$

평균생산물은 그래프에서 총생산물곡선과 원점을 연결한 직선의 기울기로 측정한다.

평균생산물과 한계생산물과의 관계는 다음과 같다.

$MP_L > AP_L \leftrightarrow AP_L$ 증가

$MP_L = AP_L \leftrightarrow AP_L$ 극대

$MP_L < AP_L \leftrightarrow AP_L$ 감소

6. 비용함수

[1] 비용의 의의

시장에서 기업을 비롯한 생산자의 의사결정 기준은 이윤극대화이다. 그런데 이윤이란 총수입(Total Revenue)에서 총비용(Total Cost)를 차감하여 구할 수 있다.

이윤(π) = 총수입(TR) − 총비용(TC)

생산의 효율성에 의하여 결정

가격×판매량

여기서 이윤이 극대화되려면 주어진 생산량을 최소의 비용으로 생산하여야 하므로 생산비용은 이윤극대화와 밀접한 관련이 있으며, 기업의 생산량과 가격의 결정에도 중요한 변수로 작용한다. 따라서 기업이 어떤 식으로 이윤을 극대화하는지를 알기 위해서는 총수입과 총비용에 대한 이해가 선행되어야 한다. 기업의 비용조건은 공급곡선의 형태, 일정 시장으로의 진입여부결정 등에 영향을 미칠 수 있으며, 산업구조를 결정[10]하는 요인으로도 작용한다.

예제 10

어떤 안전경쟁기업의 비용함수가 $TC = 2Q^2$이다. 상품가격이 40으로 주어졌을 때 이윤 극대화 생산량은 얼마인가?(TC =총비용, Q =생산량)

에너지진단사 기출 (제3회)

① 1 ② 5 ③ 10

④ 15 ⑤ 20

[해설]

이윤(π) =총수입−총비용

$=(P \times Q) - 2Q^2$

$=40Q - 2Q^2$

10) 규모에 대한 비용체감의 경우 자연독점이 발생할 수 있다.

여기서, 이윤(π)의 최대값을 구하기 위하여 미분하고

$\frac{\delta \pi}{\delta Q} = 40 - 4Q = 0$ 인 점을 찾으면

$Q = 10$

정답 ③

[2] 단기비용함수

(1) 총비용

총비용(total cost)은 총고정비용과 총가변비용의 총합으로서 발생한 모든 비용을 의미한다.

$$TC = TFC + TVC$$

단, • TC : 총비용(total cost)
• TFC : 총고정비용(total fixed cost)
• TVC : 총가변비용, 총변동비용(total variable cost)

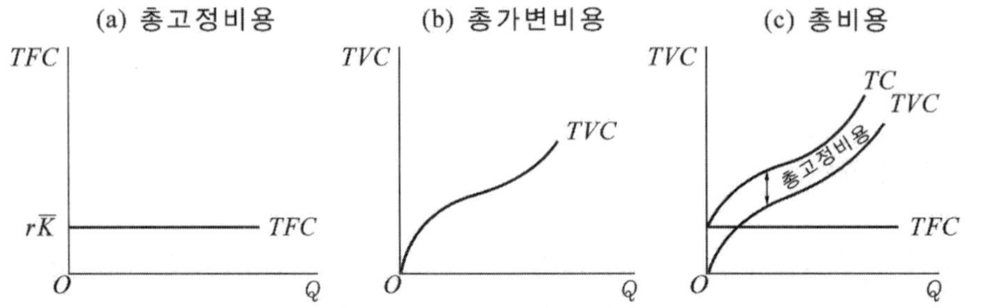

그래프상에서는 총가변비용곡선을 총고정비용만큼 상방으로 이동시키면 총비용곡선이 도출된다. 따라서 임의의 산출량(Q)에서 총비용곡선의 기울기는 항상 총가변비용곡선의 기울기와 동일하게 되며, 총비용곡선의 기울기는 한계비용을 나타낸다.

① 총고정비용

총고정비용(total fixed cost)이란 생산량의 크기와 무관하게 지출액이 고정되는 비용을 말한다. 생산량이 변화하더라도 고정비용은 일정한 값을 가지므로 TFC곡선은 위의 그림과 같이 수평선이 된다. 일반적으로 단기비용함수에서는 자

본(K)을 고정요소로 본다.

② 총가변비용

총가변비용 또는 총변동비용(total variable cost)이란 생산량에 따라 그 크기가 변화하는 비용이다. TVC곡선은 생산량 증가할 때 체감적으로 증가하다가 생산량이 일정단위를 넘어서면 체증적으로 증가하게 된다.[11)]

(2) 평균비용

평균비용(average cost)은 총비용을 생산량으로 나눈 것으로서 실제 재화 1단위당 원가를 의미한다. 평균비용은 평균고정비용과 평균가변비용의 합으로도 계산된다.

$$AC = \frac{TC}{Q} = \frac{TFC}{Q} + \frac{TVC}{Q} = AFC + AVC$$

- AC : 평균비용(average cost)
- Q : 생산량(quantity)
- AFC : 평균고정비용(average fixed cost)
- AVC : 평균가변비용(average variable cost)

11) 이는 생산함수에서 공부한 것과 동일한 이유 때문이다. 총생산물 곡선을 보면 처음에는 노동투입량(L)이 증가할 때, 총생산물이 체증적으로 증가하나, 노동투입량(L)이 일정 수준을 넘어서면 체감적으로 증가하고, 노동투입량이 더욱 증가하면 오히려 감소함을 보이고 있다. 총생산물이 체증적으로 증가하는 구간은 노동을 추가로 투입함에 따라 분업과 협업 등으로 생산력(productivity)이 증가하기 때문이고, 총생산물이 체감적으로 증가하는 구간에서는 한계생산물체감의 법칙[1)]이 나타나기 때문이다.
비용과 생산량은 반대편의 입장에 있는 것이므로 동일한 논리로 설명이 가능하다. 뒤에 자세히 서술하겠으나 MPL이 체증하는 구간에서는 비용이 체감적으로 증가하고, MPL이 체감하면 비용은 체증적으로 증가하는 관계를 갖는다.

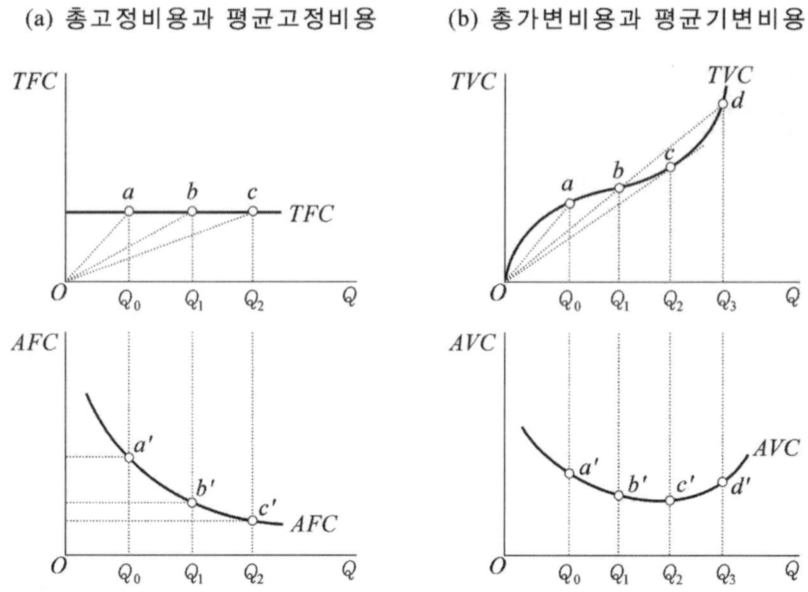

평균가변비용곡선이 U자 형태이므로 평균비용도 U자 형태를 띤다. 참고로 AC곡선은 AFC곡선과 AVC곡선을 수직으로 합하여 구할 수도 있고, TC곡선에서 원점으로 그은 직선의 기울기를 이용해서 구할 수도 있다.

① 평균고정비용

평균고정비용(average fixed cost)은 총고정비용을 생산량으로 나눈 값이다.

$$AFC = \frac{TFC}{Q}$$

TFC가 상수이므로 생산량이 증가하면 평균고정비용은 지속적으로 감소한다. AFC곡선은 직각쌍곡선의 형태이며 TFC곡선에서 원점으로 연결한 직선의 기울기로 측정가능하다.

② 평균가변비용

평균가변비용(average variable cost)은 총가변비용을 생산량으로 나눈 값이다.

$$AVC = \frac{TVC}{Q}$$

AVC곡선은 TVC곡선에서 원점으로 연결한 직선의 기울기로 측정가능하다. AVC곡선은 처음에는 체감하다가 나중에는 체증하므로 AVC곡선은 U자 형태로 도출된다.

(3) 한계비용

한계비용(marginal cost)이란 생산량을 1단위 증가시킬 때 증가하는 총비용의 증가분을 의미한다.

$$MC = \frac{\Delta TC}{\Delta Q} = \frac{\Delta TFC}{\Delta Q} + \frac{\Delta TVC}{\Delta Q} = \frac{\Delta TVC}{\Delta Q} \qquad (\because \frac{\Delta TFC}{\Delta Q} = 0)$$

- MC : 한계비용(marginal cost)

MC곡선은 각 생산량수준에 대응하는 TC곡선 혹은 TVC곡선의 접선기울기로 측정된다.

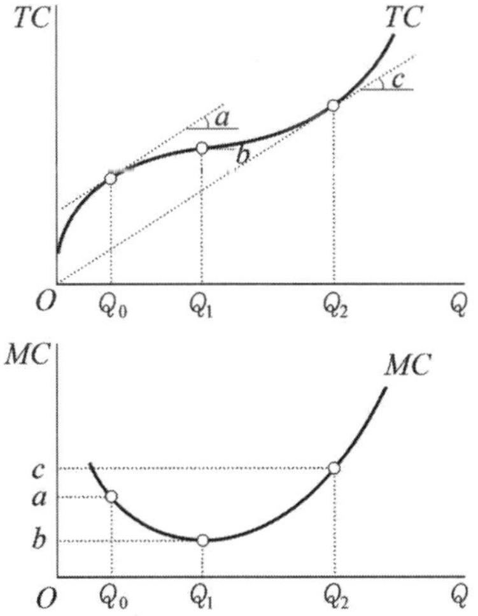

생산량이 Q_1에 도달할 때까지는 TC곡선의 기울기가 완만해지므로 MC가 낮아지고 변곡점인 Q_1에서 최소가 되고 그 이후에는 다시 증가한다. 따라서 MC곡선은 U자 형태로 도출된다. 생산량이 Q_2일 때는 TC곡선의 접선이 원점을 통과하므로 총비용곡선의 기울기와 원점으로 연결한 직선의 기울기가 동일하게 되어 $MC = AC$가 성립한다.

예제 11

경제학에서 의미하는 한계비용은 무엇을 의미하는가?

에너지진단사 기출 (제3회, 제6회, 제7회, 제11회)

① 생산물의 평균생산비용
② 가장 효율적인 기업이 생산하는 생산물의 평균생산비용
③ 생산물 한 단위 변화에 따른 총비용의 변화분
④ 생산물 한 단위 변화에 따른 고정비용의 변화분
⑤ 총비용과 총가변비용의 차이

정답 ③

예제 12

총고정비가 500만원인 기업 A가 10개의 제품을 생산하는데 총가변비용이 100만원이다. 이 기업이 1개의 제품을 생산하기 위해서는 총가변비용이 115만원으로 증가한다고 할 때, 제품의 한 단위 추가 생산에 대한 한계비용으로 알맞은 것은?

에너지진단사 기출 (제9회)

① 약 4만원 ② 15만원 ③ 약 56만원
④ 60만원 ⑤ 115만원

[해설]

$$MC = \frac{\Delta TC}{\Delta Q} = \frac{115-100}{1} = 15$$

정답 ②

예제 13

어느 기업의 단기비용함수가 $C = 6,000 + 3Q^2$인 경우 생산량(Q)를 20단위로 할 때의 평균가변비용은?

에너지진단사 기출 (제3회)

① 7,200 ② 1,200 ③ 360
④ 60 ⑤ 40

[해설]

$Q = 20$

$TVC = 3 \cdot 20^2 = 1,200$

$AVC = \dfrac{TVC}{Q} = \dfrac{1,200}{20} = 60$

정답 ④

(4) 비용곡선들 사이의 관계

① TC는 TVC를 TFC만큼 상방으로 이동시킨 것이므로 TC와 TVC의 형태는 동일하다.

② AC, AVC, MC는 하방에 위치한다.

③ AVC는 항상 AC하방에 위치한다.

④ 생산량이 증가함에 따라 AFC는 계속해서 감소하고(직각쌍곡선의 형태), 이에 따라 AVC는 점점 AC에 근접한다.

⑤ AVC의 극소점은 AC의 극소점보다 왼쪽에 위치한다.

⑥ MC는 AVC 및 AC의 최저점을 통과한다.

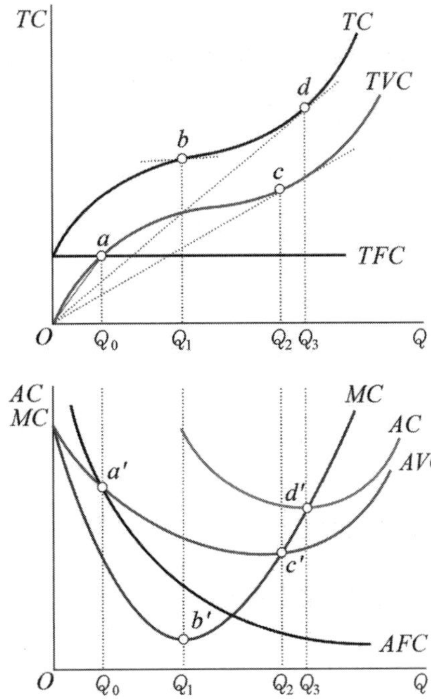

i) a점에서는 $TVC = TFC$이므로 $AVC = AFC$가 성립

ii) b점(변곡점)에서는 MC가 극소

iii) c점에서는 TVC에서 원점으로 연결한 직선의 기울기가 가장 작아지므로 AVC가 극소

iv) c점에서는 TVC에서 원점으로 연결한 직선이 TVC의 접선이므로 $AVC = MC$

v) d점에서는 TC에서 원점으로 연결한 직선의 기울기가 가장 작아지므로 AC가 극소

vi) d점에서는 TC에서 원점으로 연결한 직선이 TC의 접선이므로 $AC = MC$

⑦ MC는 AC가 감소할 때는 AC하방에 위치하고, AC가 증가할 때는 AC상방에 위치한다.

⑧ 최적산출량은 주어진 시설규모하에서 가장 낮은 단위당 비용으로 생산할 때의 산출량 즉, 평균비용최저점(Q_3)에서의 산출량을 의미한다.

예제 15

어떤 완전경쟁기업의 생산물 가격이 1,000원이고 평균비용이 1,200원, 평균 가변비용(변동비용)이 800원인 경우에 옳은 서술은? 에너지진단사 기출 (제6회)

① 초과이윤이 발생한다.

② 손실이 발생하지만 단기적으로는 생산을 계속한다.

③ 손실이 발생하므로 생산을 즉시 중단시킨다.

④ 손익분기점에 있다.

⑤ 정상이윤만 발생한다.

정답 ②

(5) 비용과 생산물 사이의 관계

① 평균가변비용과 평균생산물의 관계

$$AVC = \frac{TVC}{Q} = \frac{w \cdot L}{Q} = \frac{w}{\frac{Q}{L}} = \frac{w}{AP_L}$$

단, • w : 임률

이 관계식에서 평균가변비용(AVC)는 평균생산물(AP_L)과 역의 관계가 있음을 알 수 있다. 따라서 AVC가 극소일 때, AP가 극대가 된다.

② 한계비용과 한계생산물의 관계

$$MC = \frac{\Delta TVC}{\Delta Q} = \frac{w \cdot \Delta L}{\Delta Q} = \frac{w}{\frac{\Delta Q}{\Delta L}} = \frac{w}{\Delta MP_L}$$

이 관계식에서 한계비용(MC)는 한계생산물(MP_L)과 역의 관계가 있음을 알 수 있다. 따라서 MC가 극소일 때, MP가 극대가 된다.

(a) 평균생산물과 한계생산물

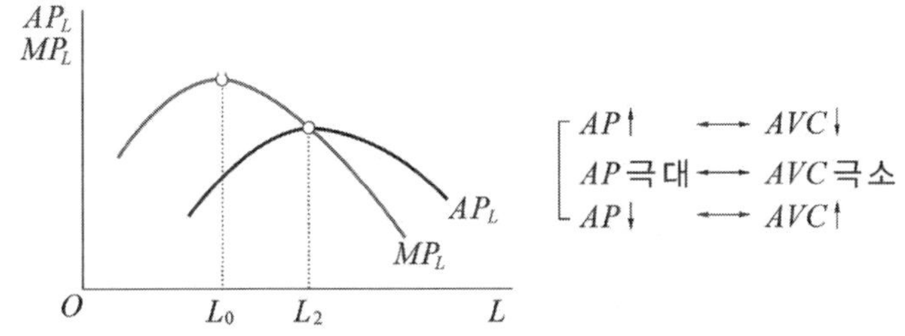

(b) 평균가변비용과 한계비용

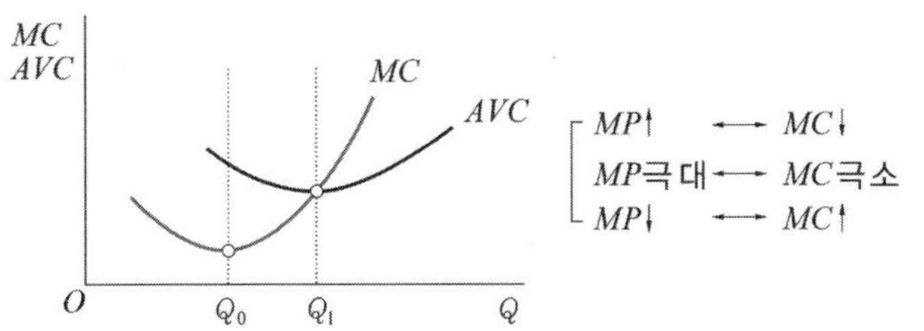

그림을 보면 AVC곡선과 AP_L곡선이 대칭을 이루고, MC곡선과 MP_L곡선이 대칭을 이룸을 알 수 있다. 이러한 모습이 마치 거울에 각각의 그래프를 거울에 비춘 것 같이 보인다고 하여 mirror image 관계라고도 부른다.

예제 16

아래 내용 중 맞지 않는 것은? 에너지진단사 기출 (제1회, 제2회)

① 총비용(tatal cost, *TC*)이란 총고장비용과 총가변비용을 합한 비용을 말한다.

② 평균비용(average, AC)은 총비용을 생산량으로 나눈 것으로 생산물 1단위당 생산비를 나타낸다.

③ 임금이 일정하다면 노동의 평균생산물이 증가할 때 평균가변비용은 감소하고, 평균생산물이 최대일 때 평균가변비용은 최소이다.

④ 임금이 일정하다면 평균생산물이 감소할 때 평균가변비용은 증가한다.

⑤ 한계생산물이 최소일 때 한계비용은 최소이며, 한계생산물이 감소할 때 한계비용은 감소한다.

정답 ⑤

연습문제

01. 과거에 발생한 원가로서 현재의 의사결정과 관련이 없는 비용은?

에너지진단사 기출 (제7회)

① 고정비 ② 회피가능비용

③ 매몰비용(sunk cost) ④ 직접비용

⑤ 임의비용(discretionary cost)

02. 다음의 항목 중에서 변동비에 해당하는 것은? 에너지진단사 기출 (제11회)

① 건물, 기계의 감가상각비 ② 임차료

③ 직접재료비 ④ 경영진의 고정급 급여

03. 다음 비용의 개념에 관한 설명 중 들린 것은? 에너지진딘사 기출 (제8회)

① 생산량 결정에 중요한 비용은 매몰비용이다.

② 비용은 수익을 창출하기 위하여 지불하는 모든 비용을 말한다.

③ 한계비용은 생산량의 한 단위가 증가할 때, 추가로 증가되는 비용이다.

④ 기업의 수익성과 무관하게 기업운영에 소요되는 세금, 자선 기부금, 재해로 인한 자산 폐기 등도 비용에 포함되어야 한다.

⑤ 기회비용은 제한된 자원으로 하나의 대안을 선택하여 소비하게 되면 다른 수익창출과 비용절약 가능성의 대안을 포기함으로써 발생되는 비용이다.

[해설]

매몰비용은 경제적 의사결정에 있어서 고려해서는 안된다.

04. 설비의 대체에 관한 의사결정 상황에서 경영자에게 가장 중요한 원가정보는?

에너지진단사 기출 (제5회)

① 관련원가 ② 가공원가 ③ 표준원가

④ 실제원가 ⑤ 기회원가

정답 1.③ 2.③ 3.①

[해설]

① 관련원가란 의사결정에 관련된 원가를 의미한다.

② 가공원가란 노무원가와 제조간접원가를 합한 원가를 의미한다.

③ 표준원가(standard costing)란 직접재료원가, 직접노무원가, 제조간접원가에 대해서 미리 설정해 놓은 표준원가를 이용하여 제품원가 계산을 하는 것을 말한다.

④ 실제원가란 실제로 지출한 원가를 의미한다. 기업의 생산활동 과정에서 실제로 지출된 원재료구입비·임금·이자·임대료 등이 해당된다.

⑤ 기회원가(opportunity cost)이란 어떤 선택을 함으로써 포기해야 하는 다른 선택대안 중에서 가장 가치가 큰 것을 의미한다.

05. 다음 중 완전경쟁 시장에 가까운 시장은 어느 것인가?

① 쌀 시장　② 스마트폰 시장　③ 휘발유 시장
④ 담배 시장　⑤ 상수도 시장

06. 식당, 병원 등의 서비스업은 어느 시장형태에 가까운가?

① 완전경쟁시장　②독점시장
③ 독점적경쟁시장　④ 과점시장

07. 기업A는 국내 발전설비의 일부를 필리핀으로 이전하는 투자안을 검토하고 있다. 다음 중 경제성분석시 고려대상으로 옳지 않은 것은? 에너지진단사 기출 (제10회)

① 이전 발전설비의 잔존가치
② 필리핀 현지 고용자의 인건비
③ 필리핀 발전설비 건설비
④ 과거에 지출한 발전설비 이전 타당성 검토 조사비

[해설]

과거에 지출한 발전설비 이전 타당성 검토 조사비는 매몰비용이다.

정답 4.① 5.① 6.③ 7.④

08. 어느 생산물의 생산과정에서 모든 투입량을 20 % 증가시킨 결과 산출량은 40 % 증가하였다. 이것은 무엇을 나타내는가? 에너지진단사 기출 (제4회, 제6회)

① 한계생산물체증의 법칙을 나타낸다.
② 수확체증의 법칙을 나타낸다.
③ 수확체감의 법칙을 나타낸다.
④ 규모에 의한 수익 감소의 법칙을 나타낸다.
⑤ 규모에 의한 보수 증가의 법칙을 나타낸다.

[해설]

한계생산물체증의 법칙(수확체증의 법칙)은 고정요소가 존재하는 단기에 가변요소 투입량을 증가시키면 한계생산물이 지속적으로 증가하는 현상을 말한다.
한계생산물체감의 법칙(수확체감의 법칙)은 고정요소가 존재하는 단기에 가변요소 투입량을 증가시키면 한계생산물이 지속적으로 감소하는 현상을 말한다.
생산요소를 2배, 3배, … , λ 배 증가시켰을 때 생산량이 동일하게 2배, 3배, … , λ 배가 증가하지 않고 2배 이상, 3배 이상, … , λ 배 이상 증가하는 경우 규모의 경제(economics of scale) 또는 규모에 대한 수익(보수) 증가가 발생했다고 말한다.

09. 어떤 생산물의 생산힘수가 $15L^{0\,8}K^{0\,8}$이라고 한다. 노동(L)과 자본(K)을 각각 2배씩 늘리면 산출량은 얼마나 늘어나는가? 에너지진단사 기출 (제3회)

① 1.5배 ② 2배 ③ 2배 이상
④ 4배 ⑤ 6배 이상

[해설]

생산함수의 L과 K에 각각 2L과 2K를 대입해본다.

정답 8.⑤ 9.③

제 2 장

경제성공학의 개요

학습목표

- 경제성공학의 의의에 대하여 이해한다.
- 경제성공학의 기능과 활용분야에 대하여 설명할 수 있다.
- 원가의 개념에 대하여 이해한다.
- 원가의 분류와 구성에 대하여 숙지한다.
- 제조원가와 비제조원가의 차이점에 대하여 설명할 수 있다.
- 직접원가와 간접원가의 차이점에 대하여 이해한다.
- 회계의 정의에 대하여 이해한다.
- 회계정보의 이용자에 대하여 설명할 수 있다.
- 재무회계의 사회적 기능에 대하여 이해한다.
- 재무제표의 종류에 대하여 설명할 수 있다.
- 대차대조표의 기본요소 및 구성항목을 숙지한다.
- 손익계산서의 기본구조를 숙지한다.
- 재무제표 분석의 개념을 이해한다.
- 재무비율 분석을 위한 여러 가지 재무비율을 능숙하게 계산할 수 있다.

1. 경제성공학의 개요

[1] 경제성공학의 의의

인간은 누구나 살아가면서 수많은 선택의 상황에 직면하게 된다. 선택의 상황에서 최선의 선택을 하기위해서는 판단의 기준이 필요하다. 이때 경제성공학이 하나의 경제적인 선택기준을 제시하게 된다. '경제성공학(engineering economics)'이란 사업의 수행여부를 그 사업의 경제적 타당성 즉 경제성으로 판단하는 학문이다. 경제성공학에서 '경제성'이란 최소의 비용으로 최대의 효과를 냄을 의미한다. '공학'이라는 용어는 주로 자연과학의 과학적 지식이나 수학적 지식을 응용하여 인간이 필요로 하는 재화를 경제적으로 창출하는 전문활동 분야를 의미한다. 이 두 용어의 의미를 종합하여 경제성공학의 의의를 판단해보면 경제성공학이란 의사선택에 있어서 경제적으로 유리한 방안을 찾아 경제성을 비교하여, 최선의 선택안을 결정하기 위한 이론과 기술의 총합으로 되어 있는 공학이라고 이해하면 되겠다. 따라서 경제성공학은 경영학과도 밀접한 관련이 있는 경영과학의 한 분야이고 제조업과 서비스업 전반에 걸쳐 매우 포괄적이며 현실성을 강조하는 학문분야이다.

전술한 바와 같이 경제성공학에서 '경제성'이란 최소의 비용으로 최대의 효과를 냄을 의미하기 때문에 이러한 경제적 판단이 필요한 다양한 학문 분야에서 조금씩 다른 명칭으로 연구되고 있다. 먼저 경제학(economics)에서는 경제성공학과 유사한 개념으로 '비용편익분석(cost-benefit analysis)'라는 용어를 사용하기도 하고 회계학에서는(주로 원가관리회계(cost management accounting))에서 '자본예산(capita budgeting)'이라는 용어를 사용하기도 한다. 재무학(finance)에서도 '자본예산(capita budgeting)'이나 조금 더 구체적으로 '투자안의 경제성분석'이라는 용어를 사용하며 연구되어 왔으나 그 이론 전개의 원칙과 본질에 있어서는 유사한 면이 많다고 하겠다.

또한 경제성공학은 '공학경제'라는 학명으로도 불리우는데 이는 영어의 'Engineering Economics'를 단순히 직역한 것이고, 이 분야의 내용을 잘 반영하고 있는 명칭은 경제성공학인 듯하다. 현재 국내에서는 두 용어를 혼용하고는 있으나 경제성공학이라는 명칭이 좀더 자주 사용되고 있는 것 같다.

[2] 경제성공학의 기능

경제성공학의 기능을 살펴보면 다음과 같다.

(1) 최적 투자안의 선별

경제성공학은 투자안의 경제성을 평가하여 투자여부를 판단하는 기준으로서의 기능을 한다. 비용과 수익이 발생하는 모든 투자안을 대상으로 경제적 타당성을 평가하므로 경제적으로 가장 효율적인 투자안을 선택하도록 해준다. 투자안에는 재화나 서비스를 생산하는 설비, 공장, 기계, 시스템 등 실물투자의 전반과 자금의 조달 및 운영에 관련한 금융투자의 일부가 포함된다.

(2) 기업가치 극대화

경제성공학에서 경제성 판단의 제일원칙이 최소의 비용으로 최대의 수익을 내는 것이므로 이는 이익의 극대화와 동일한 효과를 내며 이는 궁극적으로 개별 경제주체(주로 기업)의 경제적 가치 극대화를 꾀하게 되다.

(3) 경제적 자원의 효율성 제고

경제성공학을 통하여 최적의 투자안에 우선적으로 투자가 이루어지면 최소의 비용으로 최대의 수익이 가능하므로 한정된 경제적 자원이 가장 효율적으로 사용될 수 있다.

(4) 생산에 있어서 경제성 도입

기업 생산의 구체적 과정에 있어서도 경제성공학의 개념을 도입하여 의사결정을 하게 되면 설계, 구매, 제조 등의 구체적인 생산 과정에서도 효율성이 증대된다.

[3] 경제성공학의 활용분야

경제성공학의 활용분야는 대단히 광범위하다. 경제성 평가가 필요한 어떠한 곳에도 사용이 가능하며 후술하는 기업의 입장에서 뿐만 아니라 개인이 경제적 의사결정에서도 포괄적으로 사용이 가능하다. 국가경제에서 주된 생산 경제주체인 기업의 입장에서 경제성공학의 활용분야는 다음과 같은 것들이 가능하다.

(1) 투자안의 사업타당성분석

(2) 신설비의 구입과 대체분석

(3) 프로젝트의 경제적 타당성분석

(4) 임차와 구입의 선택

(5) 생산제품 혹은 라인의 신설 또는 폐기

(6) 생산, 외주 및 구입의 선택

(7) 원가와 생산량의 결정

(8) 설비의 경제수명의 결정

(9) 자본비용의 결정

(10) 자본 할당 문제의 결정

(11) 감가상각 및 세금관련 문제의 결정

(12) 사업의 확장과 포기의 결정

(13) 공공사업의 경제성분석

[4] 경제성공학의 의사결정 프로세스

경제성공학에서 발생하는 의사결정의 과정은 다음과 같다.

(1) 문제의 인식

문제를 정확히 파악하는 단계이다. 즉, 비용이 과다하게 발생하는지, 개선이 필요한 부문은 어디인지 등에 대한 정확한 조사가 필요하다.

(2) 사업 목표의 설정

제품이나 서비스의 기능향상이 목표인지 제품 제조원가의 절감이 목표인지를 설정하고 그에 따라 행동반경을 결정한다.

(3) 관련정보의 수집 및 분석

목표에 부합하는 대안을 구하기 위한 관련정보를 수집하고 자료들 간의 상관관계를 분석한다. 또한 현 상태에서 실행의 제한점을 찾아본다.

(4) 가능한 대안의 선별

여러 제한과 목표에 부합하는 가능한 대안을 선별한다.

(5) 판단기준의 선택

여러 대안의 순위를 판별하기 위한 기준을 선택한다.

(6) 최적 대안의 결정

최종적으로 목표에 부합하는 최적 대안을 결정한다.

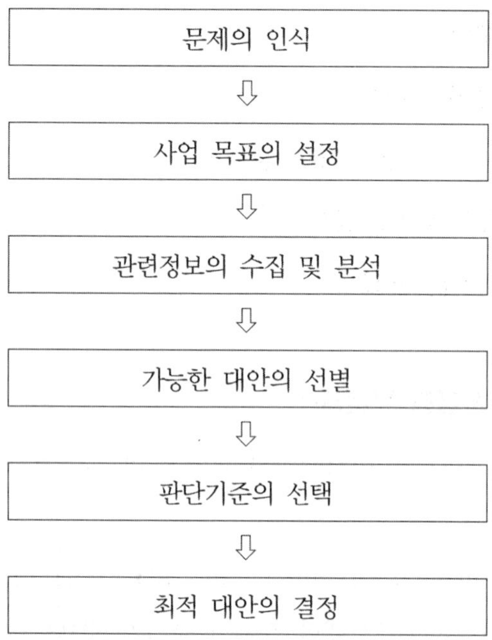

[그림] 경제성공학의 의사결정 프로세스

2. 기업투자와 경제성

[1] 기업투자의 경제성분석

앞서도 경제성공학의 활용분야를 간단히 살펴보았지만 경제성공학의 많은 활용분야 중에서도 가장 빈번하게 경제성공학이 활용되는 분야는 기업에 있어서 투자안의 사업타당성분석이다.

기업 투자안의 사업타당성분석은 크게 (1)시장분석, (2)생산기술분석, (3)재무분석, (4)경제성분석의 4가지 프로세스로 이루어진다.

(1) 시장분석

제품의 시장을 분석하는 것으로서 가능한 수익의 크기를 추정한다. 시장의 크기 및 특성, 경쟁자의 파악, 미래 수요의 추정 등을 판단하여 미래에 창출 가능한 수익을 예측한다.

(2) 생산기술분석

계획된 제품 생산의 실현 가능성과 소요되는 비용을 추산한다. 제품의 기능, 필요한 기술과 공정, 규모, 설비, 공장부지 등이 고려된다.

(3) 재무분석

제품 생산을 위하여 소요되는 비용을 위한 필요자본의 규모, 자본의 조달 및 상환 계획 등과 관련한 분석을 한다.

(4) 경제성분석

최종적으로 사업에서 발생될 현금흐름을 예측하고 이에 따라 수익성을 평가하는 과정이다.

살펴본바와 같이 기업의 핵심 과업인 사업 투자 및 영업을 위해서 경영자는 사업투자에 대한 올바른 의사결정을 해야하며 이는 기업 미래의 성패를 가르는 중요한 작업이 된다. 따라서 경영자는 사업투자에 대한 최선의 의사결정을 위해 경제성평가를 필수적으로 실시해야 한다. 그런데 기업 투자의 경제성평가를 실시하기 위해서는 우선 기업투자의 경제성평가를 위한 기본자료인 제품제조원가의 개념과 재무제표를 이해하는 것이 필요하다. 따라서 이하에서는 본격적으로 투자안의 경제성평가 기법을 논의하기 전에 기업의 원가 개념과 재무제표에 관하여 간략히 살펴보고자 한다.

[2] 원가의 개념

(1) 원가의 개념과 구성

경제성공학에서는 각 투자안을 실행하기 위해 투입된 자원(비용)과 투자안의 성과(수익)을 비교하여 수익과 비용의 차이가 최대인 투자안을 모색하게 되는데, 기업의 투입된 자원이 제품 또는 서비스의 원가이다. 원가를 금액으로 환산하는 것이 원가계산이며 이는 원가회계에서 이루어진다.

원가(cost)란 특정한 생산목적을 달성하기 위해서 경영활동에 소비된 경제가치 또는 이를 화폐가치로 특정한 것을 의미한다. 원가의 구성은 생산목적을 달성하는데 소요되는 여러 가지 비용의 총합으로 구성되며 이를 도해하면 다음과 같다.

<table>
<tr><td></td><td></td><td>이익
(매출총이익)</td><td rowspan="6">판매가격</td></tr>
<tr><td>판매비</td><td rowspan="2">비제조원가</td><td rowspan="5">총원가
(매출원가)</td></tr>
<tr><td>관리비</td></tr>
<tr><td>직접재료비</td><td rowspan="3">제조원가</td></tr>
<tr><td>직접노무비</td></tr>
<tr><td>제조간접비</td></tr>
</table>

[그림] 원가의 구성

제품을 판매하면 이익을 계산하게 되는 근거가 되는 것이 총원가(cost)이다. 이는 매출원가라고 불리기도 하며 제품이나 서비스를 생산·제공하기 위해 소요되는 모든 원가의 총합이다. 총원가는 제조원가와 판매비와 일반관리비를 합한 값이다.

(2) 원가의 분류

① 기능에 따른 분류

기업의 경영활동은 기능에 따라 크게 제조활동과 비제조활동으로 구분된다. 제조활동이란 종업원의 노동력과 생산설비 및 기타 용역을 이용하여 원재료를 제품으로 가공하는 활동을 말하여, 비제조활동은 제조활동 이외의 판매 및 관리활동을 말한다. 따라서 원가를 기능에 따라 분류하면 제조원가와 비제조원가로 나눌 수 있다.

(ㄱ) 제조원가

제조원가(manufacturing cost)란 제품을 생산하는 과정에서 소요되는 모든 원가를 의미하며 직접재료비, 직접노무비, 직접경비, 제조간접비로 이루어진다.

직접재료비(direct materials)란 제품을 생산하기 위하여 사용되는 원재료의 원가로서 특정 제품에 직접 추적할 수 있는 원가를 의미한다. 예를 들어 정유공장에서 사용되는 원유나 복숭아 통조림에 사용되는 복숭아 등의 원가가 이에 해당된다.

직접노무비(direct labor)란 생산직 근로자에게 노동의 대가로 지급되는 원가로서 특정제품에 직접 추적할 수 있는 원가를 의미한다. 예를 들어 선박의 건조장에서 소립작업에 종사하는 근로자에게 지급되는 시간급은 지접노무비에 해당한다.

제조간접비(factory overhead)란 직접재료비와 직접노무비 이외에 모든 제조원가를 말한다. 공장건물이나 설비의 감가상각비, 임차료, 생산설비의 운영 및 보수유지비, 전력요금, 수도요금, 생산감독자 급여, 공장사무실 운영비, 보험료, 각종 제세공과금 등이 해당된다.

(ㄴ) 비제조원가

비제조원가(non-manufacturing cost)란 제조활동과 관계없이 판매 및 관리활동과 관련하여 발생하는 원가를 말하며, 이는 판매비와 관리비의 두 가지로 나누어진다.

판매비란(marketing cost)는 고객의 주문을 받아 제품을 인도하는 과정에서 소요되는 원가를 의미한다. 판매수수료, 판매운송비, 판매부서의 운영비, 판매직원의 급여, 광고선전비 등이 해당된다.

관리비(administrative cost)란 기업조직을 유지하고 관리하기 위해 소요되는 원가를 의미한다. 사무용 본사 건물의 감가상각비, 임차료, 경영자의 급여, 사무원의 급여, 관리부서의 운용비, 전력요금, 각종 제세공과금 등이 해당된다.

다만 여기서 주의해야할 점은 제조원가인 제조간접비와 명확히 구분해야 한다는 것이다. 같은 건물의 임차료라도 제조활동에 쓰이는 건물(공장)의 임차료라면 제조원가인 제조간접비에 해당되지만 사무용 건물의 임차료는 비제조원가인 관리비에 해당되는 것이다.

예제 1

제조원가에 포함되지 않는 것은? 에너지진단사 기출 (제1회)

① 직접노무비 ② 직접재료비 ③ 운영 및 보수유지비
④ 판매비용 ⑤ 간접노무비

[해설]

④ 판매비용과 관리비용은 비제조원가에 해당된다.

정답 ④

② 추적가능성에 따른 분류

원가는 다시 원가대상에 대한 추적가능성에 따라 직접원가와 간접원가로 구분된다.

(ㄱ) 직접원가

직접원가(direct cost)란 특정 원가대상에 직접 추적할 수 있는 원가를 말하며, 직접재료비와 직접재료비 등이 해당된다.

(ㄴ) 간접원가

간접원가(indirect cost)란 특정 원가대상에 직접 추적할 수 없는 원가를 말하며, 제조간접비가 그 대표적인 예이다.

예를 들어, 특정 선박에 투입되는 원재료의 원가(가령 철판이나 원목)나 조립공정의 근로자의 급여는 특정 선박별로 직접 대응이 가능하나, 선박건조장의 임차료나 설비의 감가상각비는 개별 선박에 직접적으로 대응시키기가 곤란하다.

또한 어떤 원가가 원가대상에 직접적으로 추적할 수 있다고 하더라도 비용·효익 관점에서 추적의 효익이 비용보다 작으면 그 원가는 간접원가로 분류된다. 가령 자동차를 제조하는데 사용되는 나사를 사용되는 개수별로 직접 대응시키려면 불가능한 것도 아니겠으나 이는 추적의 효익이 비용에 미치지 못한다고 보아 제조간접비로 분류하여 간접비로 처리하게 된다. 일반적으로 재료비와 노무비와 같이 중요비용만 직접비로 분류하고 나머지는 제조간접비로 처리하는 것도 이러한 이유이다. 하지만 기업이나 제품의 특성에 따라 추적의 효용이 비용을 초과한다면 일반적인 제조간접비라고 해도 직접비로 하여 개별 원가대상에 추적시키는 것이 타당하다.

제조간접비	간접 제조원가	제조원가
직접노무비	직접 제조원가	
직접재료비		

[그림] 추적가능성에 따른 제조원가의 분류

③ 원가행태에 따른 분류

원가행태(cost behavior)란 조업도[12]의 변동에 따른 원가의 변화양상을 말한다. 원가는 이러한 원가행태에 따라 변동비와 고정비로 분류할 수 있다.

(ㄱ) 변동비

변동비(variable cost)는 조업도의 변동에 따라 비례하여 금액이 변화하는 원가를 말한다. 직접재료비, 직접노무비, 소모품비, 매출액의 일정 비율로 지급되는 판매수수료 등이 변동비에 해당한다. 다음은 변동비의 행태를 나타내는 그래프이다.

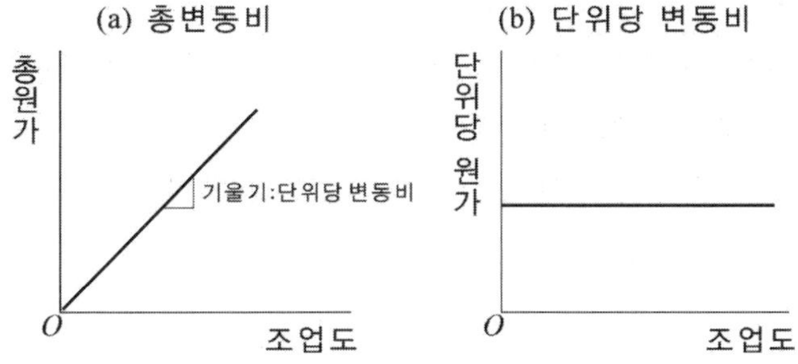

[그림] 변동비의 행태

12) 조업도(volume)이란 기업이 보유하고 있는 자원의 이용정도를 나타내는 것으로서 상황에 따라서 생산량, 판매량, 매출액, 직접노동시간, 기계시간 등 원가와 논리적인 인과관계가 있는 여러 가지의 척도로 측정되는 개념이다.

그래프를 보면 변동비의 정의에 의해 총변동비는 조업도의 변동에 따라 비례적으로 변화하지만 단위당변동비의 관점에서는 조업도의 변동과 관계없이 일정하다는 것을 나타낸다.

(ㄴ) 고정비

고정비(fixed cost)는 조업도가 변동하더라도 총액이 일정하게 유지되는 원가를 말한다. 임차료, 감가상각비, 보험료, 재산세 등이 고정비에 해당된다. 다음은 고정비의 행태를 나타내는 그래프이다.

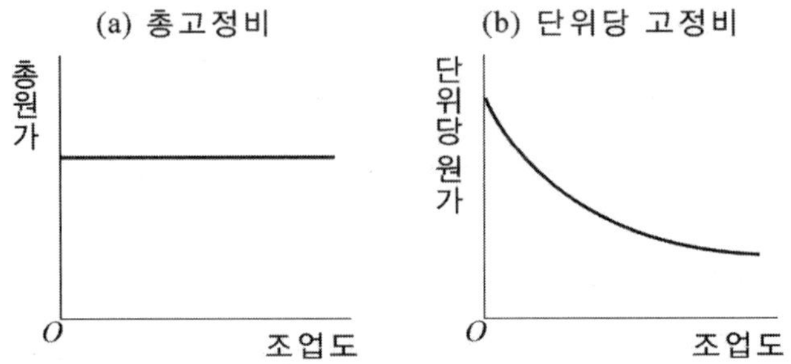

[그림] 고정비의 행태

그래프를 보면 고정비의 정의에 의해 총고정비는 조업도의 변동에 관계없이 일정하지만 단위당고정비의 관점에서는 조업도가 증가함에 따라 점차 감소함을 나타낸다.

총원가를 행태별로 분류해보면 다음의 표와 같다.

표를 보면 제조원가 중에 직접재료비와 직접노무비만 전부 변동비이고, 나머지 제조간접비나 판매비 및 관리비는 여러 항목으로 구성된 만큼 구성항목의 특성에 따라 변동비와 고정비로 나누어짐을 알 수 있다. 가령 제조간접비의 경우 공장의 소모품이나 윤활유 따위의 것들은 조업도가 증가함에 따라 사용금액이 같이 증가하는 변동비의 성격을 띨 것이고, 공장건물이나 공장설비의 임차료, 공장관리자의 급여와 같은 것은 조업도의 증감과 무관한 고정비의 성격을 띨 것이다.

[표] 총원가의 원가행태

고정비	고정판매비	판매비	비제조원가	총원가 (매출원가)
변동비	변동판매비			
고정비	고정관리비	관리비		
변동비	변동관리비			
고정비	고정제조간접비	제조간접비	제조원가	
변동비	변동제조간접비			
변동비	직접노무비	직접노무비		
변동비	직접재료비	직접재료비		

[3] 회계의 개념

(1) 회계의 개념

① 회계의 정의

회계(accounting)는 전통적으로 '기업의 거래를 기록하고 분류 및 요약·해석하는 기술'로 정의되어 왔다. 이는 단순히 회계의 장부기장(book-keeping ; 부기)라는 기술적 측면만을 강조한 것이었다.

그러나 사회가 발달해감에 따라 회계에 대한 기존의 인식은 점차 변화되었다. 1966년 미국회계학회(AAA, Amercan Accounting Association)에서는 보고서를 통해 회계를 '정보이용자가 합리적인 판단이나 의사결정을 할 수 있도록 경제적 정보를 식별하고 측정하여 전달하는 과정'이라고 정의하였다. 이러한 정의는 회계를 단순한 기술로 보는 기존의 협소한 의미의 정의와는 달리 회계를 사회의 정보시스템의 하나로 간주하고 있는 것이다. 즉, 기존의 정의가 회계정보를 화폐적 정보와 과거에 대한 정보로 한정한데 반해, 이 정의는 비화폐적 정보와 미래에 대한 정보도 회계정보의 범위에 포함시켰으며 의사결정 유용성(usefulness to decision making)을 강조하고 있음을 알 수 있다.

여기서 의사결정 유용성이란 회계에서 제공되는 회계정보가 의사결정자들의 의사결정에 유용하여야 한다는 것을 의미하며, 최근의 현대회계에서는 이 의사결정 유용성을 재무제표의 주목적으로 보고 있다.

② 회계정보의 이용자

전술한 회계정보를 이용하는 회계정보수요자 즉 회계정보를 이용하여 의사결정을 하는 의사결정자는 다음과 같은 자들이 있다.

(ㄱ) 주주

매입한 또는 매입할 주식을 통해 수익을 얻으려고 하는 주식투자자들은 주식의 매입과 보유 및 처분에 대한 의사결정을 하여야 하며 이러한 의사결정을 하기 위하여 기업에 관한 재무정보를 필요로 한다.

(ㄴ) 채권자

자금대여를 통해 이자수익을 얻으려고 하는 채권자는 특정 기업에 자금대여 여부 및 이자율의 결정을 위하여 기업에 관한 재무정보를 필요로 한다.

(ㄷ) 경영자

기업의 성과평과 및 합리적인 투자결정 등을 통하여 성공적인 기업경영을 위하여 기초자료로서 기업의 재무정보를 필요로 한다.

(ㄹ) 신용평가기관

주식 및 채권 투자자에게 투자 및 기업의 신용정보를 제공하기 위하여 기업의 재무정보를 필요로 한다.

(ㅁ) 종업원

현재 자신이 속한 기업에서 계속하여 근속할 것인지의 여부 및 이직의 검토 또는 자신의 성과를 기본으로 하는 근로계약의 내용을 결정하기위한 기초자료로서 기업의 재부정보를 필요로 한다.

(ㅂ) 거래처

매입채무 및 기타 미지급금의 지급능력을 평가하기 위하여 기업의 재무정보를 필요로 한다.

(ㅅ) 고객

기업과 장기간의 거래를 유지해야할 필요가 있거나 그 의존도가 높은 경우 해당 기업의 재무적 정보를 필요로 하게 된다.

(ㅇ) 정부 및 감독기관

기업에 이익에 대한 세금을 부과하거나 공익목적을 위하여 기업규제의 필요가 있는 경우 기업의 재무정보를 필요로 하게 된다.

(ㅈ) 일반대중

기업의 성장 추세, 최근의 동향, 활동범위, 기업의 지역경제에 미치는 영향 등을 파악하고자 할 때 기업의 재무정보를 필요로 하게 되다.

이와 같은 회계정보이용자 중에서 경영자, 종업원은 기업 내부의 정보이용자로 분류하고, 주주, 채권자 정부 등과 같은 자는 기업의 외부 정보이용자로 분류한다.

③ 회계의 분류

회계는 정보이용자를 기준으로 크게 (ㄱ)재무회계, (ㄴ)관리회계, (ㄷ)세무회계의 세 가지로 분류하기도 한다.

(ㄱ) 재무회계

재무회계(financial accounting)란 외부정보이용자들의 의사결정에 유용한 정보를 제공하는 것을 목적으로 하는 회계의 분야이다. 재무회계는 기업의 과거 사건이나 거래의 결과로 나타나는 현재의 재무상태, 경영성과 및 재무상태의 변동 등을 주로 재무제표를 통하여 기업 외부의 정보이용자들에게 보고한다.

(ㄴ) 관리회계

관리회계(managerial accounting)란 기업 내부의 정보이용자들이 기업경영 등에 있어서 유용한 정보를 제공하는 것을 목적으로 하는 회계의 분야이다. 기업경영에 가장 중요한 정보 중에 하나인 원가정보를 제공하는 것을 원가회계(cost accounting)이라고 하며, 관리회계와 따로 구분하여 원가관리회계라고도 한다. 내부의 정보이용자들을 위한 재무정보는 정보의 생산자와 수요자가 일치하기 때문에 정보이용자의 의사결정에 유용하기만 하면 정보제공의 형태에는 제한이 없이 자유롭다.

(ㄷ) 세무회계

세무회계(tax accounting)는 기업 외부의 정보이용자 중에서도 과세관청의 세금부과의 기초가 되는 과세소득을 계산하는 것을 목적으로 하는 회계분야이다.

(2) 재무회계의 사회적 기능

재무회계는 기업의 재무상태와 경영성과에 대한 정보를 투자자와 채권자 등 외부정보이용자들에게 제공하는 것을 목적으로 한다. 이러한 정보의 제공이 기업의 이해관계자(외부정보이용자)들의 합리적인 의사결정을 도움으로 인해 사회 전체의 입장에서 어떤 결과를 가져오는지 살펴본다.

① 자원의 효율적 배분

전술한 바와 같이 인간의 욕망은 무한한데 비해 이를 충족시킬 자원은 한정적이다. 따라서 한정적인 자원의 효율적인 이용은 반드시 필요하다. 이러한 맥락에서 재무회계는 한정적인 자원을 생산성이 높은 기업에게 먼저 배분되게 하여 사회적 자원이용의 효율성을 높여주는 기능을 수행한다. 투자자는 자신의 투자수익 극대화를 위하여 기업의 재무적 성과를 바탕으로 생산성이 높은 기업에 우선적으로 투자를 하게 될 것이므로 회계는 희소한 사회적 자원의 효율적으로 배분에 기여하게 되는 것이다.

② 수탁책임에 관한 보고

소유와 경영이 분리된 현대 기업경영 체계에서 주주는 경영자에게 기업의 경영을 위탁하며, 채권자 또한 자신의 자본을 회사의 경영자에게 간접적으로 위임하는 결과를 갖는다. 이러한 시스템을 통해 자본가는 스스로 기업을 운영하지 않고 전문경영자에게 자신의 자본을 관리하도록 함으로써 사회전체적으로 볼 때 효율적인 자본의 운영이 가능하도록 하게 된다.

따라서 경영자는 주주나 채권자로부터 수탁받은 자본을 효율적으로 관리·경영할 책임을 지며 이를 수탁책임(stewardship responsibilities)라고 한다. 또한 경영자는 수탁받은 경영책임을 효과적으로 수행하였는지 여부를 주주 및 채권자에게 보고해야할 의무 또한 갖게 되는데 재무회계가 이러한 수탁책임에 관한 보고의 주요 수단이 되는 것이다.

③ 합리적인 사회적 통제

현대의 고도 산업사회에서 기업의 중요성은 날로 증가하고 있으며 다양한 각도에서 기업에 관한 모니터링과 적절한 통제는 필요불가결한 것으로 받아들여지고 있다. 국가정책의 수립, 세금의 부과 및 공공요금의 책정, 노사간 임금협상 등의 사회적 문제의 결정에 있어서도 기업의 재무회계정보는 보다 합리적인 선택을 돕게 된다.

[4] 재무회계의 목적과 재무제표

(1) 재무회계의 목적과 재무제표

전술한 바와 같이 재무회계는 주주나 채권자 등 기업의 외부정보이용자에게 경제적 의사결정에 유용한 정보를 제공하는 것을 목적으로 하는 회계의 한 분야이다. 이러한 유용한 정보 제공을 위한 주된 수단으로 재무제표(financial statements)를 사용한다.

재무제표는 기업에 관한 재무적 정보를 기업 외부의 정보이용자에게 전달하는 핵심적 재무보고 수단이다. 의사결정에 유용한 재무보고를 위해서는 다양한 회계정보가 제공되어야 하며 이를 위해서 한 가지의 재무제표로는 정보전달에 한계가 있기 때문에 재무제표에는 대차대조표, 손익계산서, 현금흐름표, 자본변동표, 이익잉여금처분계산서의 형태가 있다.

① 대차대조표

기업의 일정시점의 재무상태를 나타내는 정태적 보고서

② 손익계산서

기업의 일정기간의 경영성과를 나타내는 동태적 보고서

③ 현금흐름표

기업의 일정기간 동안에 발생한 현금의 변동내용을 나타내는 동태적 보고서

④ 자본변동표

기업의 일정기간 동안에 발생한 자본의 변동내용을 나타내는 통태적 보고서

⑤ 이익잉여금처분계산서

기업의 이익처분에 관한 내용을 나타내는 보고서

이하에서는 재무제표분석에서 가장 중요하게 이용되는 재무제표인 대차대조표

와 손익계산서에 대하여 살펴본다.

(2) 대차대조표

① 대차대조표의 기본구조

대차대조표(balance sheet)란 일정 시점 현재 기업이 보유하고 있는 경제적 자원인 자산과 경제적 의무인 부채, 그리고 자본에 대한 정보를 제공하는 재무보고서로서, 정보이용자들이 기업의 유동성, 재무적 탄력성, 수익성 및 위험 등을 평가하는데 유용한 정보를 제공한다.

[그림] 대차대조표

대차대조표

A사 20××년 12월31일 현재

차변	금액	대변	금액
유동자산	×××	유동부채	×××
당좌자산	×××	비유동부채	×××
재고자산	×××	부채총계	×××
비유동자산	×××	자본금	×××
투자자산	×××	자본잉여금	×××
유형자산	×××	자본조명	×××
기타비유동자산	×××	기타포괄손익부계액	×××
		이익잉여금	×××
		자본총계	×××
자산총계	×××	부채와 자본 총계	×××

대차대조표의 기본요소는 (ㄱ)자산, (ㄴ)부채, (ㄷ)자본의 3요소로 구성되며, 대차대조표의 기본요소를 등식으로 나타내면 다음과 같다.

자산 = 부채 + 자본

(ㄱ) 자산(assets)

과거의 거래나 사건의 결과로서 현재 기업실체에 의해 지배되고 미래에 경제적 효익을 창출할 것으로 기대되는 자원

(ㄴ) 부채(liabilities)

과거의 거래나 사건의 결과로 현재 기업실체가 부담하고 있고 미래에 자원의 유출 또는 사용이 예상되는 의무

(ㄷ) 자본(shareholder's equity)

기업실체의 자산 총액에서 부채 총액을 차감한 잔여액 또는 순자산으로서 기업실체의 자산에 대한 소우주의 잔여청구권

이하에서는 대차대조표의 기본 3요소에 대하여 살펴본다.

② 자산

자산(assets)이란 과거의 거래나 사건의 결과로서 현재 기업실체에 의해 지배되고 미래에 경제적 효익을 창출할 것으로 기대되는 자원이다. 자산을 대차대조표에 나타낼 때에는 정보이용자들이 이해하기 쉽도록 해당 자산의 성격을 잘 나타낼 수 있는 계정의 명칭을 사용해야 하며, 다음과 같이 일정한 순서에 따라 분류하여 나열해야 한다.

(ㄱ) 유동자산

유동자산이란 대차대조표일로부터 주로 1년 또는 개별기업의 정상 영업주기 현금화되는 자산을 의미하며 당좌자산과 재고자산이 있다.

- **당좌자산** : 판매과정을 거치지 않고 대차대조표일로부터 1년 이내에 현금화할 수 있는 자산으로서 현금및현금성자산, 단기금융상품, 매출채권, 미수금 등이 있다.
- **재고자산** : 판매과정을 거침으로써 대차대조표일로부터 1년 이내에 현금화할 수 있는 자산으로서 상품, 제품, 재공품, 원재료 등이 있다.

(ㄴ) 비유동자산

비유동자산이란 대차대조표일로부터 주로 1년 또는 개별기업의 정상 영업주기 내에 현금화되지 않는 자산을 의미하며 투자자산, 유형자산, 무형자산, 기타비유동자산이 있다.

- **투자자산** : 다른 회사를 지배하거나 장기적인 투자수익을 목적으로 보유하고 있는 자산으로서 장기금융상품, 매도가능증권, 장기대여금 등이 있다.
- **유형자산** : 영업활동에 사용할 목적으로 보유하는 물리적 형태가 있는 자산으로서 토지, 건물, 기계장치, 비품 등이 있다.
- **무형자산** : 영업활동에 사용할 목적으로 보유하는 물리적 형태가 없는 자산으로서 특허권, 상표권, 영업권 등이 있다.

• 기타비유동자산 : 비유동자산 중 투자자산, 유형자산, 무형자산으로 분류되지 않는 자산으로서 보증금, 장기미수금 등이 있다.

③ 부채

부채(liabilities)란 과거의 거래나 사건의 결과로 현재 기업실체가 부담하고 있고 미래에 자원의 유출 또는 사용이 예상되는 의무를 말한다. 부채를 대차대조표에 나타낼 때에는 정보이용자들이 이해하기 쉽도록 해당 자산의 성격을 잘 나타낼 수 있는 계정의 명칭을 사용해야 하며, 다음과 같이 일정한 순서에 따라 분류하여 나열해야 한다.

(ㄱ) 유동부채

유동부채란 대차대조표일로부터 만기가 주로 1년 또는 개별기업의 정상 영업주기 이내에 도래하는 부채로서 매입채무, 단기차입금, 미지급비용 등이 있다.

(ㄴ) 비유동자산

비유동부채란 대차대조표일로부터 만기가 주로 1년 또는 개별기업의 정상 영업주기 이후에 도래하는 부채로서 장기차입금, 장기미지급비용 등이 있다.

④ 자본

자본(shareholder's equity)이란 기업실체의 자산 총액에서 부채 총액을 차감한 잔여액 또는 순자산으로서 기업의 자산 중 주주 또는 출자자에 의하여 제공된 부분을 말하며 이는 기업실체의 자산에 대한 소우주의 잔여청구권을 의미한다. 자본을 대차대조표에 나타낼 때에는 정보이용자들이 이해하기 쉽도록 해당 자산의 성격을 잘 나타낼 수 있는 계정의 명칭을 사용해야 하며, 다음과 같이 일정한 순서에 따라 분류하여 나열해야 한다.

(ㄱ) 자본금

자본금이란 주식발생시 발행주식의 액면금액에 해당하는 가액 의미한다.

(ㄴ) 자본잉여금

자본잉여금이란 주주 또는 출자자에 의하여 제공된 금액 중 자본금을 초과한 부분을 말하는 것으로 주식발행초과금 등이 있다.

(ㄷ) 자본조정

자본조정이란 주주와의 거래에서 발생한 것으로 자본금이나 자본잉여금으로 분류할 수 없는 부분을 말하는 것으로 자기주식 등이 있다.

(ㄹ) 기타포괄손익누계액

기타포괄손익누계액이란 손익계산서에 포함되지 않는 손익의 잔액을 말하는 것으로 매도가능증권평가손익 등이 있다.

(ㅁ) 이익잉여금

이익잉여금이란 영업활동이나 재무활동 등 기업의 이익창출활동에 의하여 축적된 이익으로서 주주에게 배당금을 지급하고 남은 부분을 말하는 것으로서 법정적립금, 임의적립금, 미처분이익잉여금이 있다.

- **법정적립금** : 상법 등의 법규에 의하여 의무적으로 적립하는 이익잉여금을 말한다.
- **임의적립금** : 기업이 임의적으로 적립한 이익잉여금을 말한다.
- **미처분이익잉여금** : 기업이 벌어들인 이익 중 배당이나 다른 이익잉여금으로 처분되지 않고 남아있는 이익잉여금을 말한다.

[표] 대차대조표계정의 분류

구분			내용
자산	유동자산	당좌자산	현금및현금성자산, 단기투자자산(단기금융상품, 단기매매증권, 단기대여금, 유동자산으로 분류하는 매도가능증권 및 만기보유증권), 매출채권, 선급비용, 단기이연법인세자산, 미수수익, 미수금, 선급금 등
	비유동자산	재고자산	상품, 제품, 반제품, 재공품, 원재료, 저장품, 기타
		투자자산	투자부동산, 장기투자증권(만기보유증권, 매도가능증권), 지분법적용투자주식, 장기대여금, 기타
		유형자산	토지, 설비자산, 건설중인 자산, 기타
		무형자산	영업권, 부의영업권, 산업재산권, 개발비, 기타
		기타 비유동자산	장기이연법인세자산, 임차보증금, 장기매출채권, 장기미수금 등 투자자산·유형자산·무형자산에 속하지 않는 비유동 자산
부채	유동부채		단기차입금, 매입채무, 미지급법인세, 미지급비용, 단기이연법인세부채, 기타
	비유동부채		사채, 신주인수권부사채, 전환사채, 장기차입금, 퇴직급여충당부채, 장기제품보증충당부채, 장기이연법인세부채, 기타

구분		내용
자본	자본금	보통주자본금, 우선주자본금
	자본잉여금	주식발행초과금, 감자차익, 자기주식처분이익, 기타자본잉여금(전환권대가, 신주인수권대가)
	자본조정	자기주식, 주식할인발행차금, 신주청약증거금, 주식선택권, 출자전환채무, 감자차손, 자기주식처분손실, 기타
	기타포괄손익누계액	매도가능증권평가손익, 해외사업환산손익, 현금흐름위험회피파생상품평가손익, (부의)지분법자본변동, 기타
	이익잉여금	법정적립금(이익준비금, 기타 법정적립금), 임의적립금, 미처분이익잉여금

예제 1

재무제표에 관한 다음의 설명 중 맞지 않는 것은?

에너지진단사 기출 (제1회, 제7회, 제8회)

① 자산은 기업이 소유한 모든 종류의 경제적 자원으로서, 기업이 보유한 경제적 편익 또는 경제적 권리를 말한다.

② 자산 중에 기업의 정상운영기간 내에 현금이나 그와 유사한 것으로 실현될 수 있는 자산을 유동자산이라고 한다.

③ 자산의 크기는 부채와 자기자본을 합한 값과 같다.

④ 부채는 기업의 외부의 조직에 대하여 재화나 용역을 제공할 의무나 채무를 말한다.

⑤ 자산, 부채, 자기자본에 관한 내용은 손익계산서를 분석하면 알 수 있다.

[해설]

⑤ 기업의 자산, 부채, 자기자본에 관한 내용은 대차대조표를 분석하면 알 수 있다.

정답 ⑤

(3) 손익계산서

① 손익계산서의 기본구조

손익계산서(income statement)란 일정기간 동안의 기업의 경영성과를 나타내는 동태적 재무제표로서 기업의 이익창출능력에 관한 정보를 제공한다.

[그림] 손익계산서

손익계산서

A사 20××년 1월1일부터 12월31일까지

매출액	×××
매출원가	(×××)
매출총이익	×××
판매비와 관리비	(×××)
영업이익	×××
영업외수익	×××
영업외비용	(×××)
경상이익	×××
특별이익	×××
특별손실	(×××)
법인세비용차감전순이익	×××
법인세비용	(×××)
당기순이익	×××

손익계산서의 기본요소는 (ㄱ)수익, (ㄴ)비용, (ㄷ)이익의 3요소로 구성되며, 손익계산서의 기본양식을 등식으로 나타내면 다음과 같다.

비용 + 이익 = 수익

(ㄱ) 수익(revenue)

기업의 경영활동과 관련된 재화의 판매, 용역의 제공 등의 대가로 발생하는 자산의 유입 또는 부채의 감소를 말하여, 매출액, 영업외수익 등이 있다.

(ㄴ) 비용(expense)

기업의 경영활동과 관련된 재화의 판매, 용역의 제공 등의 대가로 발행하는 자산의 유출이나 사용 또는 부채의 증가를 말하며, 매출원가, 판매비와관리비, 영업외비용, 법인세비용 등이 있다.

(ㄷ) 이익(income)

기업의 수익에서 비용을 차감한 잔여액을 말한다.

손익계산서를 공시할 때에는 정보이용자들이 이해하기 쉽도록 해당 수익과 비용의 성격을 잘 나타낼 수 있는 계정의 명칭을 사용해야 하며, 위에 제시한 손익계선서의 양식과 같이 일정한 순서에 따라 분류하여 나열해야 한다. 이하에서는 손익계산서 양식의 순서에 따라 각 항목들에 관하여 간략히 살펴본다.

② 손익계산서의 구성요소

(ㄱ) 매출액

매출액이란 기업의 주된 영업활동에서 발생한 제품, 상품, 용역 등을 제공하고 발생하는 수익을 말한다. 예를 들어 삼성전자의 스마트폰 판매수익은 매출액이 된다. 다만 여기서 주의할 점은 기업의 주된 영업이 무엇이냐에 따라 매출액으로 분류되는 수익은 달라지게 된다는 것이며 가령 삼성전자에게는 이자수익으로 분류되는 수익이 국민은행의 입장에서는 같은 수익일지라도 매출액으로 분류된다는 점에 유의해야 한다.

(ㄴ) 매출원가

매출원가란 매출을 얻기 위하여 직접적으로 소비된 원가를 의미한다. 제조기업의 경우 제품의 제조원가, 상기업의 경우 상품의 취득원가가 이에 해당된다.

(ㄷ) 매출총이익

매출총이익이란 매출액에서 매출원가를 차감한 잔액으로서 기업의 매출활동을 통하여 얻은 이익을 의미한다.

(ㄹ) 판매비와관리비

판매비와관리비란 매출원가와는 달리 매출수익을 얻기 위하여 직접적으로 발생한 원가는 아니나, 매출을 위해 간접적으로 발생한 원가를 의미한다. 판매및관리직원의 급여, 감가상각비, 광고선전비, 매출채권의 대손상각비 등이 이에 해당된다.

(ㅁ) 영업이익

영업이익은 매출총이익에서 판매비와관리비를 차감한 잔액을 말하는 것으로서 기업의 주된 영업활동의 결과로 거두어들인 이익을 의미한다.

(ㅂ) 영업외수익

영업외수익이란 기업의 주된 영업활동의 결과로 발생하는 수익 외에 부수적으로 발생하는 수익을 의미한다. 영업외수익에는 이자수익, 임대료수익, 유형자산처분이익 등이 해당된다.

(ㅅ) 영업외비용

영업외비용이란 기업의 주된 영업활동과는 관련이 없으나 영업활동의 결과 부수적으로 발생하는 비용을 말한다. 영업외비용에는 이자비용, 유형자산처분손실 등이 있다.

(ㅇ) 경상이익

경상이익이란 영업이익에 영업외수익을 가산하고 영업외비용을 차감한 금액으로서 기업의 영업활동의 결과 경상적·반복적으로 발생하는 이익을 의미한다.

(ㅈ) 특별이익

특별이익이란 기업의 영업활동이 결과 경상적·반복적으로 발생하는 경상이익 외에 비경상적·비반복적으로 발생하는 이익을 의미하며, 이에는 자산수증이익, 채무면제이익, 보험차익 등이 있다.

(ㅊ) 특별손실

특별손실이란 기업의 영업활동이 결과 경상적·반복적으로 발생하는 경상손익 외에 비경상적·비반복적으로 발생하는 손실을 의미하며, 이에는 전쟁·자연재해 등으로 발생하는 손실, 법률에 의한 자산의 몰수손실 등이 있다.

(ㅋ) 법인세비용차감전순이익

법인세비용차감전순이익이란 경상이익에 특별이익을 가산하고 특별손실을 차감한 금액으로서 기업의 손익에 대한 법인소득세를 차감하기 전의 총이익의 의미를 갖는다.

(ㅌ) 법인세비용

법인을 납세의무자로 하고 법인의 소득을 과세대상으로 하는 법인세를 말하며, 이는 법인(기업)에 입장에서는 비용에 해당된다.

(ㅍ) 당기순이익

당기순이익이란 법인세비용차감전순이익에서 법인세비용을 차감한 금액으로 기업의 영업활동결과 모든 수익과 비용을 총계한 총이익의 의미를 갖는다.

예제 2

기업 A의 손익계산서는 [표 62]와 같다. 빈란의 계정과목(a, b, c)을 알맞게 구

성한 것은? 에너지진단사 기출 (제9회)

[표 62] 손익계산서

A 주식회사 (단위 : 백만원)

계정과목		금 액	
Ⅰ.	매출액		5,000
Ⅱ.	매출원가		3,000
	1. 기초재고액	500	
	2. 당기제품 제조원가 및 상품매입액	3,400	
	3. 기말 재고액	900	
Ⅲ.	(a)		2,000
Ⅳ.	판매비와 관리비		970
	1. 급여 및 복리후생비	400	
	2. 임차료	80	
	3. 지급수수료	70	
	4. 감가상각비	300	
	5. 광고선전비	100	
	6. 기타	20	
Ⅴ.	(b)		1,030
Ⅵ.	영업외수익		500
Ⅶ.	영업외비용		800
Ⅷ.	(c)		730
Ⅸ.	특별이익		45
Ⅹ.	특별손실		150
XI.	법인세 차감전 순이익		625
XII.	법인세		125
XIII.	당기순이익		500

① a. 매출총이익, b. 경상이익, c. 영업이익

② a. 매출총이익, b. 영업이익, c. 경상이익

③ a. 영업이익, b. 매출총이익, c. 경상이익

④ a. 영업이익, b. 경상이익, c. 매출총이익

⑤ a. 경상이익, b. 매출총이익, c. 영업이익

정답 ②

[5] 재무제표 분석

(1) 재무제표분석의 의의

재무제표분석(financial statement analysis)란 재무제표이용자의 의사결정에 도움이 되도록 재무제표에 포함된 정보를 이용가능한 상태로 가공하여 제공하는 것을 말한다. 재무제표분석은 기업의 과거 경영성과와 현재의 재무상태를 평가하고 미래의 수익잠재력과 관련위험을 예측하기 위하여 수행된다.

재무제표분석은 재무제표를 바탕으로 하는 분석기법이므로 대차대조표, 손익계산서, 현금흐름표, 자본변동표, 이익잉여금처분계산서가 분석의 대상이 되지만, 이 중에서도 대차대조표와 손익계산서가 가장 중요하며 실제로 재무제표분석은 주로 이 두 가지의 재무제표를 중심으로 이루어진다.

예제 3

재무제표분석에서 가장 중요하게 이용되는 두 가지 재무제표는 어느 것인가?

에너지진단사 기출 (제5회)

① 대차대조표와 현금흐름표

② 대차대조표와 손익계산서

③ 손익계산서와 현금흐름표

④ 이익잉여금처분계산서와 현금흐름표

⑤ 이익잉여금처분계산서와 결손금처리계산서

정답 ②

(2) 재무제표분석의 기법

재무제표분석의 기법에는 크게 ① 추세 분석, ② 수직적 분석, ③재무비율 분석의 세 가지가 있다.

① 추세 분석

추세 분석(trend analysis)이란 두 기 이상의 연속된 회계기간에 대해서 재무제표 항목들의 변화를 비교·분석하는 기법으로서 수평적 분석이라고도 한다. 이 기법은 기업의 장기간에 걸친 변화를 살펴보는데 유리하다. 가령 일련의 회계기간동안 기업의 매출액 성장율을 알아보는 것이 그 대표적인 예이다.

② 수직적 분석

수직적 분석(vertical analysis)이란 재무제표에서 이를 구성하고 있는 각 항목간의 상대적인 크기를 비율로서 표시해보는 기법을 말한다. 이 기법은 재무제표의 각 구성요소들이 차지하는 상대적 중요성을 살펴보는데 유리하다. 가령 매출액 대비 매출원가비율을 파악하여 동종산업의 타기업과 비교해보는 수직적 분석은 정보이용자에게 여러 가지 유용한 시사점을 제공해 줄 수 있다.

③ 재무비율 분석

재무비율 분석(financial ratio analysis)이란 재무제표상의 개별항목간의 비율을 산출하여 기업의 재무상태나 경영성과를 분석하는 기법을 말한다. 재무비율분석은 기업의 유동성·안정성·수익성 등을 평가하는데 유익한 정보을 제공하므로 은행이 기업에 자금을 대출할 때 신용분석수단으로 많이 활용하며, 투자자들의 투자분석수단으로도 두루 활용되는 기법이다.

재무제표분석에서 재무비율 분석은 가장 주요하게 사용되는 기법이므로 이하에서 다시 살펴보기로 한다.

(3) 재무비율분석

재무비율은 크게 다음의 4가지로 나누어진다.

① **유동성 비율** : 기업의 단기채무에 대한 지급능력 측정

② **활동성 비율** : 기업의 자산 이용의 효율성을 측정

③ **수익성 비율** : 기업의 일정기간 동안의 수익성을 측정

④ **안전성 비율** : 기업의 장기간에 걸친 지급능력과 재무구조의 건전성을 측정

① 유동성 비율

유동성 비율(liquidity ratio)이란 기업의 단기채무에 대한 지급능력 측정할 수 있는 재무비율분석기법으로서 대표적인 유동성 비율에는 (ㄱ)유동비율과 (ㄴ)당좌비율이 있다.

(ㄱ) 유동비율

유동비율(current ratio)이란 유동자산을 유동부채로 나눈 비율로서 단기채무를 상환할 수 있는 유동자산이 얼마나 되는가를 나타내는 비율이다. 유동비율을 통해 기업의 지급능력 및 신용도를 평가할 수 있으며 일반적으로 유동비율이 2 이상이면 바람직하다고 판단한다.

$$\text{유동비율} = \frac{\text{유동자산}}{\text{유동부채}}$$

(ㄴ) 당좌비율

당좌비율(quick ratio)이란 유동자산에서 재고사산을을 차감한 당좌자산을 유동부채로 나눈 비율로서 재고자산과 같은 유동성이 낮은 재고자산을 제외한 당좌자산으로만 단기채무를 상환할 수 있는 능력이 얼마나 되는지를 나타내는 비율이다. 당좌비율을 통해 기업의 지급능력 및 신용도를 엄격하게 평가할 수 있으며 일반적으로 유동비율이 1 이상이면 바람직하다고 판단한다.

$$\text{당좌비율} = \frac{\text{당좌자산}}{\text{유동부채}}$$

예제 4

제품 A를 생산하는 국내 어떤 기업체의 재무제표 비율이 유동자산 1,000, 고정자산 300, 자산총계 1,300, 유동부채 500, 고정부채 100, 부채총계 600, 자본총계 200 이라고 할 경우, 이 기업체의 유동비율은 얼마인가?

에너지진단사 기출 (제4회)

① 200 %　　② 약 167 %　　③ 약 333 %

④ 약 77 %　　⑤ 500 %

[해설]

$$\text{유동비율} = \frac{\text{유동자산}}{\text{유동부채}}$$

$$= \frac{1{,}000}{500} = 2$$

정답 ①

② 활동성 비율

활동성 비율(activity ratio)이란 기업이 얼마나 효율적으로 자산을 활용하였지를 알 수 있는 지표로서 대표적인 활동성 비율에는 (ㄱ)매출채권회전율과 (ㄴ)재고자산회전율이 있다.

(ㄱ) 매출채권회전율

매출채권회전율(receivables turnover)이란 매출액을 매출채권으로 나눈 비율로서 매출채권의 현금화 속도를 나타내는 비율이다. 매출채권회전율이 높을수록 매출채권의 현금화 속도가 빠른 것으로 판단한다.

$$\text{매출채권회전율} = \frac{\text{매출액}}{\text{평균매출채권}}$$

(ㄴ) 재고자산회전율

재고자산회전율(inventory turnover)이란 매출원가를 재고자산으로 나눈 비율로서 재고자산의 회전속도를 나타내는 비율이다. 재고자산회전율이 높을수록 재고자산의 효율적인 판매활동을 수행한 것으로 판단한다.

$$\text{재고자산회전율} = \frac{\text{매출원가}}{\text{평균재고자산}}$$

③ 수익성 비율

수익성 비율(profitability ratio)이란 기업의 일정기간 동안의 수익성을 측정할 수 있는 재무비율분석기법으로서 대표적인 수익성 비율에는 (ㄱ)매출총이익률과 (ㄴ)매출액순이익률, (ㄷ)자기자본이익률이 있다.

㈀ 매출총이익률

매출총이익률(profit to net sales ratio)이란 매출총이익을 매출액으로 나눈 비율로서 기업의 판매능력, 생산효율 등을 측정하는 지표이다.

$$\text{매출총이익률} = \frac{\text{매출총이익}}{\text{매출액}}$$

㈁ 매출액순이익률

매출액순이익률(net income to net sales ratio)이란 당기순이익을 매출액으로 나눈 비율로서 기업의 효율성과 수익성 등을 측정하는 지표이다.

$$\text{매출액순이익률} = \frac{\text{당기순이익}}{\text{매출액}}$$

㈂ 자기자본이익률

자기자본이익률(return on equity ratio)이란 당기순이익을 자기자본으로 나눈 비율로서 투자된 자기자본에 대한 수익성 등을 측정하는 지표이다.

$$\text{자기자본이익률} = \frac{\text{당기순이익}}{\text{평균자기자본}}$$

④ 안전성 비율

안전성 비율(safety ratio)이란 기업의 타인자본에 대한 의존도와 장기간에 걸친 지급능력 및 재무구조의 건전성을 측정할 수 있는 재무비율분석기법으로서 대표적인 안전성 비율에는 ㈀부채비율, ㈁자기자본비율 ㈂이자보상비율 등이 있다.

㈀ 부채비율

부채비율(debt to equity ratio)이란 총부채를 자기자본 또는 총자본(자산)으로 나눈 비율로서 타인자본과 자기자본(총자본)의 비율이 얼마나 되는가를 나타내는 비율이다. 부채비율이 높다는 것은 장기적으로 기업의 지급능력이 악화될 가능성이 있음을 의미하기 때문에 채권자가 기업의 위험을 평가하는데 일반적으로 이용되는 재무비율분석기법이다.

$$\text{부채비율} = \frac{\text{총부채}}{\text{자기자본}} \quad \text{또는} \quad \text{부채비율} = \frac{\text{총부채}}{\text{총자본(자산)}}$$

(ㄴ) 자기자본비율

자기자본비율(debt to equity ratio)이란 총자본 중에서 자기자본이 차지하고 있는 비율을 나타내는 것으로 부채비율의 상대적인 개념이다.

$$자기자본비율 = \frac{자기자본}{총자본(자산)}$$

(ㄷ) 이자보상비율

이자보상비율(times interest earned)이란 영업이익이 부채사용의 대가인 이자비용의 몇 배에 해당하는가를 나타내는 비율로서 기업의 부채사용으로 인한 대가를 지급할 능력이 있느냐를 판단하는 데 사용된다. 이자보상비율이 높을수록 이자지급능력이 높은 것으로 평가한다.

$$이자보상비율 = \frac{영업이익}{이자비용}$$

예제

다음은 기업 A의 연간 요약재무재표이다. 이자 보상비율로 알맞은 것은?

에너지진단사 기출 (제10회)

요약 대차대조표(단위 : 억원)				요약 손익계산서(단위 : 억원)	
				매출액	100
당좌자산	40	유동부채	20	매출원가	80
재고자산	20	고정부채	40	판매비와 일반관리비	5
고정자산	40	자본금	20	이자비용	5
		잉여금	20	법인세	5
				당기순이익	5

① 50 %　② 150 %

③ 200 %　④ 300 %

[해설]

$$이자보상비율 = \frac{영업이익}{이자비용}$$

$$= \frac{100-80-5}{5}$$

$$= 3$$

정답 ④

연습문제

01. 투자평가시 지켜야 할 주요원칙에 해당하지 않는 것은?

에너지진단사 기출 (제1회)

① 모든 의사결정은 실행가능한 대안들 중에서 선택한다.
② 공통의 측정단위로 전환할 수 있도록 한 후 비교한다.
③ 대안들간의 차이들만이 서로 관계가 있다는 것에 유의 한다.
④ 분리가능한 결정들은 분리시킨다.
⑤ 예측과 관련하여 화폐단위로 표현할 수 없는 결과들은 고려하지 않는다.

[해설]

⑤ 예측이 가능하다면 화폐단위로 표현할 수 없는 결과들도 고려되어야 한다.

02. 다음의 원가요소에서 제조원가에 해당하는 요소만으로 알맞은 것은?

에너지진단사 기출 (제9회)

재료비, 제조설비 감가상각비, 연구개발비, 사무 감가상각비, 작업자 임금, 감독 임금, 사원교육비, 복리후생비, 광고선전비

① 재료비, 제조설비 감가상각비
② 재료비, 제조설비 감가상각비, 연구개발비
③ 재료비, 제조설비 감가상각비, 작업자 임금
④ 재료비, 제조설비 감가상각비, 작업자 임금, 감독임금
⑤ 재료비, 제조설비 감가상각비, 작업자 임금, 감독임금, 사원교육비

[해설]

연구개발비, 사무 감가상각비, 사원교육비, 복리후생비, 광고선전비 등은 비제조원가(판매 및관리원가)에 포함된다.

03. 아래의 표는 총 비용의 구성요소이다. 순서대로 가로에 알맞은 말을 넣으시오.

에너지진단사 기출 (제3회)

정답 1.⑤ 2.④

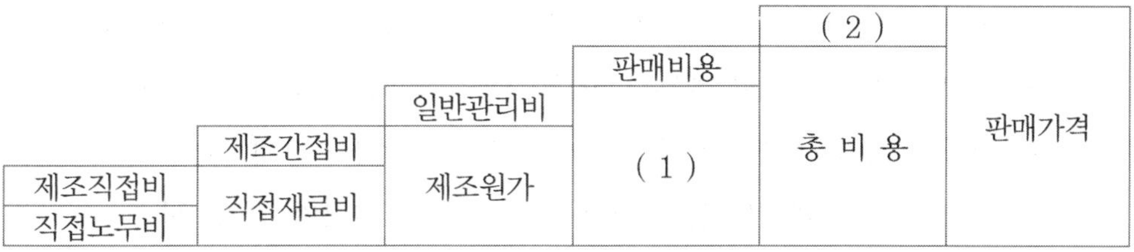

① 한계비용, 기회비용　② 총제조원가, 이익

③ 기회비용, 한계비용　④ 이익, 총제조원가

⑤ 이익, 한계비용

04. (주)한국에너지의 원가자료는 다음과 같다. 제품 1개당 제조원가는?

에너지진단사 기출 (제11회)

항 목		금 액
직접재료비		3,000만원
직접노무비		4,000만원
제조간접비	변동비	800만원
	고정비	500만원
제품 생산량		1만 개

① 7,000원　② 7,500원

③ 7,800원　④ 8,300원

[해설]

제품제조원가 = 직접재료비 + 직접노무비 + 제조간접비

= 30,000,000 + 40,000,000 + 13,000,000

= 83,000,000원

단위당 제품제조원가 = 제품제조원가 ÷ 제품 생산량

= 83,000,000원 ÷ 10,000개

= 8,300 원/개

05. 회계는 서비스 활동으로서 여러 대안 중 경제적 의사결정을 하는데에 유용한 재무적 정보를 제공하여 준다. 다음 중에서 <u>틀린</u> 것은? 에너지진단사 기출 (제1회)

① 회계는 기업과 관련하여 중요한 의사결정을 하는 데에 도움이 된다.

정답 3.② 4.④

② 회계는 정보의 유형에 따라 크게 일반회계와 특별회계로 구분한다.

③ 회계는 주로 기업의 재무적 상황에 관련된 정보들을 제공한다.

④ 회계는 기업에 관한 정보를 제공하여 주는 정보시스템이다.

⑤ 회계는 의사전달기능을 가지고 있기 때문에 기업의 언어이다.

[해설]

② 일반회계와 특별회계는 주로 정부의 재정예산을 구분할 때 쓰이는 용어이다. 정부의 재정예산에 있어서 일반회계는 중앙정부 예산의 중추를 이루는 회계로서 중앙정부의 조세수입의 대부분이 이에 포함되며 정부의 기본적인 활동과 관련되는 주요 재정사업을 모두 포괄하는 회계를 뜻한다. 특별회계는 특정한 목적을 위한 사업과 관련해 일반회계와 따로 떼어 설치·운영하는 별도의 회계를 말한다.

06. 기업이 소유한 모든 종류의 경제적 자원으로서 기업이 보유한 미래의 경제적 편익, 경제적 권리를 나타내는 것은? 에너지진단사 기출 (제2회)

① 자산 ② 자본 ③ 부채

④ 투자 ⑤ 경상이익

[해설]

기업이 소유한 모든 종류의 경제적 자원으로서 기업이 보유한 미래의 경제적 편익, 경제적 권리를 나타내는 말은 자산이다.

07. (주)한국에너지가 업무용으로 가지고 있는 건물은 다음 자산 중 무엇으로 분류되는가? 에너지진단사 기출 (제11회)

① 유형자산 ② 투자자산

③ 재고자산 ④ 유동자산

[해설]

유형자산이란 영업활동에 사용할 목적으로 보유하는 물리적 형태가 있는 자산으로서 토지, 건물, 기계장치, 비품 등이 있다.

08. 재무제표에 대한 설명중 옳은 것은? 에너지진단사 기출 (제2회)

정답 5.② 6.① 7.①

① 대차대조표는 일정기간 동안 기업의 경영성과를 화폐단위로 나타낸 것을 말한다.

② 유동부채와 고정부채의 비중은 그 부채가 현금으로 유입되었는가 혹은 자산의 형태로 유입되었는가에 따라 구분한다.

③ 손익계산서는 일정기간 동안 기업의 경영성과를 화폐단위로 나타낸 것을 말한다.

④ 매출원가 계산시 당기 매입액을 총 매입액으로 한다.

⑤ 손익계산서에서 매출 총이익은 매출액에서 매출원가와 판매비와 관리비를 차감한 금액이다.

[해설]

① 대차대조표는 기업의 일정시점의 재무상태를 나타내는 정태적 보고서를 말한다. 일정기간 동안의 기업의 경영성과를 나타내는 것은 손익계산서이다.

② 유동부채와 고정(비유동)부채의 구분은 대차대조표일로부터 만기가 주로 1년 또는 개별기업의 정상 영업주기 이내에 도래하는지 여부에 따라 이루어진다.

④ 매출원가는 기초재고액에 당기제품 제조원가 및 상품매입액를 가산하고 기말 재고액을 차감하여 계산한다.

⑤ 매출총이익은 매출액에서 매출원가를 차감하여 계산한다.

09. 손익계산서에 대한 설명으로 알맞은 것은? 에너지진단사 기출 (제9회)

① 일정시점의 기업의 자원과 청구권

② 일정기간 동안의 기업의 자원과 청구권

③ 일정시점의 기업의 경영성과

④ 일정기간 동안의 기업의 경영성과

⑤ 일정기간 동안의 기업의 현금흐름

[해설]

① 일정시점의 기업의 자원과 청구권은 대차대조표에 대한 설명이다.

④ 일정기간 동안의 기업의 경영성과는 손익계산서에 대한 설명이다.

⑤ 일정기간 동안의 기업의 현금흐름은 현금흐름표에 대한 설명이다.

정답 8.③ 9.④

10. 다음 중 손익계산서 표기항목으로 옳지 않는 것은? 에너지진단사 기출 (제10회)

① 매출총손익 ② 영업손익
③ 기타포괄손익누계액 ④ 법인세차감전순수익

11. 영업비용을 구성요소별로 가장 적절하게 분해한 것은? 에너지진단사 기출 (제4회)

① 생산비용 + 재료비 ② 판매비용 + 노무비
③ 생산비용 + 판매비용 ④ 판매비용 + 이자비용
⑤ 생산비용 + 이자비용

[해설]

손익계산서상의 매출원가와 판매비와관리비가 영업비용에 해당된다.

12. 기업의 당기순이익은 무엇으로 나누어지는가? 에너지진단사 기출 (제5회)

① 배당+유보 ② 배당+이자비용
③ 이자비용+유보 ④ 자본비용+배당
⑤ 이자비용+자본비용

[해설]

기업이 벌어들인 당기순이익은 결국 타인자본과 자기자본의 대가인 타인자본비용(이자비용)과 자기자본비용으로 나누어 분배된다.

13. 다음 자료에서 부채비율로 알맞은 것은? 에너지진단사 기출 (제9회)

재고자산	200억원	매입채무	400억원
장기차입금	600억원	자본금	500억원
자본잉여금	100억원	이익잉여금	400억원

① 60% ② 83.3% ③ 100%
④ 120% ⑤ 200%

정답 10.③ 11.③ 12.⑤

[해설]

$$부채비율 = \frac{총부채}{자기자본}$$

$$= \frac{400억(매입채무) + 600억(장기차입금)}{500억(자본금) + 100억(자본잉여금) + 400억(이익잉여금)}$$

$$= 1$$

※ 참고로 부채비율은 총자본을 기준으로 하여 다음과 같이 구할 수도 있으나

$$부채비율 = \frac{총부채}{총자본(자산)}$$

$$= \frac{1{,}000억(총부채)}{1{,}000억(총부채) + 1{,}000억(자기자본)}$$

$$= 0.5$$

보기에 없으므로 제외한다.

14. 재무제표에서 계정과목들 사이의 비율(재무비율)에 대한 계산방법으로 틀린 것은?

에너지진단사 기출 (제1회)

① 부채비 율=(부채총액/자기자본)×100 또는 (부채총액/총자본)×100

② 자기자본비율 =(자기자본비/총자본)×100

③ 유동비율 =(유동부채/유동자본)×100

④ 부가가치율 =(부가가치액/매출액)×100

⑤ 고정비율 =[(투자자산+유형자산+무형자산)/자기자본]×100

[해설]

③ $유동비율 = \frac{유동자산}{유동부채}$

정답 13.③ 14.③

제 3 장

시간적 가치와 경제적 등가

학습목표

- 화폐 시간가치의 개념을 확립한다.
- 유동성선호의 개념을 이해한다.
- 유동성선호가 발생하는 이유를 설명할 수 있다.
- 이자율의 개념과 구성요소를 이해한다.
- 단일 현금흐름의 미래가치를 능숙하게 계산할 수 있다.
- 미래가치계수에 대하여 이해한다.
- 단일 현금흐름의 현재가치를 능숙하게 계산할 수 있다.
- 현재가치계수에 대하여 이해한다.
- 기간과 이자율에 변동 따른 미래가치와 현재가치의 변화의 방향과 크기를 설명할 수 있다.
- 이자계산 횟수가 증가하는 경우에 미래가치와 현재가치를 계산할 수 있다.
- 다기간에 걸친 현금흐름의 미래가치와 현재가치를 계산할 수 있다.
- 연금의 미래가치와 현재가치를 능숙하게 계산할 수 있다.
- 연금의 미래가치계수표와 현재가치계수표를 이해한다.
- 영구연금의 현재가치를 능숙하게 계산할 수 있다.
- 일정성장 영구연금의 현재가치계산 방법을 이해한다.
- 화폐의 시간가치 계산이 경제성 평가에 어떻게 응용되는지 설명할 수 있다.

1. 화폐 시간가치의 개념

현재의 1만원과 20년 뒤의 1만원의 가치는 다르다. 투자의 경제성 평과와 관련한 현금흐름은 시간의 차이를 두고 장기간에 걸쳐 발생하는 것이 일반적이다. 그러나 전술한 바와 같이 동일한 금액이라고 하더라도 발생시점에 따라 그 가치는 달라지기 때문에 서로 다른 시점간의 현금흐름을 단순히 액면금액을 기준으로 판단하게 되면 경제성평가에 있어서 오류를 범하게 된다. 따라서 서로 다른 시점에서 발생하는 현금흐름을 비교하려면 발생시점의 차이를 고려한 비교를 해야만 한다.

이를 위해서는 특정 시점에서 발생하는 현금흐름을 다른 시점의 가치로 변환할 수 있어야 한다. 서로 다른 시점에 발생하는 현금에 대하여 시점차이에 따른 기회비용을 고려하여 구한 가치를 화폐의 시간가치(time value of money)라고 하며 바로 이러한 화폐의 시점 간 가치환산과정을 화폐의 시간가치 계산이라고 한다. 화폐의 시간가치 계산에는 미래가치(future value) 계산과 현재가치(present value) 계산이 있다.

[1] 유동성선호

앞의 예를 생각해 보자. 당장 1만원을 받는 것과 20년 후에 1만원을 받는 것 중에 하나만 선택하라면 과연 20년 뒤의 1만원을 선택하는 사람이 있을까? 이렇듯 일반적으로 사람들은 같은 금액이라면 현재의 현금을 미래의 현금보다 선호하는 경향이 있다. 이러한 현상을 유동성선호(liquidity preference)라고 한다. 동일한 금액이라도 발생시점에 따라 화폐의 가치가 달라지는 이유가 사람들의 선호에 있는 것이다.

이러한 유동성선호가 나타나는 이유는 다음과 같다.

첫째, 세상에 수익성이 있는 투자기회(investment opportunity)가 존재하는 경우에 현재의 현금은 투자를 통해 미래의 현금에 비하여 가치증대가 가능하기 때문이다.

둘째, 물가상승(inflation)이 발생하는 세상이라면 미래의 현금을 현재의 현금에 비해 구매력이 떨어지게 된다.

셋째, 불확실성(uncertainty)이 존재하는 세상이라면 미래의 현금이 실현되지 않을 위험이 있기 때문이다.

[2] 이자율

전술한 이유들로 인해 모든 사람들이 미래의 현금보다 현재의 현금을 선호한다면, 현재의 현금과 미래의 현금을 교환하는 거래가 성립되려면 일정한 대가가 필요하게 된다. 그 대가를 이자율(interest rate)이라고 하다. 사람들이 현재의 100만원을 내어 주면서 1년 후에 110만원을 요구한다면 현재의 현금을 포기하면서 연 10%의 대가를 받고자 하는 것이며 이것이 이자율이다.

또한 사람들은 현재의 100만원과 1년 후의 110만원이 동일한 가치를 가지고 있다고 생각하는 것이며[13], 이것은 이자율이 발생시점이 다른 화폐의 시간가치를 계산하는 척도가 됨을 의미한다.

이자율은 유동성선호의 이유인 실물투자기회의 생산성, 물가상승률, 그리고 위험을 반영하여 시장(자본시장)에서 결정된다. 여기서 실물투자기회의 생산성과 물가상승률에 대한 대가를 무위험이자율(fisk free interest rate)이라 하고, 위험의 정도에 대한 대가를 위험프리미엄(risk premium)이라고 한다.

> 시장이자율 = 무위험이자율 + 위험프리미엄

예제

다음은 할인율 또는 이자율의 결정과 관련된 항목들이다. 가장 관련성이 없는 것은?

에너지진단사 기출 (제10회)

① 실질무위험이자율　　② 기대인플레이션

③ 생산기회의 수익성　　④ 대리인의 문제

정답 ④

13) 만약 시장에서 사람들이 현재의 100만원과 1년 후의 110만원의 가치가 다르다고 생각한다면 이런 거래는 일어나지 않을 것이다. 생각해보라 사람들이 현재의 100만원은 1년 후에 120만원의 가치가 있다고 생각한다면 누가 1년 후에 110만원을 받는 조건으로 현재의 100만원을 포기할 것이며, 반대로 현재의 100만원이 1년 후에 105만원의 가치가 있다고 믿는다면 누가 현재의 100만원을 얻고 1년 후에 110만원을 돌려주는 거래를 계약하겠는가?

2. 단일 현금흐름의 시간가치

[1] 미래가치

(1) 미래가치의 계산

미래가치(future value ; FV)는 현재시점에 발생한 현금을 미래의 특정시점에서 평가한 가치로, 현재의 금액과 동일한 가치를 갖는 미래의 금액을 의미한다. 예를 들어 현재시점에서 1,000,000원을 연리 10%의 정기예금에 예치하면, 1년 후에 1년간의 이자액 100,000원을 포함한 1,100,000원의 원리금 합계액을 받게 된다.

$$1{,}000{,}000 \times (1 + 0.1) = 1{,}100{,}000$$

그럼 만기 2년의 정기예금에 예치하면 만기에 얼마의 원리금을 받게 될까? 이때 먼저 짚어야하는 개념이 단리(simple interest)와 복리(compounding interest)이다.

이자 계산에서 단리는 원금에 대해서만 약정된 이자율과 기간을 곱해서 이자를 계산하는 방법이다. 반면 복리는 일정기간 마다 이자를 원금에 합쳐 그 합계금액에 대한 이자를 다시 계산하는 방법이다. 다시 말해 단리계산은 원금에 대해서만 이자가 붙고 복리계산은 원금과 이자에 이자가 붙는 것이다. 따라서 복리계산이 단리 보다 이자의 금액이 크고 시간이 지날수록 이자가 체증적으로 증가하게 된다. 그러나 현실의 자본시장에서 일반적으로 복리계산이 원칙이며 단리를 사용하는 경우는 거의 없으며 이후의 논의에서는 특별한 언급이 없는 한 복리계산을 기본으로 한다.

앞의 2년 만기 정기예금의 만기 가치는

- 단리 : $1{,}000{,}000 \times \{1 + (0.1 + 0.1)\} = 1{,}200{,}000$
- 복리 : $1{,}000{,}000 \times (1 + 0.1) \times (1 + 0.1) = 1{,}210{,}000$

과 같이 계산된다.

매기 적용되는 이자율이 r로 일정한 경우 현재시점의 현금(C_0)에 대한 n기간 후의 미래가치(C_n)는 다음과 같이 계산된다.

- 단리 : $C_n = C_0 \times (1 + n \cdot r)$

• 복리 : $C_n = C_0 \times (1+r)^n$

$= C_0 \times CVIF_{(r,n)}$

여기서 $CVIF_{(r,n)}$는 $(1+r)^n$와 동일한 값을 갖는 것으로서, 매기 이자율이 r로 일정할 때 현재 1원의 n기 후 가치를 의미하며, 복리이자계수(compound value interest factor ; *CVIF*) 혹은 미래가치계수(future value interest factor ; *FVIF*)라고 한다. 현금의 미래가치계수를 활용하면 현금의 미래가치를 손쉽게 구할 수 있다. 예를 들어 8 %로 1,000,000원의 10년 뒤의 미래가치를 구하기 위해서는 미래가치계수표에서 $r=8$ %와 $n=10$이 교차하는 값인 2.1589를 찾아서 곱해주면 된다.

[표] 미래가치계수표[14] : $(1+r)^n$

이자율(r) / 기간(n)	…	7%	8%	9%	…
…					
8	…	1.7182	1.8509	1.9926	…
9	…	1.8385	1.9990	2.1719	…
10	…	1.9672	2.1589	2.3674	…
11	…	2.1049	2.3316	2.5804	…
…					

$C_{20} = C_0 \times CVIF_{(8\%, 10년)}$

$= 1{,}000{,}000 \times 2.1589$

$= 2{,}158{,}900$원

(2) 기간과 이자율에 따른 미래가치의 변화

현재시점의 현금을 미래가치(FV)로 환산할 때에는 전술한 바와 같이 기간(n)과 이자율(r)에 따라서 미래가치가 달라지게 된다. 기간이 길어질수록 미래가치가 커지게 되고, 이자율이 클수록 미래가치 또한 커지게 된다.

다음의 그림은 현재의 1,000,000원을 이자율은 10 %로 고정시켜 놓고 기간을 변화시키면서 미래가치가 어떻게 변화하는지를 나타내는 그래프이다.

14) 현금의 미래가치계수표는 이 책의 뒤의 부표를 참조하면 된다.

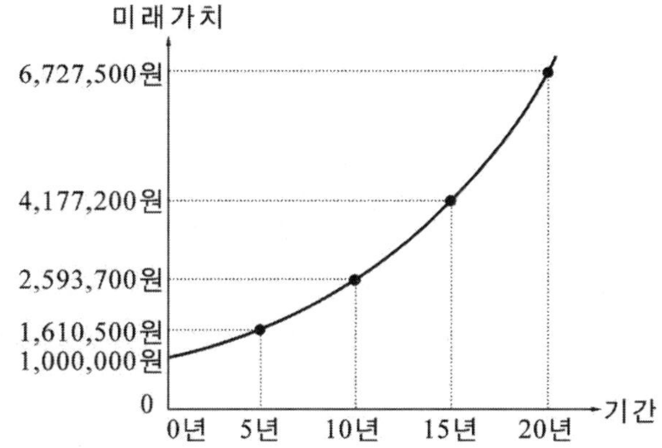

[그림] 현재가치 1,000,000원의 기간에 따른 미래가치 변화 (이자율=10 %)

그래프를 보면 현재의 1,000,000원이 5년 후, 10년 후, … 기간이 점차 증가해 감에 따라 1,610,500원, 2,593,700원, … 으로 미래가치가 체증적으로 증가[15]하고 있음을 알 수 있다.

다음의 그림은 현재의 1,000,000원을 기간을 10년으로 고정시켜 놓고 이자율을 변화시키면서 미래가치가 어떻게 변화하는지를 나타내는 그래프이다.

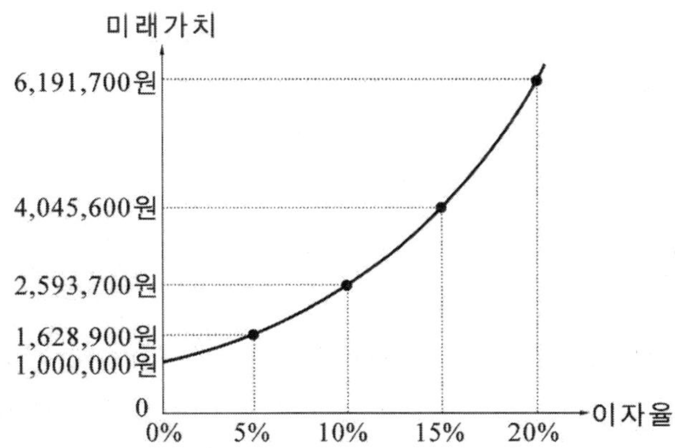

[그림] 현재가치 1,000,000원의 이자율에 따른 미래가치 변화 (기간=10년)

이 그림에서도 현재의 1,000,000원이 이자율이 5 %, 10 %, … 증가해 감에 따라 1,628,900원, 2,593,700원, … 으로 미래가치가 체증적으로 증가하고 있음을

15) 체증적으로 증가한다라는 말의 의미는 미래가치가 증가하기는 하는데 증가하는 폭 또한 커진다는 의미이다. 현재 1,000,000원의 5년 후 미래가치는 1,610,500원으로 610,500원이 증가하였는데, 다시 5년 후인 10년째에는 2,593,700원으로 5년동안 983,200원이 증가하여, 최초 5년의 증가분인 610,500원 보다 증가폭이 상승하였음을 알 수 있다. 참고로 단순증가의 그래프 모양은 우상향 직선이 되고, 체감적 증가의 그래프 모양은 위로 볼록한 모양의 우상향 곡선이 된다.

알 수 있다.

[2] 현재가치

(1) 현재가치의 계산

현재가치(present value ; PV)는 미래에 발생할 현금을 현재시점에서 평가한 가치로, 미래의 금액과 동일한 가치를 갖는 현재의 금액을 의미한다. 미래의 현금을 현재가치로 환산하는 것을 할인(discount)이라고 하며, 이때 적용되는 이자율을 할인율(discount rate)이라고 한다.

예를 들어 1년 후에 발생할 1,000,000원에 대해 10%의 할인율을 적용하여 현재가치를 구하면 다음과 같이 909,090원 이다.

$$\frac{1,000,000}{(1+0.1)} = 909,090$$

매기 적용되는 이자율이 r로 일정한 경우 n기간 후의 미래현금(C_n)의 현재가치(C_0)는 다음과 같이 계산된다.

$$\bullet\ C_0 = \frac{C_n}{(1+r)^n}$$
$$= C_n \times \frac{1}{(1+r)^n}$$
$$= C_n \times PVIF_{(r,n)}$$

여기서 $PVIF_{(r,n)}$는 $\frac{1}{(1+r)^n}$와 동일한 값을 갖는 것으로서, 매기 이자율이 r로 일정할 때 n기간 후에 발생할 1원의 현재가치를 나타내는 값으로 현재가치계수(present value interest factor ; $PVIF$) 혹은 간단히 현가계수라고도 한다. 현가계수를 활용하면 현금의 현재가치를 간단히 구할 수 있다. 예를 들어 20년 뒤 1,000,000원의 11%로 할인된 현재가치를 구하기 위해서는 현재가치계수표에서 $r=$ 11%와 $n=10$이 교차하는 값인 2.1589를 찾아서 곱해주면 된다.

[표] 현재가치계수표[16] : $\frac{1}{(1+r)^n}$

16) 현금의 현재가치계수표는 이 책의 뒤의 부표를 참조하면 된다.

이자율(r) / 기간(n)	…	10 %	11 %	12 %	…
…					
18	…	0.1799	0.1528	0.1300	…
19	…	0.1635	0.1377	0.1161	…
20	…	0.1468	0.1240	0.1037	…
21	…	0.1351	0.1117	0.0926	…
…					

$$C_0 = C_{10} \times PVIF_{(11\%,20\text{년})}$$
$$= 1{,}000{,}000 \times 0.1240$$
$$= 124{,}000\text{원}$$

(2) 기간과 할인율에 따른 현재가치의 변화

미래시점의 현금을 현재가치(PV)로 한산할 때에는 전술한 바와 같이 기간(n)과 할인율(r) 에 따라서 현재가치가 달라지게 된다. 기간이 길어질수록 현재가치가 작아지게 되고, 할인율이 증가할수록 현재가치 또한 작아지게 된다.

다음의 그림은 1,000,000원의 현금을 할인율은 10 %로 고정시켜 놓고 발생시점을 변화시키면서 현재가치가 어떻게 변화하는지를 나타내는 그래프이다.

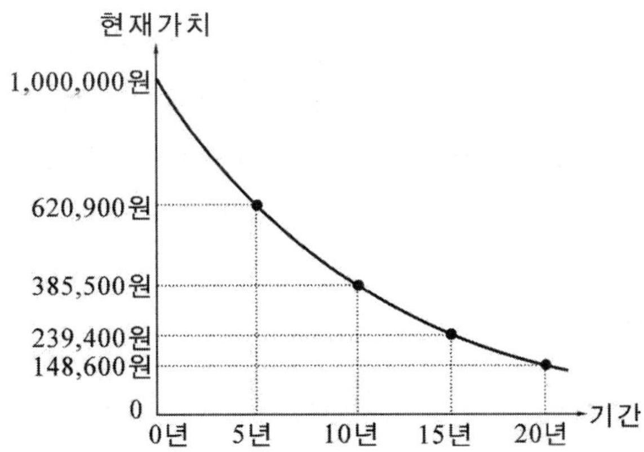

[그림] 1,000,000원의 미래 발생시점에 따른 현재가치 변화 (할인율=10 %)

그래프를 보면 동일한 금액 1,000,000원이 발생하더라도 5년 후, 10년 후, … 발생시점이 점차 증가해 감에 따라 62,090원, 385,500원, … 으로 현재가치가 체감적으로 감소[17]하고 있음을 알 수 있다.

다음의 그림은 10년 후의 1,000,000원을 할인하는 할인율을 변화시키면 현재 가치가 어떻게 변화하는지를 보여주는 그래프이다.

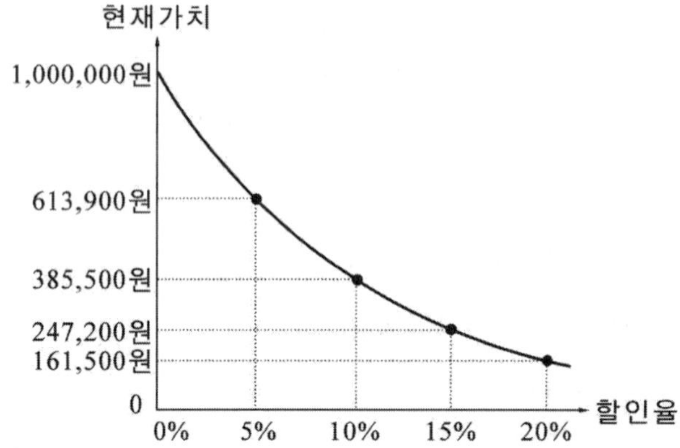

[그림] 10년 후 1,000,000원의 할인율 변동에 따른 현재가치 변화

이 그림에서도 10년 후의 1,000,000원이 할인율이 5%, 10%, … 증가해 감에 따라 613,900원, 385,500원, … 으로 현재가치가 체감적으로 감소하고 있음을 알 수 있다.

[3] 이자계산횟수

지금까지의 논의는 1년에 한 번만 이자를 계산한다는 가정이 깔려 있었다. 하지만 자본시장에서는 사계약 우선의 원칙이 존재하며 1년에 수회의 이자를 지급하도록 하는 것은 시장참여자의 자유로운 계약에 의하여 얼마든지 가능하다. 실제로 시장에 년 다회의 이자지급 계약은 상당수 존재한다. 따라서 지금부터는 1년에 이자를 2회 이상 계산하는 경우에 대하여 살펴본다.

(1) 이산복리계산

연간 이자율이 r %일이고 1년에 이자를 k번 계산한다고 하다. 이자는 1년에 k번 계

17) 체감적으로 감소한다라는 말의 의미는 발생시점이 현재에서 멀어짐에 따라 현재가치가 감소하기는 하는데 감소하는 폭 또한 작아진다는 의미이다. 5년 후에 발생하는 1,000,000원의 현재가치는 620,900원으로 379,100원이 감소하였는데, 다시 5년 후인 10년째에 발생하는 1,000,000원은 385,500원으로 5년동안 235,400원이 감소하여, 최초 5년의 감소분인 385,500원 보다 감소폭이 줄어들었음을 알 수 있다. 참고로 단순감소의 그래프 모양은 우하향 직선이 되고, 체증적 감소의 그래프 모양은 위로 볼록한 모양의 우하향 곡선이 된다.

산되나 이자계산시의 이자율은 $\frac{r}{k}$이 될 것이고, n년 동안에 총 이자계산횟수는 $k \cdot n$ 번이 될 것이다. 따라서 이러한 경우에 미래가치와 현재가치를 계산하는 공식은 다음과 같다.

- 미래가치 : $C_n = C_0 \cdot (1 + \frac{r}{k})^{k \cdot n}$

$$= C_0 \cdot CVIF_{(\frac{r}{k}, kn)}$$

- 현재가치 : $C_0 = \frac{C_n}{(1 + \frac{r}{k})^{kn}}$

$$= C_n \times PVIF_{(\frac{r}{k}, kn)}$$

1년에 이자를 두 번 이상 다회 계산하게 되면 주어진 연간 이자율이 동일하더라도 이자계산횟수에 따라 미래가치와 현재가치가 달라진다. 예를 들어, 연이자율 10 %로 1년에 1번만 이자를 계산하면 현재의 1원은 1년 후에 1.1원(= 1원×1.1)이 되어 1년간 실제로 적용된 연이자율 또한 10 %가 된다. 이제 비하여 1년에 2회 이자를 계산하면 1.1025원(= 1원×1.05×1.05)이 되므로 실제 적용된 연이자율을 10.25 %가 된다.

이는 이자계산횟수에 따라 실제 계산에 적용된 연이자율이 달라졌음을 의미한다. 따라서 최초의 연간 이자율 10 %를 표시이자율(stated rate of interest ; r)라고 하고, 이자계산횟수를 고려하여 실제 적용된 연이자율 10.25 %를 유효이자율(effective rate of interest ; r_e)이라고 하여 명칭을 분리하여 사용하고 있다. 두 이자율 사이의 관계는 다음과 같다.

- 이산복리계산에 있어서 표시이자율(r)과 유효이자율(r_e) 사이의 관계식[18)]

$$r_e = \left(1 + \frac{r}{k}\right)^k - 1$$

18) 유도과정

$C_n = C_0 \cdot \left(1 + \frac{r}{k}\right)^{k \cdot n} = C_0 \cdot (1 + r_e)^n$ 에서 ,

$\left(1 + \frac{r}{k}\right)^k = C_0 \cdot (1 + r_e)$ 이므로 r_e에 관하여 정리하면,

$r_e = \left(1 + \frac{r}{k}\right)^k - 1$

관계식에서 알 수 있듯이 표시이자율(r)이 동일할 경우 연간 이자계산횟수(k)이 늘어날수록 유효이자율(r_e)이 상승한다.

(2) 연속복리계산

지금까지는 이자계산횟수를 연에 수회로 한정지었다. 그러나 이자계산횟수를 무한대로 하는 경우, 즉 이자계산 기간을 무한히 짧게 하는 이자계산이 산술적으로 가능한데 이를 연속복리계산(continuous compounding)이라 하고, 그렇지 않은 경우를 이산복리계산(discrete compounding)이라 한다. 연속복리계산을 하게되면 전술했던 연 다회 이자계산시 미래가치와 현재가치를 구하는 공식에서 k가 무한대(k=∞)로 감을 의미한다. 연속복리계산시 미래가치와 현재가치는 다음과 같이 구해진다.[19)]

• 미래가치 : $C_n = C_0 \cdot e^{r \cdot n}$

단, • e : 자연대수 (e=2.71828)

• 현재가치 : $C_0 = \dfrac{C_n}{e^{rn}}$

연속복리에서도 이산복리에서와 마찬가지로 표시이자율과 유효이자율간에 일정한 관계가 있는데 이는 다음의 관계식으로 표현된다.

• 연속복리계산에 있어서 표시이자율(r)과 유효이자율(r_e) 사이의 관계식[20)]

$$r_e = e^r - 1$$

연속복리계산은 실제로는 불가능한 개념적인 이자계산방법이나, 이자계산을

---

19) 유도과정

$$C_n = \lim_{n\to\infty} C_0\left(1+\frac{r}{k}\right)^{kn} = C_0 \lim_{n\to\infty}\left[\left(1+\frac{r}{k}\right)^{\frac{k}{r}}\right]^{rn} = C_0\left[\lim_{n\to\infty}\left(1+\frac{r}{k}\right)^{\frac{k}{r}}\right]^{rn}$$

$$= C_0 \cdot e^{r \cdot n}$$

$$\left(\because \lim_{x\to\infty}\left(1+\frac{1}{x}\right)^{x} = e\right)$$

20) 유도과정

$C_n = C_0 \cdot e^{r \cdot n} = C_0 \cdot (1+r_e)^n$ 에서 ,

$e^r = 1 + r_e$ 이므로 r_e에 관하여 정리하면,

$r_e = e^r - 1$

매일하는 정도와 같이 이자계산횟수가 무한하지는 않더라도 충분히 큰 경우라면, 연속복리 이자계산 값이 이산복리의 실제값과 큰 차이가 없기 때문에 계산의 편의를 위해 종종 사용되게 된다.

예제

연 표시이자율이 10 %일 때 다음의 물음에 답하여라.

(물음1) 연간 이자계산횟수가 2회, 4회 ∞회인 경우에 현재 10,000원의 3년 후 미래가치를 구하고, 유효이자율을 구하라.

[해설]

(1) 연간 이자계산 횟수가 2회일 때 현재 10,000원의 3년 후의 가치는 다음과 같다.

$$P_3 = 10{,}000 \times \left(1 + \frac{0.1}{2}\right)^{2\times 3} = 13{,}401\text{ 원}$$

그리고 이 값은 유효이자율을 이용하여 다음과 같이 구할 수도 있다.

$$r_e = \left(1 + \frac{r}{m}\right)^m - 1 = \left(1 + \frac{0.1}{2}\right)^2 - 1 = 0.1025$$

$$\rightarrow P_3 = 10{,}000 \times (1 + 0.1025)^3 = 13{,}401\text{원}$$

(2) 연간 이자계산 횟수가 4회일 때

$$P_3 = 10{,}000 \times \left(1 + \frac{0.1}{4}\right)^{4\times 3} = 13{,}449\text{ 원}$$

$$r_e = \left(1 + \frac{r}{m}\right)^m - 1 = \left(1 + \frac{0.1}{4}\right)^4 - 1 = 0.1038$$

$$\rightarrow P_3 = 10{,}000 \times (1 + 0.1038)^3 = 13{,}448\text{원}$$

(3) 연간 이자계산 횟수가 ∞ 일 때

$$P_3 = 10{,}000 \times e^{(0.1)(3)} = 13{,}499\text{원}$$

$$r_e = e^r - 1 = e^{0.1} - 1 = 0.1052$$

$$\rightarrow P_3 = 10{,}000 \times (1 + 0.1052)^3 = 13{,}500\text{원}$$

(물음2) 연간 이자계산횟수가 2회, 4회, ∞회인 경우에 3년 후 10,000원의 현재가치를 구하고, 유효이자율을 구하라.

[해설]

(1) 연간 이자계산 횟수가 2회일 때

$$P_0 = \frac{10,000}{\left(1+\frac{0.1}{2}\right)^{2\times 3}} = 7,462\text{원}$$

또는

$$P_o = \frac{P_n}{(1+r_e)^n} = \frac{10,000}{(1+0.1025)^3} = 7,462\text{원}$$

(2) 연간 이자계산 횟수가 4회일 때

$$P_0 = \frac{10,000}{\left(1+\frac{0.1}{4}\right)^{4\times 3}} = 7,436\text{원}$$

또는

$$P_o = \frac{P_n}{(1+r_e)^n} = \frac{10,000}{(1+0.1038)^3} = 7,436\text{원}$$

(3) 연간 이자계산 횟수가 ∞회일 때

$$P_0 = \frac{10,000}{e^{(0.1)(3)}} = 7,408\text{원}$$

또는

$$P_o = \frac{P_n}{(1+r_e)^n} = \frac{10,000}{(1+0.1052)^3} = 7,408\text{원}$$

(3) 이산복리이자율과 연속복리이자율의 관계

이산복리이자율(discrete compounding rate ; r_d)과 연속복리이자율(continuous compounding rate ; r_c) 사이의 관계는 다음과 같다.

- 이산복리이자율(r_d)과 연속복리이자율(r_c) 사이의 관계식[21)]

$$r_d = e^{r_c} - 1 \quad \text{또는} \quad r_c = ln(1+r_d)$$

예를 들어, 10 %의 이자율로 연속복리계산할 때와 동일한 미래가치를 만들어 주는 이산복기이자율은 $r_d = e^{0.1} - 1 = 0.1052(10.52\,\%)$이다. 그리고 10 %의 이자율

21) 유도과정
$C_n = C_0 \cdot (1+r_d)^n = C_0 \cdot e^{r_c \cdot n}$ 에서,
$1 + r_d = e^{r_c}$ 이므로 r_d에 관하여 정리하면,
$r_d = e^{r_c} - 1$

로 이산복리계산할 때와 동일한 미래가치를 만들어 주는 연속복리이자율은 $r_c = ln(1+0.1) = 0.0953(9.53\%)$이다.

3. 다기간 현금흐름의 시간가치

[1] 계산의 원리

자본예산의 경제성 평가에 있어서 발생하는 현금흐름은 고정자본 투자로 인한 다년간에 걸친 현금흐름이 대부분이다. 다년간에 걸쳐 현금흐름이 발생하는 경우 이를 명확하게 파악하기 위해 다음과 같이 현금흐름도(cash flow diagram)를 작성하기도 한다. t는 시점을 나타내는 기호이며(t=0은 현재시점이다), Ct는 t시점에서 발생하는 현금을 나타내는 기호이다.

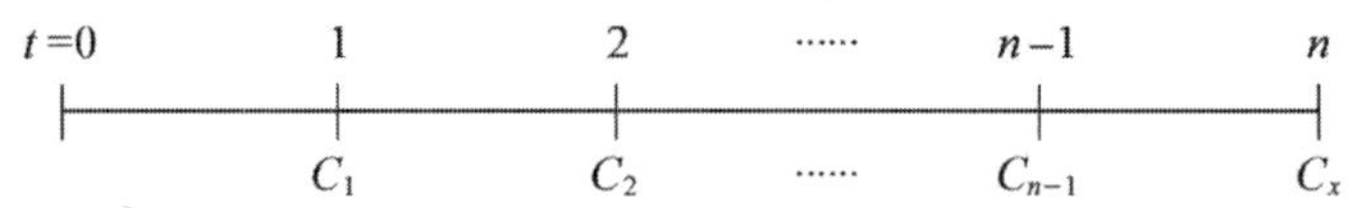

[그림] 현금흐름도(cash flow diagram)

그림과 같이 다기간에 걸친 현금흐름의 미래가치(FV)를 구하기 위해서는 각 시점별 현금흐름의 미래가치를 구해서 합하면 된다.

• 다기간 현금흐름의 미래가치

$$FV_n = C_1(1+r)^{n-1} + C_2(1+r)^{n-2} + \cdots + C_{n-1}(1+r) + C_n$$

현재가치(PV) 또한 각 시점별 현금흐름의 현재가치를 구해서 합하면 된다.

• 다기간 현금흐름의 현재가치

$$PV_n = \frac{C_1}{1+r} + \frac{C_2}{(1+r)^2} + \cdots + \frac{C_n}{(1+r)^n} = \sum_{t=1}^{n} \frac{C_t}{(1+r)^t}$$

예제

다음과 같은 현금흐름을 보이는 투자안이 있다. 이자율이 10 %라고 할 때, 물음에 답하라.

시점	$t=0$	$t=1$	$t=2$	$t=3$
현금	$C_0=1{,}000$	$C_1=1{,}500$	$C_2=2{,}000$	$C_3=2{,}500$

(물음1) 투자안의 $t=3$ 시점에서의 미래가치(FV)는 얼마인가?

(물음2) 투자안의 현재가치(PV)는 얼마인가?

[해설]

(물음1) 각 시점에서의 현금흐름을 $t=3$시점의 미래가치로 환산하여 모두 합하면 된다.

시점	현금	미래가치계수	미래가치
0	1,000	$1\times(1.1)^3=1.3310$	$1{,}000\times1.3310=1{,}331$
1	1,500	$1\times(1.1)^2=1.2100$	$1{,}500\times1.2100=1{,}815$
2	2,000	$1\times(1.1)^1=1.1000$	$2{,}000\times1.1000=2{,}200$
3	2,500	$1\times(1.1)^0=1$	$2{,}000\times1=2{,}500$
합	–	–	$FV_3=7{,}846$

참고로 현금흐름도를 작성해 보면 다음과 같다.

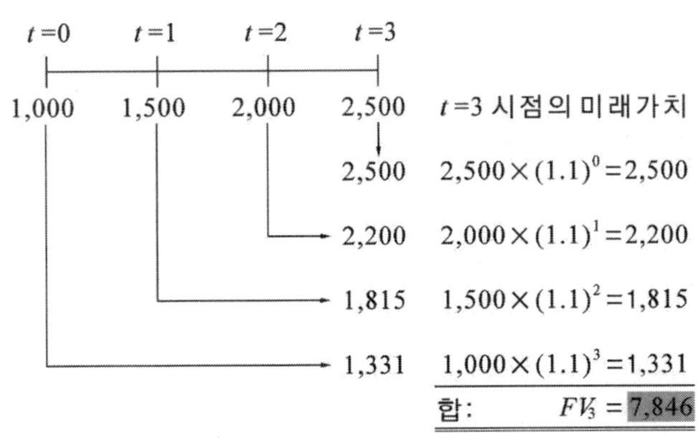

(물음2) 각 시점에서의 현금흐름를 현재가치로 환산하여 모두 합하면 된다.

시점	현금	미래가치계수	미래가치
0	1,000	$1\times(1.1)^{0}=1$	$1{,}000\times1=1{,}000$
1	1,500	$1\times(1.1)^{1}=0.9010$	$1{,}500\times0.9091=1{,}363.65$
2	2,000	$1\times(1.1)^{2}=0.8264$	$2{,}000\times0.8264=1{,}652.80$
3	2,500	$1\times(1.1)^{3}=0.7513$	$2{,}000\times0.7513=1{,}878325$
합	–	–	$PV_0=$ 5,894.7

참고로 현금흐름도를 작성해 보면 다음과 같다.

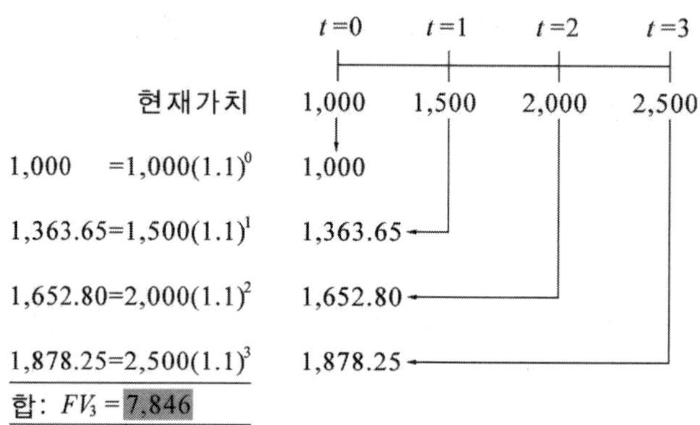

[2] 연금 현금흐름의 시간가치 계산

지금까지는 다기간의 현금흐름이 아무런 규칙이 없이 랜덤한 값으로 발생한다고 가정하여 시간가치계산의 일반적인 방법을 살펴보았다. 그러나 현실의 다기간 현금흐름 중에 상당수는 현금흐름 간에 일정관계를 가지고 있는 경우가 있다. 현금흐름간에 일정한 관계가 있는 경우 앞에서 살펴본 바와 같이 전기간에 걸친 현금흐름을 개별적으로 원하는 시점으로 환산하여 합하지 않고도 간편하게 시간가치를 계산할 수 있는 경우가 있다. 여기에서는 그러한 현금흐름의 가장 대표격인 연금의 현금흐름을 살펴보고 이후 몇 가지 기본적인 현금흐름의 형태를 논의하고자 한다.

여러 기간에 걸쳐 매기간 말에 같은 금액의 현금흐름(C)이 발생하는 현금흐름을 연금의 현금흐름(annuity cash flow)이라고 한다. 근로자가 퇴직 후 매월 동일한 금액을 받는 연금과 현금흐름이 동일하다고 하여 붙여진 이름으로 연금 현금흐름을 현금흐름도로 표현하면 다음과 같다.

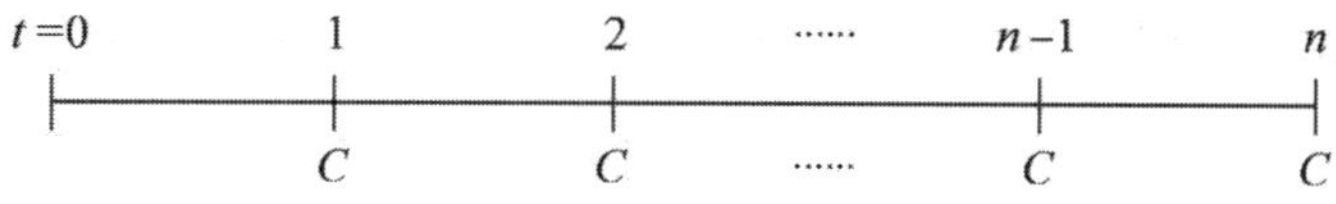

[그림] 연금의 현금흐름

(1) 연금 현금흐름의 미래가치

연금 현금흐름의 미래가치 또한 앞에서 공부한 다기간 현금흐름의 미래가치를 구하는 일반적인 방법으로 계산이 가능하다.

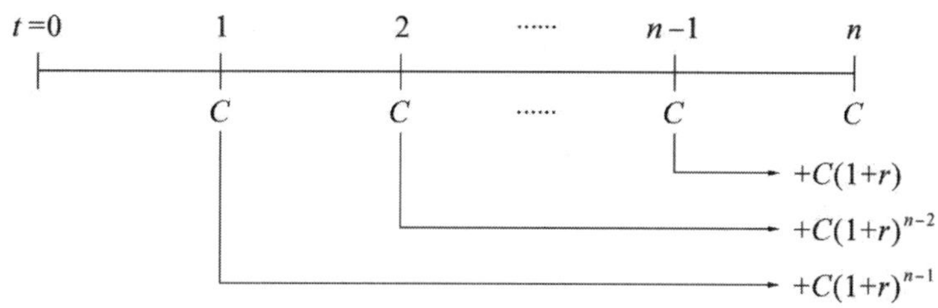

각 시점의 현금흐름(C)의 n시점에서의 미래가치를 구하여 합하면 다음과 같이 다기간 현금흐름의 미래가치가 계산된다.

$$FV_n = C + C(1+r) + C(1+r)^2 + \cdots + C(1+r)^{n-1}$$

위 식을 가만히 살펴보면 연금의 미래가치는 초항이 C, 공비가 $(1+r)$, 항의 수가 n개인 유한등비수열의 합에 해당한다는 것을 알 수 있다. 따라서 유한등비수열의 합공식[22]을 사용하면 위의 식을 다음과 같이 간략한 형태로 전환할 수 있다.

• 연금의 미래가치 : $FV_n = C \cdot \left[\dfrac{(1+r)^n - 1}{r} \right]$

$$= C \times CVIFA_{(r,n)}$$

여기서 $CVIFA_{(r,n)}$는 $\dfrac{(1+r)^n - 1}{r}$와 동일한 값을 갖는 것으로서, 이자율이 r로 일정할 때, n기간 동안 매기말에 1원씩 발생하는 연금의 미래가치를 의미하며, 연금의 복리이자계수(compound value interest factor for annuity ; $CVIFA$) 혹은 연금의 미래가치계수(future value interest factor for annuity ; $FVIFA$)라고 한다.

---

22) 유한유비수열의 합 $= \dfrac{\text{초항}(1-\text{공비}^n)}{1-\text{공비}} = \dfrac{\text{초항}(\text{공비}^n-1)}{\text{공비}-1}$

연금의 미래가치계수를 활용하면 연금의 미래가치를 손쉽게 구할 수 있다.

예 제

연이율 8 %의 이자를 지급하는 정기적금에 매년 말에 10년간 100,000원을 불입할 경우, 10년 후에 받게 될 금액을 구하라.

[해설]

$r=8\%$, $n=10$, $C=100{,}000$인 연금의 미래가치를 구하면 된다.

따라서

$$FV_{10} = 100{,}000\times 1.08^{9} + 100{,}000\times 1.08^{8} + \cdots + 100{,}000\times 1.08^{1} + 100{,}000$$

$$= 1{,}448{,}700\text{원}$$

또는

$$FV_{10} = 100{,}000\cdot\left[\frac{(1+0.8)^{10}-1}{0.8}\right] = 1{,}448{,}700\text{원}$$

또는

$$FV_{10} = 100{,}000 \times CVIFA_{(8\%,10\text{년})}$$

$$= 100{,}000 \times 14.487^{*1)}$$

$$= 1{,}448{,}700\text{원}$$

*1) 연금의 미래가치계수표에서 $n=8\%$와 $n=10$이 교차하는 값인 14.487을 찾아서 곱해주면 된다.

[표] 연금의 미래가치계수표[23] : $\dfrac{(1+r)^n-1}{r}$

이자율(r) \ 기간(n)	…	7 %	8 %	9 %	…
…					
8	…	10.260	10.637	11.028	…
9	…	11.978	12.488	13.021	…
10	…	13.816	14.487	15.193	…
11	…	15.784	16.645	17.560	…
…					

23) 연금의 미래가치계수표는 이 책의 뒤의 부표를 참조하면 된다.

(2) 연금 현금흐름의 현재가치

연금 현금흐름의 현재가치 또한 앞에서 공부한 다기간 현금흐름의 현재가치를 구하는 일반적인 방법으로 계산이 가능하다.

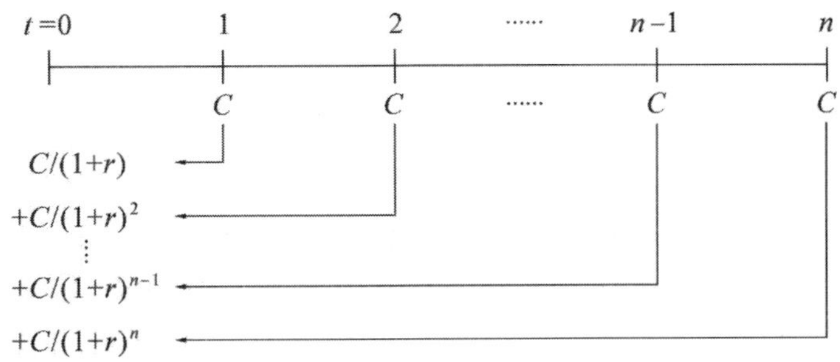

각 시점의 현금흐름(C)의 $t=0$인 시점에서의 현재가치를 구하여 합하면 다음과 같이 다기간 현금흐름의 현재가치가 계산된다.

$$PV_0 = \frac{C}{1+r} + \frac{C}{(1+r)^2} + \cdots + \frac{C}{(1+r)^{n-1}} + \frac{C}{(1+r)^n}$$

위 식을 가만히 살펴보면 연금의 현재가치는 초항이 $\frac{C}{1+r}$, 공비가 $\frac{1}{1+r}$, 항의 수가 n개인 유한등비수열의 합에 해당한다는 것을 알 수 있다. 따라서 유한등비수열의 합공식을 사용하면 위의 식을 다음과 같이 간략한 형태로 전환할 수 있다.

• 연금의 현재가치

$$: PV_0 = C \cdot \left[\frac{(1+r)^n - 1}{r(1+r)^n} \right]$$
$$= C \times PVIFA_{(r,n)}$$

여기서, $PVIFA_{(r,n)}$는 $\frac{(1+r)^n - 1}{r(1+r)^n}$와 동일한 값을 갖는 것으로써, 이자율이 r로 일정할 때, n기간 동안 매기말에 1원씩 발생하는 연금의 현재가치를 의미하며, 연금의 현재가치계수(present value interest factor for annuity ; $PVIFA$)라고 한다. 연금의 현재가치계수를 활용하면 연금의 현재가치를 손쉽게 구할 수 있다.

예제

지금은 2012년 1월 1일 이다. 현재 자본시장의 시장이자율은 5 %이며, 방금 당신이 앞으로 30년간 매년 말(12월 31일)에 1,000,000원을 지급받는 연금복권에 당첨되었다고 가정해 보자. 이때 복권을 누군가 일시불 현금으로 지불하겠으니 양도해달라고 제안해 온다면 당신은 얼마를 받아야 하는가?

[해설]

r=5 %, n=30, C=1,000,000인 연금의 현재가치(PV_0)를 구하면 된다.

따라서

$$PV_0 = \frac{1{,}000{,}000}{1.05} + \frac{1{,}000{,}000}{1.05^2} + \cdots + \frac{1{,}000{,}000}{1.05^{29}} + \frac{1{,}000{,}000}{1.05^{30}}$$

$$= 15{,}372{,}500\text{원}$$

또는

$$PV_{10} = 1{,}000{,}000 \cdot \left[\frac{(1+0.5)^{30}-1}{0.5(1+0.5)}\right]$$

$$= 15{,}372{,}500\text{원}$$

또는

$$PV_{10} = 1{,}000{,}000 \times PVIFA_{(5\%,30\text{년})}$$

$$= 1{,}000{,}000 \times 15.3725^{*1)}$$

$$= 15{,}372{,}500\text{원}$$

*1) 연금의 현재가치계수표에서 r=5 %와 n=30이 교차하는 값인 15.3725을 찾아서 곱해주면 된다.

[표] 연금의 현재가치계수표[24] : $\frac{(1+r)^n - 1}{r(1+r)^n}$

이자율(r) / 기간(n)	…	4 %	5 %	6 %	…
…					
29	…	16.9837	15.1411	13.5907	…
30	…	17.2920	15.3725	13.7648	…
31	…	17.5885	15.5928	13.9291	…
…					

24) 연금의 현재가치계수표는 이 책의 뒤의 부표를 참조하면 된다.

[3] 영구연금의 현재가치

(1) 영구연금 현금흐름의 현재가치

매기간 말에 같은 금액의 현금흐름(C)이 영구히 발생하는 현금흐름을 영구연금의 현금흐름(perpetuity cash flow)이라고 한다. 영구연금의 현금흐름을 현금흐름도로 표현하면 다음과 같다.

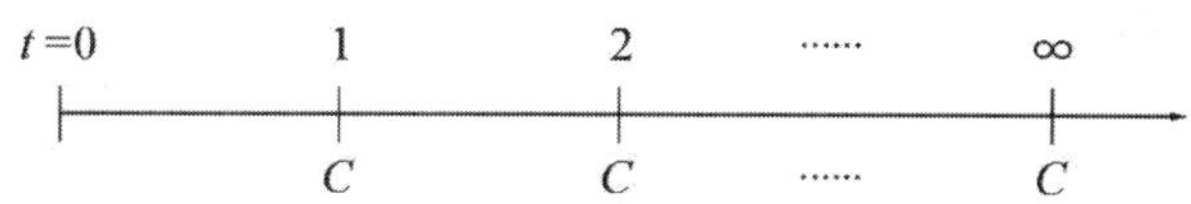

[그림] 영구연금의 현금흐름

영구연금 현금흐름의 현재가치를 앞에서 공부한 다기간 현금흐름의 현재가치를 구하는 일반식으로 계산해 본다면 다음과 같다.

$$PV_0 = \frac{C}{1+r} + \frac{C}{(1+r)^2} + \cdots + \frac{C}{(1+r)^\infty}$$

$$= \sum_{t=1}^{\infty} \frac{C}{(1+r)^t}$$

위 식을 가만히 살펴보면 연금의 현재가치는 초항이 $\frac{C}{1+r}$, 공비가 $\frac{1}{1+r}$인 무한등비수열의 합[25]에 해당한다는 것을 알 수 있다. 따라서 무한등비수열의 합공식을 사용하면 위의 식을 다음과 같이 간략한 형태로 전환할 수 있다[26].

• 영구연금의 현재가치

$$PV_0 = \frac{C}{r}$$

---

25) 무한등비수열의 합 $= \frac{\text{초항}}{1-\text{공비}}$

26) 유도과정

$$PV_0 = \frac{\frac{C}{1+r}}{1-\frac{1}{1+r}} = \frac{C}{r}$$

예제

지금은 2012년 1월 1일 이다. 현재 자본시장의 시장이자율은 5 %이며, 방금 당신이 앞으로 영구히(당신의 자자손손 대물림이 가능한) 매년 말(12월 31일)에 1,000,000원을 지급받는 영구연금복권에 당첨되었다고 가정해 보자. 이때 복권을 누군가 일시불 현금으로 지불하겠으니 양도해달라고 제안해 온다면 당신은 얼마를 받아야 하는가?

[해설]

$r=5\%$, $C=1{,}000{,}000$인 영구연금의 현재가치(PV_0)를 구하면 된다.

따라서

$$PV_0 = \frac{1{,}000{,}000}{0.05}$$

$$= 20{,}000{,}000\text{원}$$

영구연금액의 현재가치를 계산하는 방법 즉, 일정 금액의 현금(C)을 할인율(r)로 나누어 가치를 평가하는 과정을 자본환원(capitalization)이라고 하며, 이 때의 할인율(r)을 자본환원율(capitalization rate)이라고 부른다.

(2) 일정성장 영구연금의 현재가치

일정성장 영구연금 현금흐름이란 $t=1$인 시점에 C_1의 현금흐름이 발생하고, 그 이후에는 매기마다 일정비율(g)만큼 증가하면서 영구히 발생하는 현금흐름을 말한다. 따라서 일정성장 영구연금은 $t=2$인 시점의 현금흐름(C_2)은 $C_1 \times (1+g)$로, $t=3$ 시점의 현금흐름(C_3)은 $C_2 \times (1+g) = C_1 \times (1+g)^2$로 발생하며 영구히 증가하게 된다. 일정성장 영구연금의 현금흐름을 현금흐름도로 표현하면 다음과 같다.

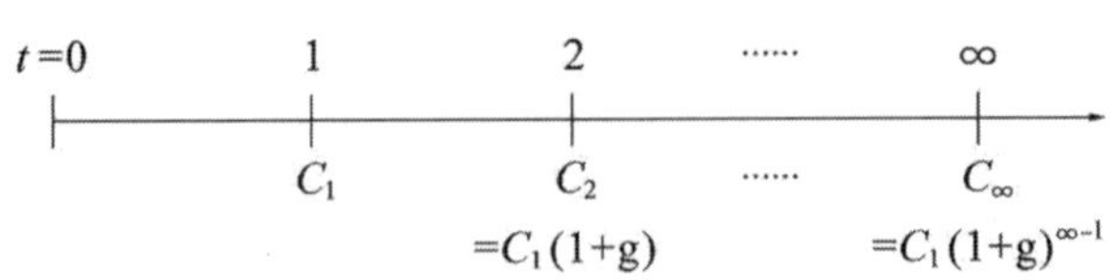

[그림] 일정성장 영구연금의 현금흐름

일정성장 영구연금 현금흐름의 현재가치를 앞에서 공부한 다기간 현금흐름의 현재가치를 구하는 일반식으로 계산해 본다면 다음과 같다.

$$PV_0 = \frac{C_1}{1+r} + \frac{C_1(1+g)}{(1+r)^2} + \cdots + \frac{C_1(1+g)^{\infty-1}}{(1+r)^{\infty}}$$

위 식을 가만히 살펴보면 연금의 현재가치는 초항이 $\frac{C}{1+r}$, 공비가 $\frac{1+g}{1+r}$인 무한등비수열의 합에 해당한다는 것을 알 수 있다. 따라서 무한등비수열의 합공식을 사용하면 위의 식을 다음과 같이 간략한 형태로 전환할 수 있다[27].

- 일정성장 영구연금의 현재가치

$$PV_0 = \frac{C_1}{r-g}$$

예제

지금은 2012년 1월 1일 이며, 현재 자본시장의 시장이자율은 10 %이다. 어렵게 공부하여 대단한 자산가가 된 당신은, 매년 말(12월 31일)에 당신의 모교 학생 1명에게 1년치 등록금을 영구히 지급하는 장학재단을 설립하려고 한다. 2012년 12월 31일에 1년치 등록금이 10,000,000원이고 등록금은 매년 8 %씩 인상된다면 당신이 설립하고자 하는 장학재단에 기부해야할 금액은 얼마인가?

[해설]

r=10 %, g=8 %, C=1,000,000인 일정성장 영구연금의 현재가치(PV_0)를 구하면 된다.

따라서

$$PV_0 = \frac{10,000,000}{0.10-0.08}$$

$$= 500,000,000\text{원}$$

---

27) 유도과정

$$PV_0 = \frac{\frac{C_1}{1+r}}{1-\frac{1+g}{1+r}} = \frac{C_1}{r-g}$$

4. 화폐 시간가치의 응용

[1] 자산의 가치평가

자산이란 미래에 경제적 효익을 가져다 줄 것으로 기대되는 자원이다. 현대의 화폐경제사회에서 경제적 효익이란 현금내지는 금액으로 표현 가능한 가치를 의미한다. 결국 자산의 가치는 그 자산으로부터 얻게 될 미래의 현금흐름을 적절한 할인율로 할인한 현재가치라고 보아도 무방하다. 따라서 현재가치 계산은 자산의 가치를 평가하는데 있어서 기본이 되다.

[2] 투자안의 경제성평가

화폐의 시간가치는 투자안의 경제성을 평가하는 데 있어서도 기본이 된다. 대부분의 고정자산에 대한 투자가 다기간에 걸쳐 현금흐름이 발생하게 되므로 투자안의 가치를 평가하기 위해서는 화폐의 시간가치 계산이 중요하다. 여기서는 투자안의 경제성을 평가할 때 주로 사용되는 순현재가치와 내부수익률의 개념을 간단히 살펴본다. 자세한 경제성평가의 방법은 제5장에서 다루게 될 것이다.

(1) 순현재가치(*NPV*)

순현재가치(net present value ; *NPV*)는 현금유입의 현재가치(present value of cash inflow ; *PVCI*)와 현금유출의 현재가치(present value of cash outflow ; *PVCO*)의 차이를 이르는 말로서, 즉 투자로 인해 얻게 되는 현금의 현가에서 투자된 금액의 현가를 뺀 것으로 순이익에 해당하는 개념이다. 따라서 어떤 투자안의 *NPV*가 0보다 크면 투자가치가 있는 것으로 판단하고, *NPV*가 0보다 작으면 투자가치가 없는 것으로 판단한다.

순현재가치(*NPV*) = 현금유입의 현재가치 − 현금유출의 현재가치

일반적으로 투자안의 현금흐름이 초기에 현금유출(투자)이 이루어지고 다년에 걸쳐 현금의 회수가 이루어 진다고 본다면, 투자안의 현재가치는 다음과 같이 표현 할 수도 있다.

$$NPV = \sum_{t=1}^{n} \frac{C_t}{(1+r)^t} - C_0$$

단, • t : 시점
• C_t : t시점의 현금흐름
• n : 투자안의 내용연수
• r : 할인율

(2) 내부수익률(IRR)

일반적으로 수익률이라고 하는 것은 1기간을 기준으로 하여 구한 수익률을 의미하나, 다기간에 걸쳐 현금흐름이 발생하는 경우에도 1기간의 경우와 같은 수익률을 구할 수 있으며 이를 내부수익률(internal rate of return ; IRR)이라 한다. 내부수익률을 이해하기 위하여 1기간 후의 수익률을 살펴보자.

현재 C_0를 투자(현금유출)하여 1기간 후에 C_1의 현금유입을 얻을 수 있는 투자안이 있다면, 이 투자안으로부터 얻게 되는 1기간의 수익률은 다음과 같다.

$$R_1 = \frac{C_1 - C_0}{C_0} = \frac{C_1}{C_0} - 1$$

이 식을 정리하면 다음의 관계가 성립함을 알 수 있다.

$$C_0(1+R_1) = C_1 \quad \text{또는} \quad \frac{C_1}{(1+R_1)} = C_0$$

이 식을 잘 살펴보면 수익률(R_1)이라는 것은 현금유입액의 현재가치를 현재의 투자원금과 같게 해주는 할인율에 해당함을 알 수 있다.

투자안의 현금흐름이 다기간에 걸쳐 발생하는 경우에도 같은 방법으로 수익률의 계산이 가능하다.

$$\frac{C_1}{1+IRR} + \frac{C_2}{(1+IRR)^2} + \cdots + \frac{Cn}{(1+IRR)^n} = C_0$$

이 식을 만족하는 수익률을 내부수익률이라고 한다. 따라서 내부수익률(IRR)은 이 식에 의해서는 현금유입의 현가($PVCI$)와 현금유출의 현가($PVCO$)를 일치시켜 주는 할인율로 정의된다.

식을 조금 변형하여 우변을 좌로 넘기면 식이 다음과 같이 변형된다.

$$\frac{C_1}{1+IRR}+\frac{C_2}{(1+IRR)^2}+\cdots+\frac{Cn}{(1+IRR)^n}-C_0=0$$

이 식을 보면 좌변이 순현재가치(NPV)를 나타내고 있음을 알 수 있다. 따라서 내부수익률(IRR)은 이 식에 의해서는 현금유입의 순현재가치(NPV)를 0으로 만드는 수익률로 정의할 수도 있다.

다시 이전의 다기간 현금흐름의 수익률을 구하는 식을 조금 변형시켜 보자. 양변에 $(1+IRR)^n$을 곱해보면 식이 다음과 같이 변형된다.

$$C_1(1+IRR)^{n-1}+C_2(1+IRR)^{n-2}+\cdots+Cn=C_0(1+IRR)^n$$

이 식은 투자기간동안 현금유입액을 투자종료시점까지 IRR로 재투자했을 때의 최초투자액 C_0에 대한 연평균수익률이 IRR임을 나타낸다. 즉 내부수익률(IRR)이란 투자기간 동안 얻게 되는 현금유입액을 투자종료시점까지 재투자했을 때 얻게 될 연평균수익률을 의미한다. 따라서 투자안의 내부수익률(IRR)이 투자자금의 조달시 부담해야 할 자본비용보다 크면 투자가치가 있는 것으로 평가하고, 내부수익률(IRR)이 자본비용보다 작으면 투자가치가 없는 것으로 평가한다.

예제

내부수익률이란 무엇을 의미하는가? 에너지진단사 기출 (제3회)

① 투자안의 평균 자본비용 ② 투자안의 투자지출 비율
③ 투자안의 평균 투자수익률 ④ 투자안의 순이익률
⑤ 투자안의 매출총이익률

정답 ③

예제

현재시점에서 400억원을 투자하면, 1년 후에 468억원의 현금유입을 가져다 주는

투자안이 있다. 400억원의 투자금을 조달하기 위해서 15 %의 자본비용이 소요된다고 할 때, 다음의 물음에 답하라.

(물음1) 이 투자안의 NPV를 구하고 경제성을 평가하여라.

(물음2) 이 투자안의 IRR을 구하고 경제성을 평가하여라.

[해설]

(물음1) $NPV = \dfrac{468}{1+0.15} - 400 = 6.96$억원

NPV가 0보다 크므로 경제성이 있는 투자안이다.

(물음2) $\dfrac{468}{1+IRR} = 400$ 에서

$IRR = 0.17$

IRR(17 %)이 자본비용(15 %)보다 크므로 경제성이 있는 투자안이다.

연습문제

01. 화폐의 시간가치에 대한 설명으로 알맞은 것은? 에너지진단사 기출 (제10회)

① 유동성 선호가 큰 투자자는 유동성 선호가 작은 투자자에 비해 일정한 현재의 화폐금액에 대한 미래가치를 더 작게 계산한다.

② 개인의 주관적인 이자율에 대한 평가는 유동성 선호 정도에 따라 다르다.

③ 이자율은 화폐의 구매력 감소에 대한 대가로 주어지는 것이므로 인플레이션이 없으면 화폐의 시간가치는 발생하지 않는다.

④ 화폐의 시간가치는 개인이 미래소비를 현재 소비보다 더 선호한다고 가정한다.

[해설]

① 유동성선호가 클수록 요구하는 자본비용(이자율)이 커지기 때문에 화폐의 미래가치 또한 커지게 된다.

③ 이자율의 구성 요소에는 인플레이션뿐만 아니라, 실물투자기회의 생산성 및 위험프리미엄 요소가 있으므로 인플레이션이 없어도 이자율은 0이 되지 않는다.

④ 유동성선호설에서는 개인이 미래소비보다 현재소비를 선호한다고 가정한다.

02. 아래는 화폐의 가치에 대한 설명이다. 틀린 것은?

에너지진단사 기출 (제1회, 제8회)

① 미래의 화폐가치가 현재보다 낮은 것은 사람들이 현재를 미래보다 선호하기 때문이다.

② 일반적으로 이자를 계산할 때 단리로 계산하는 것과 복리로 계산하는 경우가 있는데 근본적인 차이는 이자에 대한 이자계산을 하는 지의 여부이다.

③ 1년만기 액면가 10,000,000원의 어음을 10%로 할인하여 9,000,000원을 받은 경우 유효이자율은 10%이다.

④ 현재가치 계산시 할인율이 높을수록 혹은 할인기간이 길수록 현재가치는 낮아진다.

⑤ 10년간 수익률이 500%인 경우 연간이자율은 $6^{1/10}$ 이다.

[해설]

① 유동성선호설이라 한다.

정답 1.②

③ 유효이자율(r)이란 투자안의 현재의 현금흐름과 투자안의 미래의 현금흐름의 현재가치를 일치시켜주는 이자율로서

현재의 현금흐름 = 미래현금흐름의 현가

$$9{,}000{,}000 = \frac{10{,}000{,}000}{1+r}$$

$\therefore\ r \doteqdot 11.11\ \%$

03. 경제성분석은 흔히 비용·편익분석을 의미하고 공공투자사업의 효율성 평가에 널리 활용되고 있는 기법이다. 비용·편익비율에서는 적절한 할인율의 선택이 대단히 중요한데 통상 사용되는 할인율이 아닌 것은? 에너지진단사 기출 (제2회, 제5회)

① 공공투자사업의 기준할인율　② 기업할인율
③ 정부차입이자율　④ 사회적 할인율
⑤ 시장의 외환율

[해설]

⑤ 외환율은 원화 대 외화의 교환비율이지 할인율(이자율)이 아니다.

04. 다음의 사항 중에서 화폐의 미래가치 계산과 직접적으로 관련이 없는 것은?
에너지진단사 기출 (제11회)

① 만기　② 이자율
③ 원금　④ 내부수익률

[해설]

미래가치 계산식

$C_n = C_0 \times (1+r)^n$ 에서

C_0는 원금, r은 이자율, n은 만기의 개념이다.

05. 현재 10,000원이 이자율 연리 20 %일 때, 2년 후의 가치는?
에너지진단사 기출 (제7회, 제9회)

① 12,100 원　② 13,400 원　③ 14,000 원
④ 14,400 원　⑤ 20,000 원

정답 2.③ 3.⑤ 4.④

[해설]

미래가치 계산식

$C_n = C_0 \times (1+r)^n$ 에서

$C_2 = 10{,}000 \times (1+0.2)^2 = 14{,}400$원

06. 현금 1만원을 연 5 %로 매년 복리계산할 때, 정기예금에 예금하는 경우 3년 말의 미래가치(future value)는 얼마가 되는가?

에너지진단사 기출 (제6회, 제8회, 제11회)

① 10,576.25원 ② 11,576.25원 ③ 12,576.25원
④ 13,576.25원 ⑤ 14,576.25원

[해설]

미래가치 계산식

$C_n = C_0 \times (1+r)^n$ 에서

$C_3 = 10{,}000 \times (1+0.05)^3 = 11{,}576.25$원

07. 연간 이자율이 10 %이고 1년에 1회 이자 계산을 하는 정기적금에 매년 말 10,000원씩 3년 동안 납입하면 3년 후 찾을 수 있는 금액이 얼마가 되는가?

에너지진단사 기출 (제5회)

① 33,050원 ② 33,100원 ③ 33,150원
④ 33,200원 ⑤ 33,250원

[해설]

연금의 미래가치 계산식

$FV_n = C + C(1+r) + C(1+r)^2 + \cdots + C(1+r)^{n-1}$

$FV_3 = 10{,}000 + 10{,}000 \times 1.1 + 10{,}000 \times 1.1^2 = 33{,}100$

또는

$FV_n = C \times CVIFA_{(r,n)}$ 에서 연금의 미래가치계수($CVIFA$)를 사용하는 방법이 간편하나 시험의 특성상 미래가치계수가 제시되지 않은 경우 일반식으로 푼다.

정답 5.④ 6.② 7.②

08. 할인율이 연 10 %일 때, 매년 100만원씩 영구히 지급하는 자산의 현재가치는?

에너지진단사 기출 (제3회, 제7회)

① 1,000만원 ② 2,000만원 ③ 3,000만원
④ 4,000만원 ⑤ 무한

[해설]

영구연금의 현재가치는

$P_0 = \frac{C}{r}$ 이므로

$= \frac{100\text{만원}}{0.1} = 1,000\text{만원}$

09. 현재의 100만원이 복리로 적립될 때 두 배가 되는 시점으로 알맞은 것은? (단, 매년의 연간 이자율은 10 %로 일정하다.)

에너지진단사 기출 (제9회)

($ln1.1 = 0.0953$, $ln2 = 0.6931$)

① 4.27년 ② 5.27년 ③ 6.27년
④ 7.27년 ⑤ 8.27년

[해설]

미래가치 계산식을 이용한다.

$C_n = C_0 \times (1+r)^n$ 에서

$200\text{만원} = 100\text{만원} \times (1+0.1)^n$

$2 = (1+0.1)^n$에 양변에 ln을 취하면

$ln2 = n \cdot ln1.1$

$\therefore n = \log 2 \div \log 1.05 \doteqdot 7.27$

10. 2007년 우리나라의 1인당 국내총생산이 20,000달러로 가정한다. 연간 5 %의 경제성장률을 달성한다고 예상할 때 1인당 국내총생산이 40,000달러가 달성되는 기간은 대략 얼마인가?(단, 인구 증가는 없다고 가정한다.)

에너지진단사 기출 (제8회)

① 5년 ② 10년 ③ 15년
④ 20년 ⑤ 25년

정답 8.① 9.④

[해설]

미래가치 계산식을 이용한다.

$C_n = C_0 \times (1+r)^n$ 에서

$40,000 = 20,000 \times (1+0.05)^n$

$2 = (1+0.05)^n$에 양변에 log를 취하면

$\log 2 = n \cdot \log 1.05$

$\therefore n = \log 2 \div \log 1.05 \fallingdotseq 14.21$

약 15년이 걸린다.

11. 2년 후 500만원을 확보하기 위해서 현재 연 이자율 5 %로 2년 만기 정기예금에 예금해야 할 금액으로 알맞은 것은?(단, 정기예금의 이자는 1년에 한번 복리로 지급한다고 가정한다) 에너지진단사 기출 (제10회)

① 453.5만원　② 463.5만원
③ 473.5만원　④ 483.5만원

[해설]

미래가치 계산식을 이용한다.

$C_n = C_0 \times (1+r)^n$ 에서

500만원 $= C_0 \times (1+0.05)^2$

$C_0 =$ 500만원 $\div (1+0.05)^2$

$\fallingdotseq$ 453.51만원

12. 연 이자율 5 %를 가정하였을 때 다음의 두가지 대안의 현재가치로 각각 알맞은 것은?(근사치로 가장 가까운 답을 고르고, 대안 2의 현재가치를 구할 때 다음의 공식을 활용하시오) 에너지진단사 기출 (제10회)

$$\sum_{t-1}^{n} \frac{1}{(1+r)^t} = \frac{(1+r)^n - 1}{r(1+r)^n}$$

〈대안〉

대안 1 : 5차년도 말에 5,000만원을 일시에 받는 대안

대안 2 : 매년도 말에 1,000만원씩을 5년간 받는 대안

① 대안 1 : 3,918만원 대안 2 : 4,229만원

정답 10.③ 11.①

② 대안 1 : 3,818만원 대안 2 : 4,329만원

③ 대안 1 : 3,918만원 대안 2 : 4,329만원

④ 대안 1 : 3,818만원 대안 2 : 4,229만원

[해설]

(대안1) 단일현금흐름의 현재가치

$$C_0 = \frac{C_n}{(1+r)^n} = \frac{5{,}000\text{만원}}{(1+0.05)^5} = 3{,}917.63\text{ 만원}$$

(대안2) 연금현금흐름의 현재가치

$$PV_0 = C \cdot \left[\frac{(1+r)^n - 1}{r(1+r)^n}\right] = 1{,}000\text{만원} \cdot \left[\frac{(1+0.05)^5 - 1}{0.05(1+0.05)^5}\right] = 4{,}329.48\text{ 만원}$$

13. 순현가법(Net Present Value법)을 적용할 경우, 투자안이 경제성을 가지기 위한 조건은? 에너지진단사 기출 (제4회)

① $NPV = 0$ ② $NPV < 0$ ③ $NPV > 0$

④ $NPV >$ 자본비용 ⑤ $NPV <$ 자본비용

[해설]

순현재가치(net present value ; NPV)는 현금유입의 현재가치(present value of cash inflow ; $PVCI$)와 현금유출의 현재가치(present value of cash outflow ; $PVCO$)의 차이를 이르는 말로서, 즉 투자로 인해 얻게 되는 현금의 현가에서 투자된 금액의 현가를 뺀 것으로 순이익에 해당하는 개념이다. 따라서 어떤 투자안의 NPV가 0보다 크면 투자가치가 있는 것으로 판단하고, NPV가 0보다 작으면 투자가치가 없는 것으로 판단한다.

14. 내부수익률이란 투자로부터 기대되는 현금유입의 현가와 현금유출의 현가를 같게 하는 ( )이다. ( )속에 알맞은 말은? 에너지진단사 기출 (제4회)

① 자본비용 ② 생산비용 ③ 판매비용

정답 12.③ 13.③

④ 할인율 ⑤ 손익분기점률

[해설]

내부수익률(IRR)은 이 식에 의해서는 현금유입의 현가($PVCI$)와 현금유출의 현가($PVCO$)를 일치시켜 주는 할인율로 정의된다.

15. **현재 투자금액 100억원, 1년 후 현금흐름 120억원, 자기자본비용 10 %, 타인자본비용 6 %, 투자기간 1년일 때 내부수익률(IRR)은?**

에너지진단사 기출 (제3회, 제4회)

① 30 % ② 25 % ③ 20 %
④ 15 % ⑤ 10 %

[해설]

내부수익률(IRR)은 이 식에 의해서는 현금유입의 현가($PVCI$)와 현금유출의 현가($PVCO$)를 일치시켜 주는 할인율로 정의된다.

$$\frac{C_1}{1+IRR}+\frac{C_2}{(1+IRR)^2}+\cdots+\frac{Cn}{(1+IRR)^n}=C_0$$

$$\frac{120}{1+IRR}=100$$

$$\therefore\ IRR=0.2$$

16. **화폐의 시간적 가치(time value of money)와 관련한 다음의 설명 중 옳지 않은 것은?**

에너지진단사 기출 (제6회)

① 위험부담이 없을 때에도 기다리는 것에 대한 대가가 인정된다.
② 현재가치란 미래 현금흐름을 적정할인율로 할인한 가치이다.
③ 다른 조건이 동일하다면 복리계산 주기가 짧아지면 미래가치는 증가한다.
④ 순현가(NPV)법에 의한 투자의사결정에서 단일 투자안의 경우 NPV가 투자비용보다 클 때 선택된다.
⑤ 내부수익률(IRR)이란 투자로부터 기대되는 현금유입의 현가와 현금유출의 현가를 같게 하는 할인율이다.

정답 14.④ 15.③

[해설]

④ 투자안의 NPV가 0보다 크면 투자가치가 있는 것으로 판단한다.

정답 16.④

제 4 장

감가상각, 원가의 추정, CVP분석

학 습 목 표

- 감가상각의 개념에 대하여 파악한다.
- 고정자산의 가치가 감소하는 원인에 대하여 설명할 수 있다.
- 감가상각계산의 기본요소에 대하여 설명할 수 있다.
- 여러 가지 감가상각의 방법을 숙지한다.
- 다양한 감가상각의 방법으로 감가상각금액을 계산할 수 있다.
- 원가추정의 의의를 파악한다.
- 여러 가지 원가추정의 방법을 설명할 수 있다.
- 비선형 원가함수(학습곡선)의 개념을 이해한다.
- CVP분석의 가정에 대하여 이해한다.
- CVP분석의 기본등식을 완벽히 숙지한다.
- 공헌이익의 개념을 파악한다.
- 다양한 손익분기분석이 가능하도록 연습한다.
- 이익계획을 세우는 방법을 익힌다.
- 세금을 고려한 손익분기분석을 이해한다.

1. 감가상각용

[1] 감가상각의 의미

투자의사결정에 있어서 생산설비와 같은 고정자산은 시간의 경화함에 따라 그 가치가 감소한다. 자동차를 구입하여 사용하면 한해 두해 시간이 지남에 따라 중고차 가격이 떨어지는 것을 알 수 있다. 기계설비와 같이 눈으로 보이는 유형자산만이 가치가 떨어지는 것은 아니다. 눈에 보이지 않는 특허권과 같은 무형자산 또한 법정 기한이 경과하면 가치가 현저히 감소한다. 따라서 정확한 투자의사결정을 위하여 투자된 유형 또는 무형의 고정자산에 대한 정확한 가치평가는 중요한 의미를 갖는다.

기계설비와 같은 고정자산의 경우에는 시간이 경과함에 따라 마모 또는 기술진부화 등의 이유로 가치가 하락하는데 이 가치의 감소분을 감가(減價)라고 한다. 이러한 감가를 각 기간별로 측정하여 기업의 재정 상태와 경영 성과에 반영하는 절차를 감가상각(減價償却, depreciation)이라고 하며 감가상각으로 인한 비용 발생액을 감가상각비라고 한다.

감가상각의 목적은 우선 정확한 손익의 측정을 하기 위함이다.[28] 투자 고정자산은 주로 초기에 거액이 투입되어 수년간에 걸쳐 수익을 발생하는데 사용된다. 그런데 이러한 초기의 비용을 투입 당시에 전액 인식하고 수익이 발생하는 기간 동안에는 비용을 인식하지 않는다면 투자안의 경제성 평가에 있어서 오류를 범할 수 있다.

두 번째의 목적은 자산의 정확한 평가에 있다. 전술한 목적이 기업의 손익계산서의 입장이라면 두 번째 목적은 대차대조표에 관련한 입장이다. 취득이후 가치가 계속적으로 감소하는 유·무형 고정자산을 감가상각이라는 방법 통해서 감액하여야만 자산의 올바른 가치를 표시할 수 있는 것이다.

감가상각의 마지막 목적은 고정자산에 투하된 자본의 회수 및 유지에 있다. 감가상각비는 고정자산의 투입가치가 감소하는 대신 유동자산으로 전환되어 기업 내에 유보로 남게 된다. 이러한 유동자산은 투입된 고정자산을 유동자산으로 회수하는 결과가 되고 이후의 재투자가 가능하도록 한다.

28) 회계학에서는 '수익·비용대응'이라는 용어를 사용하는데, 이는 비용을 실제 지출시기와 상관없이 수익이 발생하는 기간 동안에 합리적으로 배분해야한다는 의미이다.

[2] 감가의 원인

고정자산의 가치가 감소하는 원인에는 다음과 같은 것들이 있다.

(1) 물리적 원인

① 정상적 마멸(ordinary wear and tear)

설비 자산을 실제로 영업에 이용할 때 발생하는 마찰, 진동, 부식, 기타의 원인으로 인하여 발생한 가치감소를 의미한다.

(2) 기능적 또는 경제적인 원인

① 부적합(inadequacy)

기업정책의 변경, 시장의 변화, 공장의 이전 또는 정부 명령의 결과로 기존설비의 가치 감소를 의미한다.

② 진부화(obsolescence)

새로운 발명이나 기술적인 진보에 따라 물리적 사용능력이 있는 자산이 기능적·경제적으로 그 가치가 감소하는 것이다.

[3] 감가상각의 대상

감가상각의 대상이 되는 고정자산은 수익을 발생함에 있어 시간의 경과에 의하여 그 가치가 감소되는 유·무형의 고정자산이 된다. 따라서 시간이 지남에 따라 그 가치가 감소하지 않는 토지, 전신전화가입권, 입목, 서화, 골동품 등은 감가상각 대상 자산에서 제외된다. 그러나 영업권, 특허권, 상표권, 실용신안권, 어업권, 전기가스공급시설이용권, 수도시설이용권, 전신전화저용시설이용권 등과 같이 눈에 보이지 않는 무형자산이라고 하더라도 시간이 지남에 따라 가치가 감소하는 자산은 감가상각[29]을 하게 된다. 여기서 한 가지 주의해야할 사항은 기업의 수익활동에 사용하는 자산만 감가상각의 대상이 된다는 것이다. 이는 따라서 사업용으로 사용하고 있지 않은 업무무관 자산과 건설중인 자산은 감가상각을 하지 않는다.

29) 회계학에서는 무형자산의 감가상각을 유형자산의 감가상각과 구분하기 위하여 '상각'이라는 용어를 사용하기도 한다.

예제

다음 중 감가상각 대상 자산이 아닌 것은? 에너지진단사 기출 (제9회)

① 영업권, 상품권 ② 기계설비, 상품권
③ 토지, 건설중인 자산 ④ 특허권, 수도시설 이용권
⑤ 건물, 전기가스시설이용권

[해설]

③ 토지는 내용연수가 한정되지 않으므로 감가상각 대상 자산이 아니며, 건설중인 자산은 건설이 완료되어 수익적 활동에 사용되기 시작할 때 감가상각을 시작한다.

정답 ③

[4] 감가상각계산의 기본요소

감가상각 금액을 계산하기 위해서는 (1)취득원가, (2)잔존가액, (3)내용연수 3가지의 기본요소가 필요하다.

(1) 취득원가

취득원가란 고정자산의 매입가액 또는 제작가액을 의미한다. 여기에는 고정자산을 본래의 목적에 사용가능하도록 하는 데 소요된 모든 부대비용을 합계한 비용이 된다. 유형자산 취득 후에 발생되는 자본적 지출도 취득원가에 가산된다.

(2) 잔존가액

잔존가액(salvage value)이란 고정자산의 내용연수가 종료되는 시점에서 자산을 폐기하거나 처분할 때 획득될 것으로 추정되는 금액에서 처분비용을 차감한 금액을 말한다. 잔존가치의 크기는 기업의 폐기처분정책이나 처분시의 시장여건 등에 많은 영향을 받으며, 그 금액의 추정도 자산을 처분하기 전에 이루어지기 때문에 매우 불확실하다. 예를 들어 20년을 사용하는 기계설비의 20년 후의 가치를 추정한다는 것은 거의 불가능하며 주관적일 수밖에 없는 것이다. 이러한 추정의 불확실성과 잔존가치의 크기가 취득원가에 비하여 상대적으로 작다는 점을 고려하여 기업실무에서는 잔존가치를 없는 것으로 보는 것이 일반적이다. 우리나라의 세법에서도 잔존가치를 일괄적으로 '0'으로 하도록 규정하고 있다.

[표] 법인세법상 기준내용연수 및 내용연수범위

대분류	중분류	기준내용년수 (하한–상한)	구조 또는 자산명
건축물 등의 기분내영년수 및 내용년수 범위표	1	4년(3년~5년)	차량 및 운반구, 공구, 기구 및 비품
	2	20년(15~25)	연와조, 블록조, 콘크리트조, 토조, 토벽조, 목조등의 건축물
	3	40년(30~50)	철골조, 철근콘크리트조, 석조, 연와조 등의 건축물
업종별 자산병 기준내용 년수 및 내용녀수범위표(대분류, 중분류 생략)	1	4년(3~5)	농업, 수렵업 및 임업, 광업, 출판, 출판인쇄 통신장비제조업, 건설업, 도소매업, 운수창고 및 통신업, 금융보험업, 공공행정, 국방 및 사회보장행정, 교육서비스업, 보건 및 사회복지사업, 기타 공공 사회 및 개인서비스업
	2	6년(4~8)	의복, 석유정제업, 화학제품제조업, 숙박 및 음식점업, 운수 창고 및 통신업 등
	3	8년(6~10)	어업, 금속과업, 음식료품, 석유제품, 신발, 비금속 광물, 1차금속업, 조립금속, 기계 및 장비, 사무, 전기기계, 의료, 정밀, 자동차 운송장비, 기구 제조업 등
	4	10년(7~13)	담배제조업, 수상 항공운수 등
	5	16년(12~20)	전기, 가스, 수도사업 등
시험연구용 자산의 내용연수표	1	5년	건물부속설비
	2	3년	구축물
무형고정자산의 내용연수표	1	5년	영업권, 실용신안권
	2	10년	특허권, 상표권, 어업권, 유료도로관리권
	3	15년	수리권, 전기가스공급시설이용권, 수도시설이용권
	4	20년	광업권(또는 생산량비례법), 전신전화전용시설이용권
	5	50년	댐 사용권

법인세법시행규칙 별표

다만 여기서 하나 익히고 가야할 개념은 '감가상각대상금액(depreciation base)'이라는 것이다. 감가상각대상금액이란 취득원가에서 잔존가치를 차감한 개념으로 당해 자산을 수익획득과정에 이용하는 기간 동안에 인식할 총 감가상각비를 의미한다. 따라서 감가상각이 종료되었을 때, 감가상각 금액을 모두 합하면 감가상각대상금액이 되는 것이다.

(3) 내용연수

내용연수(useful life)란 고정자산을 수익획득 과정에서 사용할 것으로 기대하는 기간을 말한다. 내용연수 또한 기업의 추정이 필요한 부분이다. 기업의 담당자는 전술한 감가의 원인들을 고려하여 합리적인 기간을 추정한다. 일반적인 유형자산의 경우 내용연수의 상한선은 물리적인 수명일 것이다. 그러나 고도로 발달한 산업사회일수록 자산의 수명은 전술한 물리적인 원인보다는 경제적인 원인에 보다 많은 영향을 받게 된다. 컴퓨터의 경우를 생각해보라. 따라서 자산의 내용연수를 추정함에 있어서는 이러한 원인들 종합적으로 고려해야 하며, 이러한 실무적 어려움 때문에 우리나라의 대부분의 기업들은 세법의 규정에 따라 자산별 내용연수를 그대로 사용하는 경우가 대부분이다.

[5] 감가상각방법

고정자산 감각상각계산의 기본요소인 취득원가가 결정되고 내용연수와 잔존가액이 추정되면 감가상각대상금액(=취득원가−잔존가액)을 합리적으로 비용화하기 위하여 감가상각금액을 계산하여야 한다. 감가상각을 적용함에 있어서 감가상각방법은 매기 계속해서 적용해야 하며 특별한 사유가 없이는 임의적으로 감가상각방법을 변경해서는 안 된다. 다만 경제적 환경의 변화 등 추정의 요인이 변경되는 경우에는 변경이 가능하다. 합리적인 비용화라는 의미는 해당 기간동안에 고정자산이 제공하는 경제적 효익과 대응되도록 비용이 배분되어야 한다는 의미이다.

일반적으로 사용되는 감가상각방법은 다음과 같은 것들이 있다.

- (1) 정액법(직선법)
- (2) 가속상각법(체감상각법)
  - 정률법
  - 이중체감법(배수상각법)
  - 연수합계법
- (3) 비례법(산출량법)
  - 생산량비례법
  - 작업시간비례법

상기의 감가상각방법은 어떤 방법이 감가상각 대상금액을 체계적으로 합리적으로 배분하는가 하는 점을 고려하여 자율적으로 선택하면 된다.

(1) 정액법

정액법(straight-line method)은 자산의 가치는 시간의 경과에 따라 감소하며, 수선유지비 및 수익(유형자산의 사용으로 인한 현금유입)은 매기 균등하다는 가정하에 감가상각 대상금액(취득원가−잔존가치)을 내용연수 동안 균등하게 배분하는 방법이다. 따라서 정액법에 의한 매기의 감가상각비는 다음과 같이 계산한다.

$$\text{매기 감가상각비} = \text{감가상각 대상금액(취득원가}-\text{잔존가치)} \times \frac{1}{\text{내용연수}}$$

정액법은 자산의 가치가 시간의 경과에 따라 일전한 금액만큼 감소한다는 것을 암묵적으로 가정하고 있기 때문에 매년 자산이 같은 비율로 사용될 때에는 이 방법을 사용하는 것이 합리적이다.

예제

한국기업은 20X1년 1월 1일에 기계설비를 취득하였다. 이 기계설비의 취득원가는 ₩1,000,000이고, 내용수는 3년, 잔존가치는 ₩100,000으로 추정된다. 정액법을 사용하여 20X1년부터 20X3년까지 각 연도의 감가상각비와 기계설비의 장부금액을 계산하라.

[해설]

연도	계산근거	감가상각비	감가상각 누계액	장부금액
20X1. 1/ 1				₩1,000,000
20X1. 12/31	$(1,000,000-100,000)\times\frac{1}{3}$	₩300,000	₩300,000	₩700,000
20X2. 12/31	$(1,000,000-100,000)\times\frac{1}{3}$	₩300,000	₩600,000	₩400,000
20X3. 12/31	$(1,000,000-100,000)\times\frac{1}{3}$	₩300,000	₩900,000	₩100,000
합계		₩900,000		

(2) 가속상각법

가속상각법(accelerated depreciation method)은 수선유지비는 체증하고, 가동률과 수익(유형자산 사용으로 인한 현금유입)은 체감하며, 내용연수 결정에 있어서 진부화가 중요시된다는 가정하에 감가상각비를 상각대상기간의 초기에 많이 인식하고 후기에 적게 인식하는 방법이다.

일반적으로 유형자산의 초기에는 효율성이 높아 유형자산의 사용으로 인한 현금유입액이 증가하고 수선유지비는 적게 발생하며, 반대로 후기로 갈수록 현금유입액이 감소하고 수선유지비는 증가하게 된다. 따라서 가속상각법은 유형자산의 사용으로 인한 순현금흐름(현금유입액-수선유지비)이 많은 초기에 감가상각비를 많이 계상하고, 순현금흐름이 점차 감소하는 후기에는 감가상각비를 적게 계상함으로써 수익·비용대응의 원칙에 부합한다는 장점이 있다.

가속상각법에는 정률법, 이중체감법 및 연수합계법이 있다.

① 정률법

정률법(fixed-rate method)은 기초의 미상각잔액, 즉 취득원가에서 감가상각누계액을 차감한 장부금액에 대하여 매기 일정률로 감가상각비를 계산하는 방법이다. 정률법에 의한 매기의 감가상각비는 다음과 같이 계산한다.

매기 감가상각비 = 장부금액(취득원가−감가상각누계율) × 상각률*

$$* \text{상각률} = 1 - \sqrt[n]{\frac{\text{잔존가치}}{\text{취득원가}}}\ (n\text{은 감가상각계산의 횟수})$$

예제

한국기업은 20X1년 1월 1일에 기계설비를 취득하였다. 이 기계설비의 취득원가는 ₩1,000,000이고, 내용수는 3년, 잔존가치는 ₩100,000으로 추정된다. 정률법을 사용하여 20X1년부터 20X3년까지 각 연도의 감가상각비와 기계설비의 장부금액을 계산하라.

[해설]

연도	계산근거	감가상각비	감가상각 누계액	장부금액
20X1. 1/ 1				₩1,000,000
20X1. 12/31	1,000,000×0.536*1)	₩536,000	₩536,000	₩464,000
20X2. 12/31	464,000×0.536	₩248,704	₩784,704	₩215,296
20X3. 12/31	215,296×0.536	₩115,296*2)	₩900,000	₩100,000
합계		₩900,000		

*1) 상각률 $= 1 - \sqrt[3]{\frac{100,000}{1,000,000}}$

*2) 단수차이 조정

② 이중체감법

이중체감법은(double-declining balance method)은 감가상각비의 계산방법이 정률법의 경우와 같고, 단지 상각률을 간편하게 정액법에 의한 상각률의 두 배로 적용하는 방법으로서 정액법의 배법이라고도 한다. 이중체감법에 의한 매기 감가상각비는 다음가 같이 계산한다.

> 매기 감가상각비=장부금액×상각률*

$$*\text{상각률} = \left(\frac{1}{\text{내용연수}}\right) \times 2$$

이중체감법은 정률법과 마찬가지로 기초장부금액에 상각률을 곱하여 구하므로 감가상각비 계산과정에서 잔존가치를 고려할 필요가 없다.

예 제

한국기업은 20X1년 1월 1일에 기계설비를 취득하였다. 이 기계설비의 취득원가는 ₩1,000,000이고, 내용수는 3년, 잔존가치는 ₩100,000으로 추정된다. 이중체감법을 사용하여 20X1년부터 20X3년까지 각 연도의 감가상각비와 기계설비의 장부금액을 계산하라.

[해설]

연도	계산근거	감가상각비	감가상각누계액	장부금액
20X1. 1/ 1				₩1,000,000
20X1. 12/31	1,000,000×0.667*1)	₩667,000	₩667,000	₩333,000
20X2. 12/31	333,000×0.667	₩222,111	₩889,111	₩110,889
20X3. 12/31	110,889−100,000	₩10,889	₩900,000	₩100,000
합계		₩900,000		

*1) 상각률 = $\frac{1}{3}\times 2$ = 0.667

③ 연수합계법

연수합계법(sum-of-the-years'-digits method)은 감가상각대금금액(취득원가−잔존가치)에 상각률을 곱하여 매기 감가상각비를 구하되 상각률의 분모는 내용연수의 합계를, 분자는 연수의 역순으로 표시하여 일정하게 감가상각비가 체감해 가도록 하는 방법이다. 따라서 연수합계법에 의한 매기 감가상각비는 다음과 같이 계산한다.

$$\text{매기 감가상각비} = \text{감가상각대상금액} \times \frac{\text{연수의 역순으로}}{\text{내용연수의 합계}}$$

분모는 내용연수의 합계로서 3년의 내용연수를 갖는 자산의 경우 6(=1+2+3)이 되며, 분자는 연수의 역순으로 계산한다.

예제

한국기업은 20X1년 1월 1일에 기계설비를 취득하였다. 이 기계설비의 취득원가는 ₩1,000,000이고, 내용수는 3년, 잔존가치는 ₩100,000으로 추정된다. 연수합계법을 사용하여 20X1년부터 20X3년까지 각 연도의 감가상각비와 기계설비의 장부금액을 계산하라.

[해설]

연도	계산근거	감가상각비	감가상각 누계액	장부금액
20X1. 1/ 1				₩1,000,000
20X1. 12/31	$(1,000,000-100,000)\times\frac{3}{6}$	₩450,000	₩450,000	₩550,000
20X2. 12/31	$(1,000,000-100,000)\times\frac{2}{6}$	₩300,000	₩750,000	₩250,000
20X3. 12/31	$(1,000,000-100,000)\times\frac{1}{6}$	₩150,000	₩900,000	₩100,000
합계		₩900,000		

(3) 비례법

비례법은 수선유지비 및 수익은 사용에 비례하며, 내용연수 결정에 있어서 기능적인 진부화보다는 물리적인 사용과 밀접한 관련이 있다는 가정하에 특정 기간에 사용된 자산의 조업도를 기준으로 그 기간의 감가상각비를 계산하는 방법이다.

비례법에 의한 감가상각은 유형자산으로부터 기대할 수 있는 총작업가능시간이나 총생산가능량을 어느 정도 정확히 추정할 수 있고, 자산의 용역잠재력이 그 자산의 사용 정도에 비례하여 감소하는 경우에는 수익과 비용을 가장 합리적으로 대응시킬 수 있는 방법이다.

비례법에는 생산량비례법과 작업시간비례법이 있다.

① 생산량비례법

생산량비례법은 생산 또는 채굴량을 비례하여 가치가 소멸하는 유형자산에 적용하는 방법으로서 산림, 유전, 광산과 같은 천연자원의 감가상각비를 계산하는 데 유용한 방법이다. 생산비례법에 의한 매기 감가상각비는 다음과 같이 계산한다.

$$\text{매기 감가상각비}=\text{감가상각대상금액}\times\frac{\text{당기생산량}}{\text{총생산가능량}}$$

예제

한국기업은 20X1년 1월 1일에 기계설비를 취득하였다. 이 기계설비의 취득원가는 ₩1,000,000이고, 내용수는 3년, 잔존가치는 ₩100,000으로 추정된다. 3년의 기간 동안 한국기업은 이 기계설비를 60,000시간을 사용하여 5,000개의 제품을 생산할 수 있을 것으로 추정했다. 다음은 각 연도의 실제 기계설비 사용시간과 제품 생산량을 나타내는 표이다. 생산량비례법을 사용하여 20X1년부터 20X3년까지 각 연도의 감가상각비와 기계설비의 장부금액을 계산하라.

연도	제품 생산량	기계설비 사용시간
20X1	2,200개	25,000시간
20X2	800개	15,000시간
20X3	2,000개	20,000시간
합계	5,000개	60,000시간

[해설]

연도	계산근거	감가상각비	감가상각 누계액	장부금액
20X1. 1/ 1				₩1,000,000
20X1.12/31	$(1,000,000-100,000)\times\frac{2,200}{5,000}$	₩396,000	₩396,000	₩604,000
20X2.12/31	$(1,000,000-100,000)\times\frac{800}{5,000}$	₩144,000	₩540,000	₩460,000
20X3.12/31	$(1,000,000-100,000)\times\frac{2,000}{5,000}$	₩360,000	₩900,000	₩100,000
합계		₩900,000		

② 작업시간비례법

작업시간비례법은 사용가능함 작업시간에 비례하여 자산의 가치가 소멸하는 유형자산의 감가상각에 적용되는 방법으로서 매기 감가상각비는 다음과 같이 계산한다.

$$매기\ 감가상각비 = 감가상각대상금액 \times \frac{당기사용시간}{총사용가능시간}$$

예제

한국기업은 20X1년 1월 1일에 기계설비를 취득하였다. 이 기계설비의 취득원가는 ₩1,000,000이고, 내용수는 3년, 잔존가치는 ₩100,000으로 추정된다. 3년의 기간 동안 한국기업은 이 기계설비를 60,000시간을 사용하여 5,000개의 제품을 생산할 수 있을 것으로 추정했다. 다음은 각 연도의 실제 기계설비 사용시간과 제품 생산량을 나타내는 표이다. 작업시간비례법을 사용하여 20X1년부터 20X3년까지 각 연도의 감가상각비와 기계설비의 장부금액을 계산하라.

연도	제품 생산량	기계설비 사용시간
20X1	2,200개	25,000시간
20X2	800개	15,000시간
20X3	2,000개	20,000시간
합계	5,000개	60,000시간

[해설]

연도	계산근거	감가상각비	감가상각누계액	장부금액
20X1. 1/ 1				₩1,000,000
20X1.12/31	$(1,000,000-100,000) \times \frac{25,000}{60,000}$	₩375,000	₩375,000	₩625,000
20X2.12/31	$(1,000,000-100,000) \times \frac{15,000}{60,000}$	₩225,000	₩600,000	₩400,000
20X3.12/31	$(1,000,000-100,000) \times \frac{20,000}{60,000}$	₩300,000	₩900,000	₩100,000
합계		₩900,000		

2. 원가의 추정

[1] 원가추정의 의의 및 가정

원가추정(비용추정, cost estimation)이란 조업도(독립변수)와 원가(종속변수) 사이의 관계를 규명하는 것을 말한다. 즉, 생산량(조업도)이 증가함에 따라 원가가 얼마나 발생할 것인지를 예측하는 것이다. 원가추정의 목적은 회계자료를 이용하여 어떻게 미래원가를 추정할 것인가에 있으며 궁극적으로는 미래원가의 예측과 장차의 영업관리를 하는데 필요한 기준을 마련하는 데 있다.

원가추정을 하기 위해서는 일반적으로 다음가 같은 두 가지 가정을 한다.

① 단 하나의 독립변수(조업도)만이 존재한다. 실제로 원가에 영향을 미치는 요인은 여러 가지가 있으나, 단 하나의 독립변수에 의해 원가형태를 충분히 설명할 수 있다고 가정한다.

② 원가형태가 관련범위 내에서는 선형이다. 실제로는 많은 원가들이 선형관계를 갖고 있지 않지만 관련범위 내에서는 선형으로 가정한다.

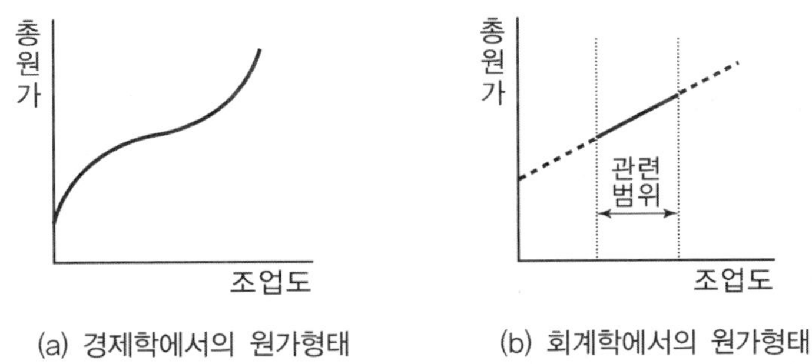

[그림] 경제학과 회계학에서의 원가행태

이러한 가정에 따라 총원가의 형태로 다음과 같은 방정식을 나타낼 수 있는데, 이와 같이 원가형태를 함수로 표시한 것을 원가함수(cost function)라 한다.

$$y' = a + bx$$

단, • x : 조업도

• a : 추정된 총고정비

- y' : 추정된 총원가
- b : 조업도 단위당 변동비 추정치

위 식에서 x는 독립변수(independent variable)로서 종속변수의 변화를 설명해 주는 변수를 말하며 조업도, 즉 생산량, 판매량, 매출액, 직접노동시간, 기계시간 등 원가의 발생과 논리적인 인과관계가 있는 요인을 가리킨다. 그리고 y'는 종속변수(dependent variable)로서 독립변수의 변화에 의하여 결정되는 변수를 말하며 추정하고자 하는 총원가를 의미한다.. 여기서 y를 y'로 표시하는 이유는 "추정"된 총원가라는 것을 나타내기 위함이다. y'는 추정치이므로 실제원가 y와는 일치하지 않을 수도 있다.

원가함소를 추정할 때에는 다음의 두 가지 기준을 고려하여야 한다.

① 독립변수와 종속변수 사이에는 경제적 타당성(economic plausibility)이 있어야 한다. 즉, 조업도와 원가 사이에 경제적·논리적으로 타당한 인과관계가 존재하여야 한다는 것이다.

② 독립변수가 종속변수의 변동을 잘 설명할 수 있어야 한다. 이는 추정된 원가 y'와 관찰된 실제원가 y 사이의 일치정도, 즉 적합도(goodness of fit)가 높아야 한다는 것을 뜻한다.

[2] 원가추정의 방법

원가추정의 방법에는 기본적으로 다음과 같은 것들이 있다.

① 산업공학적 방법(industrial engineering method)

② 계정분석법(account analysis method)

③ 산포도법(scatter diagram method)

④ 고저점법(high-low method)

⑤ 회귀분석법(regression analysis method)

이러한 원가측정방법은 상호보완적 성격을 갖고 있기 때문에 원가를 정확하게 추정하기 위해서는 여러 가지 방법을 함께 이용하여야 한다.

(1) 산업공학적 방법

산업공학적 방법(industrial engineering method)은 투입과 산출 사이의 관계를 계량적으로 분석하여 원가함수를 추정하는 방법이다. 이 방법은 시간연구, 동작연구 등을 이용한 정밀한 작업측정에 기초하여 원가를 추정하므로 작업측정법(work measurement method)이라고도 한다. 일반적으로 직접재료비, 직접노무비 등의 원가를 추정할 때에는 이 방법이 유용하게 사용되지만, 투입과 산출 사이의 계량적 관계가 불분명한 제조간접비의 추정에는 적용하기 어렵다.

산업적공학 방법은 원가추정의 정확성과 효익이 크며 과거의 원가자료가 없는 경우에도 적용할 수 있다는 장점이 있지만, 최적의 상황을 가정하여 원가를 추정하므로 성과평가, 계획수립, 계약체결 등에 추정치를 직접 이용할 수 없으며 시간과 비용이 많이 소요된다는 단점이 있다.

(2) 계정분석법

계정분석법(account analysis method)은 회계담당자의 전문적 판단에 따라 각 계정에 기록된 원가를 변동비와 고정비로 분석하여 원가함수를 추정하는 방법이다. 이 방법에 의하면 일정기간 동안 장부상의 각 계정에 기록된 원가를 변동비, 고정비, 준변동비로 분류하고, 준변동비는 다시 변동비 요소와 고정비 요소로 나누어 원가함수를 추정한다.

계정분석법은 대부분 단일기간의 원가자료를 이용하기 때문에 신제품을 생산하거나 물가 또는 기술이 급격히 변화하는 상황에서도 적용할 수 있고, 시간과 비용이 적게 소요된다는 장점이 있다. 그러나 단일기간의 제한된 자료가 사용되고 비·정상적비효율적 상황이 반영되며 분석자의 주관적 판단이 개입되므로 객관성이 떨어진다는 단점이 있다.

(3) 산포도법

산포도법(scatter diagram method)은 조업도와 원가의 관찰치를 도표에 점으로 표시하고 전문적 판단에 따라 이러한 점들을 대표하는 원가 추정선을 도출하는 원가추정방법이다. 이 방법에서는 그림과 같이 과거의 원가자료를 그래프에 표시하여 산재하는 각 점들의 중앙을 지나는 직선을 긋고, y축과의 교차점을 총고정비로, 그 기울기를 단위당 변동비로 추정한다.

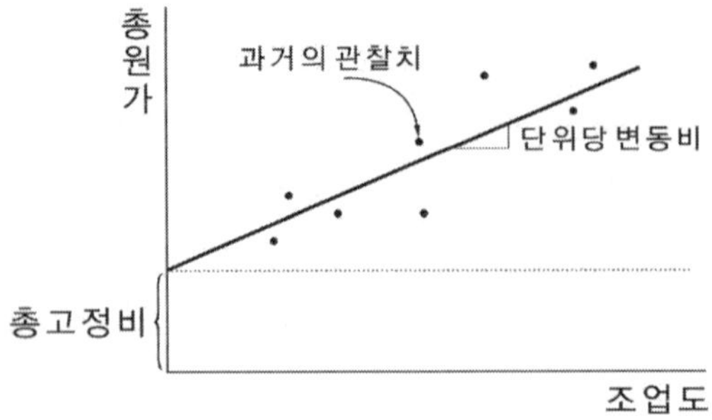

[그림] 산포도법

산포도법은 간단하고 이해하기 쉬우며 시간과 비용이 적게 소요된다는 장점이 있으나, 분석자가 눈어림으로 원가추정선을 도출하기 때문에 분석자에 따라 분석 결과가 달라진다는 단점이 있다. 이러한 단점 때문에 산포도법은 독립적으로 사용되기 보다는, 다른 복잡한 원가추정방법(회귀분석법)을 사용하기 전에 예비적으로 이용되는 것이 보통이다. 즉, 산포도를 작성하여 선형의 원가함수를 도출할 수 있는지 또는 비정상적 상황으로 인한 이상점이나 통계적인 문제점이 있는지의 여부를 평가하는 데 유용하다.

(4) 고저점법

고저점법(high-low method)은 최고조업도와 최저조업도의 원가자료를 이용하여 원가함수를 추정하는 방법이다. 최고조업도와 최저조업도에서의 총고정비가 동일하다고 가정하면 이들 조업도에서의 총원가의 차이는 모두 총변동비의 차이라고 할 수 있다. 그러므로 단위당 변동비와 총고정비는 다음과 같이 계산한다.

$$\text{단위당 변동비} = \frac{\text{최고조업도에서의 총원가} - \text{최저조업도에서의 총원가}}{\text{최고조업도} - \text{최저조업도}}$$

$$\begin{aligned}\text{총고정비} &= \text{최고조업도에서의 총원가} - \text{단위당 변동비} \times \text{최고조업도} \\ &\quad (= \text{최저조업도에서의 총원가} - \text{단위당 변동비} \times \text{최저조업도})\end{aligned}$$

이 방법에서 주의할 점은 최고원가와 최저원가의 자료가 아니라 최고조업도와 최저조업도의 자료를 이용한다는 것이다. 왜냐하면 독립변수인 조업도를 기준으로 하여 고점과 저점을 선택하는 것이 논리적으로 타당하기 때문이다.

예제

한국기업은 6월말 현재, 7월에 발생할 제조간접비를 추정하려고 한다. 다음은 한국기업의 기 발생한 설비기계 사용시간과 제조간접비에 관한 자료이다.

월별	기계 사용시간	제조간접비
3월	1,750시간	₩36,250
4월	1,050시간	₩25,500
5월	800시간	₩22,000
6월	1,230시간	₩28,750

〈물음1〉 고저점법을 이용하여 월간 제조간접비에 대한 원가함수를 추정하시오.

〈물음2〉 7월에 예상되는 기계 사용시간이 1,200시간일 경우, 7월의 발생할 제조간접비를 추정하시오.

[해설]

〈물음1〉 원가함수의 추정

최저조업도를 나타낸 5월과 최고 조업도를 나타낸 3월의 자료를 이용하여 원가함수를 추정한다. 여기서 저점과 고점을 선택할 때 최고원가와 최저원가를 나타낸 자료를 기준으로 하지 않음을 주의해야 한다.

원가함수 $y' = a+b \cdot x$에서

단, y' : 추정 제조간접비

a : 추정 고정제조간접비

b : 추정 단위당 변동제조간접비

단위당 변동제조간접비(b) = $\frac{₩36,250 - ₩22,000}{1,750시간 - 800시간}$ = ₩15/시간

고정제조간접비(a) = ₩36,250 − @15×1,750시간 = ₩10,000

또는

= ₩22,000 − @15×800시간 = ₩10,000

이므로

기계시간과 제조간접비의 관계는 다음과 같이 추정된다.

원가함수 $y' = 10,000 + 15 \cdot x$

(5) 회귀분석법

회귀분석법(regression analysis method)은 하나 또는 둘 이상의 독립변수가 한 단위변화함에 따라 종속변수의 평균적 변화량을 측정하는 통계적 방법에 의하여 원가함수를 추정하는 방법이다. 독립변수가 단 하나의 경우의 회귀분석을 단순회귀분석(simple regression analysis)이라고 하며, 독립변수가 둘 이상인 경우를 다중회귀분석(multiple regression analysis)이라고 한다. 앞에서 조업도라는 단 하나의 독립변수에 의해 원가형태를 설명하고 있다고 가정하였으므로 여기서는 단순회귀분석에 대해서만 살펴보기로 한다.

단순회귀분석에서는 최소자승법에 의하여 관찰된 표본자료의 평균선, 즉 회귀선을 구하는데, 여기서 최소자승법(least square method)이란 실제원가 y와 추정된 원가 y'의 차이를 제곱한 값의 한계를 최소화 하는 a와 b를 구하는 방법이다. 이를 방정식으로 나타내면 다음과 같다.

최소화 $\Sigma(y-y')^2$

단, • y : 관찰된 실제원가
• y' : 추정된 총원가

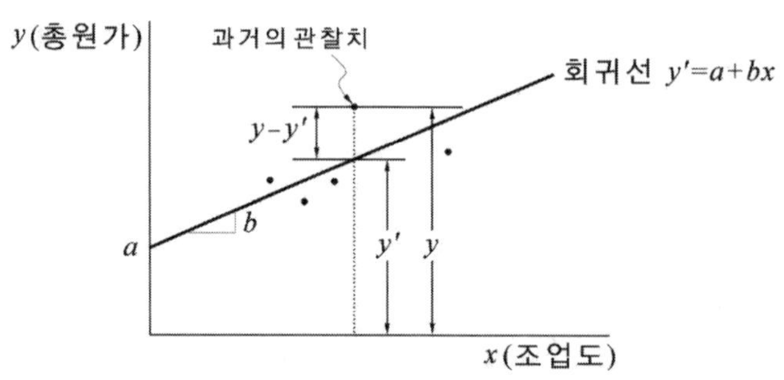

[그림] 회귀분석법

이 방법에서 주의할 점은 회귀선이 비정상적인 관측치로 편중되는 것을 방지하기 위하여 비정상적인 관측치는 분석에서 제외하는 등의 데이터 가공의 절차가 필요하다는 것이다. 회귀분석법은 정상적인 관찰자가 모두 이용하므로 이론적으로 우월하고 객관적일 뿐만 아니라 다른 원가추정방법에 의해서는 구할 수 없는 통계자료를 많이 제공해 준다는 장점이 있다. 그러나 몇 가지 통계적 가정이 충족되지 않을 경우에는 무의미한 결과가 산출될 수 있으며 이해하기 어렵다는 단점이 있다.

예제

비용분석을 할 때, 추정하고자 하는 비용과 이에 영향을 주는 변수들과의 함수관계를 통계적 방법으로 구하는 것은? 에너지진단사 기출 (제8회, 제11회)

① 미적분 ② 회귀분석 ③ 원가계산
④ 시장분석 ⑤ 경제성분석

정답 ②

예제

비용 추정방법중 적절치 않은 것은? 에너지진단사 기출 (제2회)

① 기존설비의 초기 투자비용, 기존 및 신규설비의 생산능력비율, 원가예측상수 능을 이용하는 지수함수방법
② 생산요소의 단위당 비용을 이용하는 단위이용방법
③ 동일한 작업을 반복적으로 수행하거나 생산수 증가에 따른 작업 사이클 시간의 변화를 이용하는 학습곡선방법
④ 계획된 투자에 대한 편익의 순현재가치와 비용의 순현재가치와의 비율을 이용하는 편익-비용 비율 방법
⑤ 추정하고자 하는 비용과 이에 영향을 주는 다른 변수들간의 관계를 함수식으로 나타내어 이용하는 시계열분석법(회귀분석법)

[해설]

④ 편익-비용 비율방법은 투자안의 경제성을 평가하는 방법이다.

정답 ④

[3] 학습곡선

지금까지는 원가함수가 선형이라는 가정하에 원가추정을 하였으나, 만일 이러한 가정이 타당하지 않다면 비선형 원가함수를 사용하여야 정확한 원가의 추정이 가능하게 된다. 비선형원가함수 가운데 가장 보편적인 것은 학습곡선이다.

원가행태가 선형이 되기 위해서는 조업도(생산량)가 1단위 증가할 때 단위당 변동비는 언제나 일정하여야 한다. 그런데 실증적으로 단위당 변동비가 조업도와 관련없이 일정하다는 가정이 성립하지 않는 상황이 관찰되었다. 예컨대, 종업원들이 일정한 작업을 반복하여 수행하게 되면 수련도가 높아지게 되고, 결과적으로 조업도(생산량)가 1단위 증가할 때마다 1단위를 추가로 생산하는데 사용되는 노동시간은 감소하게 되는 현상이 관찰된 것이다.

이와 같이 종업원이 동일작을 반복수행함으로써 숙련도가 높아져서 단위당 작업시간이 감소하게 되면 제품단위당 직접노무비도 감소하게 되며, 직접노동시간이나 직접노무비를 기준으로 제품에 배부되는 변동제조간접비 또한 영향을 받게 된다. 즉, 생산공정에서 학습효과가 나타나는 경우에는 조업도(생산량)가 1단위 증가할 때마다 단위당 변동비가 일정하지 않고 감소되므로 원가형태를 선형으로 가정하고 원가를 추정하게 되면 정확하기 않은 원가추정치를 산출하는 결과를 초래하는 것이다. 따라서 학습효과가 존재하는 상황이라면 학습효과가 고려된 원가함수인 학습곡선을 이용하여 원가를 추정하는 것이 보다 합리적이다.

학습곡선(learning curve)이란 학습효과가 나타나는 상황에서 조업도(독립변수)가 증가함에 따라서 단위당 노동시간(종속변수)이 체계적으로 감소하는 것을 반영한 비선형 원가함수이다. 학습효과가 발생하는 경우에 누적생산량과 단위당 원가 및 총원가 사이의 관계를 그림으로 나타내면 다음과 같다.

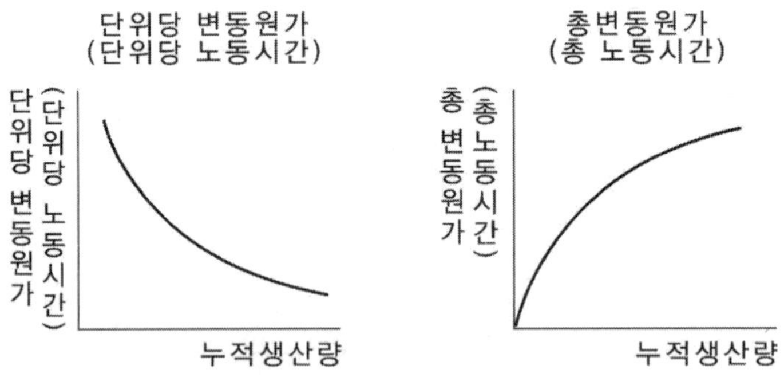

[그림] 학습곡선 원가행태

학습효과가 나타나는 상황에서 기업의 경영자가 의사결정과 관련된 미래의 원가를 정확하게 추정하기 위해서는 선형의 원가함수가 아니라 학습효과가 반영된 학습곡선을 사용하여 원가를 추정하여야 할 것이다. 학습효과를 기초로 하는 원가추정은 계약체결, 표준원가의 설정, 차이분석, 생산계획과 재무계획에 이르기까지 다양하게 이용된다.

참고로 최근에 와서는 생산기술이 발달하여 생산공정이 자동화됨으로 인해 노무비가 전체 제조원가에서 차지하는 비중이 줄어드는 추세이고 노무비 자체도 학습효과를 통하여 절감할 수 있는 여지가 좁아지고 있기 때문에 학습효과 이론의 중요성은 과거에 비해 점차 감소하고 있다.

예제

비용추정 방법 중 동일한 작업을 반복적으로 수행하거나 생산수가 2배씩 증가할 때 마다 싸이클 시간은 일정한 비율로 감소하는 현상을 이용하여 작업시간이나 생산비용을 추정하는 방법은? 에너지진단사 기출 (제1회)

① 단위이용방법 ② 지수방법 ③ 학습곡선방법
④ 회귀분석법 ⑤ 회수기간법

정답 ③

3. CVP분석 (원가·조업도·이익분석)

[1] CVP분석의 의의 및 가정

(1) CVP분석의 의의

원가·조업도·이익분석(cost-volume-profit analysis)은 조업도의 변동이 수익, 원가 및 이익에 미치는 영향을 분석하는 기법으로서 간단히 *CVP*분석이라고도 한다. *CVP*분석은 다음과 같은 경영계획을 수립하는 데 주로 이용된다.

① 수익과 원가가 동일하게 판매되는 판매량은 얼마인가?

② 판매량이 10% 증가하면 이익은 얼마나 증가하는가?

③ ₩20,000의 이익을 달성할 수 있는 매출액은 얼마인가?

(2) CVP분석의 가정

*CVP*분서석은 보통 여러 가지의 제한된 가정을 기초로 하는데, 그 중 중요한 몇 가지 가정을 살펴보면 다음과 같다.

첫째, 모든 원가는 변동비와 고정비로 분리된다고 가정한다. 이러한 가정하에 혼합원가 또한 변동비 요소와 고정비 요소로 분류할 수 있다고 본다. 변동비와 고정비에 대한 원가추정에 대해서는 앞 장에서 이미 설명하였다.

둘째, 수익과 원가의 형태는 확실히 결정되어 있으며 관련범위 내에서 선형이라고 가정한다. 즉, 관련범위 내에서 단위당 판매가격, 단위당 변동비 및 총고정비가 조업도와 관계없이 일정하다는 것이다. 여기서 단위당 변동비가 일정하다는 가정은 능률과 생산성, 생산요소의 가격이 일정하다는 세부적인 가정을 포함하고 있다.

셋째, 단일제품만 판매한다고 가정하거나 만약 복수재품인 경우에는 매출배합이 일정하다고 가정한다. 여기서 배합이란 여러 가지 제품을 판매하는 경우 총판매량 중에서 각 제품의 판매량이 차지하는 상대적인 비율을 말한다. 예를 들어 제품 A, B의 매출배합이 2 : 1로 일정하다는 것은 A제품 2개당 B제품 1개의 비율로 판매되는 덕을 뜻한다.

넷째, 재고수준이 항상 일정하다고 가정한다. 즉, 기초재고와 기말재고가 동일하거나 없다는 것이다. 이는 생산량과 판매량이 동일하다는 것을 의미한다.

다섯째, 원가에 영향을 미치는 요인은 조업도뿐이다. 즉, 조업도라는 단 하나의 독립변수에 의해 원가형태를 충분히 설명할 수 있다는 것이다. 실제로 원가에 영향을 미치는 요인은 조업도 이외에도 계절적인 원인에 의한 생산요소의 가격변화, 제조기술의 변화, 작업능률 등이 있으나 이들 요소는 일정하다고 가정한다.

여섯째, 분석기간이 화폐의 시간가치가 중요하지 않을 정도의 단기간이라고 가정한다.

[2] *CVP* 분석의 기본개념

일반적으로 '수익－비용＝이익'이므로 비용을 우변으로 이항하면 다음의 식이 성립한다.

> 수익＝비용＋이익

영업외손익 및 특별손익이 없으며 모든 원가를 변동비와 고정비로 분리할 수 있다고 가정하면 위의 식은 다음과 같이 나타낼 수 있다.

> 매출액＝변동비＋고정비＋(영업)이익

예제

손익분기점의 결정요인이 아닌 것은? 에너지진단사 기출 (제1회)

① 고정비용 ② 변동비용 ③ 투자수익률
④ 내용연수 ⑤ 판매단가

[해설]

③ 투자수익률의 경우 손익분기점 분석에 있어서의 관련여부는 모호한 점이 있으나*1), 객관식 시험에서는 가장 명확한 보기를 선택해야하므로 ④번의 내용연수가 답이 된다.

④ 내용연수는 감가상각금액 계산 시 사용되며, 손익분기점 분석에 있어서는 단기간 가정에 의하여 내용연수가 적용될 여지가 없다.

정답 ④

*1) 참고로 제6회 에너지진단사 시험에서는 투자수익률이 손익분기점의 결정요인이 아닌 것으로 해답을 제시하였다.

(1) 공헌이익

공헌이익(contribution margin)이란 매출액에서 변동비를 차감한 금액을 말하며, 매출액 중에서 고정비를 회수하고 이익을 획득하는데 공헌하는 금액을 의미한다.

공헌이익 = 매출액 − 변동비

그리고 단위당 공한이익(unit contribution margin)은 단위당 판매가격에서 단위당 변동비를 차감한 금액을 말하는데, 이는 판매한 제품 1단위가 고정비를 회수하고 이익을 획득하는데 얼마나 공헌하는가를 나타내는 금액이다.

단위당 공헌이익= 단위당 판매가격−단위당 변동비

예제

한기업의 판매량과 비용에 관한 정보가 다음과 같다. 본 기업의 단위당 공헌이익은 얼마인가? 에너지진단사 기출 (제1회)

항 목	단위	비용
판매량	개	300,000
판매단가	원/개	20,000
단위당 변동비	원/개	12,000
총고정비	원	4,000,000,000

① 8,000원 ② 32,000원 ③ 15,000원
④ 17,000원 ⑤ 7,000원

[해설]

단위당 공헌이익 = 판매단가 − 단위당 변동비
= 20,000 − 12,000
= 8,000

정답 ①

(2) 공헌이익률

공헌이익률(contribution margin ratio)이란 매출액에 대한 공헌이익의 비율을 말하며, 매출액 중에서 몇%가 고정비를 회수하고 이익을 획득하는데 공헌하는가를 나타낸다. 공헌이익률은 다음과 같이 공헌이익을 매출액으로 나누어 계산할 수도 있고 단위당 공헌이익을 단위당 판매가격으로 나누어 구할 수도 있다.

$$\text{공헌이익률} = \frac{\text{공헌이익}}{\text{매출액}} = \frac{\text{단위당 공헌이익}}{\text{단위당 판매가격}}$$

한편 변동이율(variable cost ratio)은 매출액에 대한 변동비의 비율로서, 매출액 중에서 몇%가 변동비인가를 나타낸다. 변동비율은 공헌이익률과 비슷하게 다음과 같이 계산된다.

$$\text{변동비율} = \frac{\text{변동비}}{\text{매출액}} = \frac{\text{단위당 변동비}}{\text{단위당 판매가격}}$$

공헌이율과 변동비율 사이에는 다음과 같은 관계가 있다.

$$\text{공헌이익률} + \text{변동비율} = 1$$

이는 다음과 같이 증명된다.

$$\text{공헌이익률} + \text{변동비율} = \frac{\text{공헌이익}}{\text{매출액}} + \frac{\text{변동비}}{\text{매출액}}$$

$$= \frac{\text{매출액} - \text{변동비}}{\text{매출액}} + \frac{\text{변동비}}{\text{매출액}} = 1$$

예제

손익분기점 분석에서 공헌이익률은? 에너지진단사 기출 (제4회)

① 영업이익 / 매출액 ② 1 − 고정비율

③ 1 − 손익분기점율 ④ 1 − 변동비율

⑤ 순이익 / 매출액

[해설]

공헌이익률 + 변동비율 = 1

정답 ④

(3) 기본등식

우리는 앞에서 이미 다음가 같은 등식이 성립함을 살펴보았다.

> 매출액 = 변동비 + 고정비 + 이익 (1)

제품의 단위당 판매가격과 단위당 변동비가 일정하다고 가정하면 등식 (1)은 다음과 같이 나타낼 수 있다.

> 판매량 × 단위당 판매가격 = 매출액 ×단위당 변동비+고정비+이익 (2)

한편, '변동비율=변동비/매출액'이므로 등식 (1)은 다음과 같이 표시할 수도 있다.

> 매출액 = 매출액 × 변동비율 + 고정비 + 이익 (3)

그리고 '공헌이익=매출액−변동비'이므로 등식 (1)에서 변동비를 좌변으로 이항하면 다음의 등식이 성립한다.

> 공헌이익 = 고정비 + 이익 (4)

앞과 같은 방법으로 하면 등식 (4)는 다음과 같이 나타낼 수 있다.

> 판매량 × 단위당 공헌이익 = 고정비 + 이익 (5)

> 매출액 × 공헌이익율 = 고정비 + 이익 (6)

[3] 기본적인 *CVP* 분석

(1) 손익분기분석

손익분기분석(break−even analysis)이란 손익분기점을 찾아내는 분석기법을 말하는데, 여기서 손익분기점(break−even point, *BEP*)이란 수익과 비용이 일치하여 이익이 0이 되는 판매량과 매출액을 의미한다. 손익분기점을 구하는 방법에는 다음과 같이 등식법과 공헌이익법의 두 가지가 있다.

① 등식법

등식법(equation method)은 앞에서 살펴본 기본등식을 이용하여 손익분기점을 구하는 방법이다. 즉, 이미 살펴본 등식 (1)~(6)에서 손익분기점의 정의에 따라 이익을 0으로 놓으면 손익분기점에서는 다음의 등식이 성립한다.

> 매출액=변동비+고정비
> 판매량×단위당 판매가격=판매량×단위당 변동비+고정비
> 매출액=매출액×변동비율+고정비
> 공헌이익=고정비
> 판매량×단위당 공한이익=고정비
> 매출액×공헌이익율=고정비

예제

손익분기점이란 무엇을 의미하는가? 에너지진단사 기출 (제4회)

① 수익 = 공헌이익　② 수익 = 비용
③ 공헌이익 = 비용　④ 고정비 = 변동비
⑤ 수익 = 고정비

정답 ②

② 공헌이익법

공헌이익법(contribution margin method)은 등식법을 변형하여 만든 공식을 이용하여 손익분기점을 구하는 방법이다. 즉, 앞에서 살펴본 바와 같이 등식법에 의하면 손익분기점에서는 '판매량×단위당 공헌이익=고정비', '매출액×공헌이익률=고정비'이므로 손익분기점 판매량과 매출액은 다음과 같이 계산할 수 있다.

$$\text{손익분기점 판매량} = \frac{\text{고정비}}{\text{단위당 공헌이익}}$$

$$\text{손익분기점 매출액} = \frac{\text{고정비}}{\text{공헌이익률}}$$

예제

고정비 1,000,000원, 판매단가 10,000원, 단위당 변동비 6,000원, 단위당 고정비 1,200원일 때, 매출량 기준 손익분기점은? 에너지진단사 기출 (제3회)

① 250개 ② 200개 ③ 150개
④ 100개 ⑤ 50개

[해설]

(a) 등식법

손익분기점 판매량을 x라 하면,

판매량×단위당 판매가격=판매량×단위당 변동비+고정비

이므로

$x \times 10,000 = x \times 6,000 + 1,000,000$

$\therefore x = 250$개

(b) 공헌이익법

손익분기점 판매량을 x라 하면,

$$\text{손익분기점 판매량} = \frac{\text{고정비}}{\text{단위당 공헌이익}}$$

이므로

$$x = \frac{1,000,000}{10,000-6,000} = 250$$

정답 ①

예제

매출액이 100억원, 매출원가(생산비용)이 50억원, 판매관리비가 30억원이다. 변동비율이 50 %일 때 손익분기점 매출액은? 에너지진단사 기출 (제4회)

① 120억원 ② 90억원 ③ 80억원
④ 70억원 ⑤ 60억원

[해설]

(a) 등식법

손익분기점 매출액을 x라 하면,

매출액=매출액×변동비율+고정비

이므로

$x = x \times 0.5 + 30억^{*1)}$

$\therefore x = 60억$

*1) 고정비 = 총비용 − 변동비

= (50억 + 30억) − 100억×0.5

= 30억

(b) 공헌이익법

손익분기점 매출액을 x라 하면,

$$손익분기점\ 매출액 = \frac{고정비}{공헌이익률}$$

이므로

$$x = \frac{30억}{1-0.5} = 60억$$

정답 ⑤

(2) 이익계획

CVP분석은 이익계획, 즉 목표이익(target income)을 달성하는데 필요한 판매량이나 매출액을 구하는 문제에도 적용할 수 있다. 손익분기분석과 마찬가지로 이익계획에도 등식법과 공헌이익법의 두 가지 접근방법이 있다.

① 등식법

앞의 기본등식 (1)과 (4)를 이익계획에 적합하도록 다시 정리하면 다음과 같다.

매출액=변동비+고정비+목표이익

공헌이익=고정비+목표이익

② 공헌이익법

앞의 기본등식 (5)와 (6)을 이익계획에 적합하도록 정리하면 '판매량×단위당 공헌이익=고정비+목표이익', '매출액×공헌익률=고정비+목표이익'이므로 목표이익을 달성하기 위한 판매량과 매출액은 다음과 같이 계산할 수 있다.

$$\text{목표판매량} = \frac{\text{고정비+목표이익}}{\text{단위당 공헌이익}}$$

$$\text{목표매출액} = \frac{\text{고정비+목표이익}}{\text{공헌이익률}}$$

예 제

기업A는 단가가 50,000원인 의자를 제작하여 판매한다. 단위당 변동비는 30,000원, 연간 고정비는 10,000,000원이며, 경영진은 당기에 3,000,000원의 10,000,000원이며, 경영진은 당기에 3,000,000원의 영업이익을 목표로 하고 있다. 다음의 설명 중 옳지 않은 것은? 에너지진단사 기출 (제10회)

① 변동비율은 60 %이다.

② 공헌이익률은 40 %이다.

③ 손익분기점 판매액은 24,000,000원이다.

④ 목표영업이익을 달성하려면 판매량이 650개가 되어야 한다.

[해설]

① $\text{변동비율} = \frac{\text{단위당 변동비}}{\text{단위당 판매가격}} = \frac{30,000}{50,000} = 0.6$

② 공헌이익율 $= 1 - \text{변동비율} = 1 - 0.6 = 0.4$

③ $\text{손익분기점 판매액} = \frac{\text{고정비}}{\text{공헌이익률}} = \frac{10,000,000}{0.4} = 25,000,000$

④ 목표판매량을 x라 하면

(a) 등식법

매출액=변동비+고정비+목표이익

이므로

$x \times 50,000 = x \times 30,000 + 10,000,000 + 3,000,000$

$\therefore\ x = 650$개

(b) 공헌이익법

$$목표판매량 = \frac{고정비+목표이익}{단위당\ 공헌이익}$$

이므로

$$x = \frac{10,000,000 + 3,000,000}{50,000 - 30,000} = 650개$$

정답 ③

(3) 세금의 고려

지금까지의 법인세를 고려하지 않았는데, 만약 법인세를 고려한다면 CVP분석은 다음과 같은 영향을 받는다.

① 법인세를 고려한 손익분기분석

법인세를 고려하더라도 손익분기점은 아무런 영향을 받지 않는다. 왜냐하면 손익분기점에서는 이익이 0이므로 법인세도 0이기 때문이다. 따라서 법인세 고려하더라도 앞에서 살펴본 등식법과 공헌이익법에 의한 손익분기점의 계산방법은 동일하다.

② 법인세를 고려한 이익계획

앞에서 살펴본 바와 같이 CVP분석에서는 일반적으로 매출액=변동비+고정비+영업이익의 고려한다면 영업이익과 세전이익은 동일하므로 이 식은 다음과 같이 표기할 수 있다.

매출액=변동비+고정비+세전이익

한편, '세전이익=세후이익/(1−세율)'이므로 위 식은 다음과 같이 나타낼 수 있다.

$$매출액 = 변동비 + 고정비 + \frac{세후이익}{1-세율}$$

따라서 법인세를 고려한 이익계획 문제에 있어서 등식법에 의하면 다음의 식으로 이를 해결할 수 있다.

$$매출액 = 변동비 + 고정비 + \frac{세후목표이익}{1-세율}$$

또한 공헌이익법에 의하면 세후목표이익을 달성하기 위한 판매량과 매출액은 다음과 같이 계산된다.

$$목표판매량 = \frac{고정비 + \frac{세후목표이익}{1-세율}}{단위당\ 공헌이익}$$

$$목표매출액 = \frac{고정비 + \frac{세후목표이익}{1-세율}}{공헌이익률}$$

예제

한국기업은 판매가격이 ₩100인 운동화를 판매하는 회사이다. 운동화 단위당 변동비가 ₩20이고 연간 고정비는 ₩600,000일 때, 다음의 물음에 답하여라. 다만 한국기업의 법인세율은 30 %이다.

〈물음1〉 손익분기점 판매량을 구하시오.

〈물음2〉 법인세차감후 목표순이익이 ₩140,000일 때, 세후목표이익을 달성하기 위한 판매량을 구하시오.

[해설]

〈물음1〉

법인세가 존재하더라도 손익분기점 판매량에는 영향을 받지 않는다.

손익분기점 판매량을 x라 하면,

판매량×단위당 판매가격=판매량×단위당 변동비+고정비

이므로

$x \times 100 = x \times 20 + 600,000$

$\therefore x = 7,500$개

〈물음2〉

손익분기점 판매량을 x라 하면,

$$매출액 = 변동비 + 고정비 + \frac{세후목표이익}{1-세율}$$

이므로

$$x \times 100 = x \times 20 + 600{,}000 + \frac{140{,}000}{1-0.3}$$

$\therefore\ x = 10{,}000$개

연습문제

01. 유형자산의 가치감소분을 그 자산이 용역을 제공하는 기간에 배분시키는 과정을 무엇이라고 하는가? 에너지진단사 기출 (제2회)

① 자본집약 ② 감가상각 ③ 고정자산
④ 자본지출 ⑤ 투자회수

02. 다음의 고정자산중 감가상각되지 않는 것은? 에너지진단사 기출 (제1회)

① 건물 ② 특허권 ③ 상품권
④ 수도시설이용권 ⑤ 토지

[해설]

⑤ 토지는 내용연수가 한정되지 않으므로 감가상각 대상 자산이 아니다.

03. 다음은 감가상각에 대한 설명이다. 옳은 것은? 에너지진단사 기출 (제5회)

① 특허권은 감가상각의 대상이 아니다.
② 감가상각방법은 감가상각기간 중 절대로 변경이 불가능하다.
③ 전기, 가스 및 수도사업의 유형자산에 대한 감가상각기간은 30년이다.
④ 초기구입비용과 내용년수가 동일한 경우 잔존가치가 큰 자산의 감가상각이 크다.
⑤ 정률법을 적용하는 경우 감가상각 초기에는 상대적으로 큰 규모로 감가상각이 이루어지고 사용기간이 길수록 감가상각액이 낮게 추정된다.

[해설]

① 무형자산도 시간이 지남에 따라 가치가 감소한다면 감가상각을 해야한다.
② 변경가능하다.
③ 합리적인 기준으로 내용연수를 결정하면 된다.
④ 초기구입비용과 내용년수가 동일한 경우 잔존가치가 작을수록 감가상액 크게 계산된다.
⑤ 정률법은 초기에 감가상각이 크게 이루어지고 시간이 지날수록 감가상각액이 줄어들기 때문에 정률법은 가속상각법으로 분류한다.

정답 1.② 2.⑤ 3.⑤

04. 고정자산의 감가상각에 대한 다음 설명 중 틀린 것은? 에너지진단사 기출 (제5회)

① 내용년수가 짧을수록 감가상각을 통한 취득원가의 회수가 빨라진다.

② 고정자산의 감가상각액은 내용년수가 짧을수록, 잔존가격이 낮을수록 높아진다.

③ 고정자산의 취득원가에는 고정자산의 매입대금과 등록세, 취득세 등 각종세금 및 설치비용이 포함된다.

④ 자산재평가에 의해서 자산을 재평가하여 재평가 차액이 발생한 경우에는 내용년수를 조정하여 내용년수를 증가시킨다.

⑤ 동일한 고정자산을 둘 이상의 사업에 사용하기 때문에 내용연수가 상이한 경우에는 내용년수가 긴 것을 택하여 감가상각을 실시한다.

[해설] ⑤ 각각의 사업에 각각의 내용연수를 적용한다.

05. 투자금액이 300억원, 5년 후 잔존가치가 50억원일 때, 정액법에 의한 매년의 감가상각비는? 에너지진단사 기출 (제3회)

① 60억원 ② 55억원 ③ 50억원
④ 45억원 ⑤ 40억원

[해설]

감가상각비 = (300 − 50) ÷ 5 = 50

06 45,000,000원에 구입한 기계의 내용년수는 4년이다. 이 기계의 내용년수 말에 예상되는 잔존가치는 5,000,000원이다. 정액법을 사용할 때 2차년도 말의 장부가격은 얼마인가? 에너지진단사 기출 (제8회)

① 20,000,000원 ② 25,000,000원 ③ 27,500,000원
④ 30,000,000원 ⑤ 35,000,000원

[해설]

장부가격 = 45,000,000 − {(45,000,000 − 5,000,000) ÷ 4 × 2} = 25,000,000

정답 4.⑤ 5.③ 6.②

07. 에너지 생산업체의 2003년 재무관련 정보는 다음과 같다.

에너지진단사 기출 (제2회, 제5회)

자 산	구입가격(억원)	내용연수[년]
기계설비	500	20
영업권	75	5
건물	1,000	40
토지	1,000	40
전기가스공급시설 이용권	100	10

정액법을 적용하여 잔존가치가 없는 경우 2003년의 감가상각 총액은 얼마인가?

① 50억원 ② 75억원 ③ 100억원
④ 105억원 ⑤ 115억원

[해설]

감가상각 총액 = (500÷20) + (75÷5) + (1,000÷40) = 75

08. 어느 고정자산의 가치가 5,000만원이고 그 자산의 내용년수가 5년이며 잔존가치는 1,000만원이다. 법인세율이 25 %이고 정액법을 사용할 경우, 연간 감가상각에 법인세 절세효과로 알맞은 것은?

에너지진단사 기출 (제9회)

① 100만원 ② 200만원 ③ 250만원
④ 500만원 ⑤ 800만원

[해설]

감가상각비 = (5,000 − 1,000) ÷ 5 = 800만원

법인세 절세효과 = 800 × 0.25 = 200만원

09. 다음 자료는 2009년 기초에 구입한 기계에 대한 내용이다. 정률법으로 감가상각하는 경우 2010년의 연간 감가상각비로 알맞은 것은?

에너지진단사 기출 (제10회)

정답 7.② 8.②

자 료	
기계의 취득원가	₩500,000
잔존가액	10 %
내용연수	5년
상각율(정률법)	37 %

① ₩100,000 ② ₩104,895

③ ₩116,550 ④ ₩185,000

[해설]

2009년 감가상각비 = 500,000 × 0.37 = ₩185,000

2010년 감가상각비 = (500,000 − 185,000) × 0.37 = ₩116,550

10. 다음 중에서 손익분기점의 결정요인이 아닌 것은? 에너지진단사 기출 (제6회)

① 고정비용 ② 변동비용 ③ 투자수익률

④ 단위당 공헌이익 ⑤ 판매단가

11. 손익분기점에서 필요한 정보를 얻기 위해서는 비용을 어떻게 구분해야 하는가? 에너지진단사 기출 (제4회)

① 생산비용 + 영업비용 ② 생산비용 + 판매비용

③ 변동비 + 고정비 ④ 생산비용 + 고정비

⑤ 판매비용 + 변동비

12. 손익분기점 분석에서 사용하는 변동비율은? 에너지진단사 기출 (제3회)

① 변동비/총비용 ② 변동비/매출액 ③ 고정비/변동비

④ 변동비/고정비 ⑤ 고정비/매출액

13. 손익분기점 분석에서 단위당 공헌이익이란? 에너지진단사 기출 (제3회)

① 판매단가

정답 9.③ 10.③ 11.③ 12.②

② 단위당 변동비용
③ 단위당 고정비 – 단위당 변동비
④ 판매단가 – 단위당 고정비
⑤ 판매단가 – 단위당변동비

14. 손익분기점(BEP)의 설명으로 틀린 것은? 에너지진단사 기출 (제7회)

① 매출량, 생산량의 변화에 따라 고정비도 변화된다.
② 고정비 부담은 고정자산 투자가 많은 기업일수록 크다.
③ 매출액이 손익분기점을 초과할 때는 영업이익이 발생한다.
④ 매출액의 수준이 어느 정도 되어야 총비용을 회수하는지 알 수 있다.
⑤ 공헌이익은 매출단가에서 단위당 변동비를 차감한 값이다.

[해설]

① 손익분기점 분석에서 단기간 가정에 의해 고정비는 매출량이나 생산량에 관계없이 일정 금액으로 고정된다.
② 고정자산이 많을수록 고정비는 많이 발생한다.

15. 다음 중 손익분기점 분석에 관한 설명으로 알맞은 것은?
에너지진단사 기출 (제10회)

① 손익분기점은 총수익이 변동비와 같은 수준에서의 조업도이다.
② 모든 비용을 고정비와 변동비로 구분하지 않더라도 손익분기점 분석이 가능하다.
③ 판매단가에서 단위당 변동비를 뺀 금액을 공헌이익이라 한다.
④ 손익분기점은 판매량으로만 구한다.

[해설]

① 손익분기점이란 총수익이 총비용과 같은 수준에서의 조업도이다.
② 반드시 모든 비용이 고정비와 변동비로 구분되어야 손익분기점 분석이 가능하다.
④ 매출액으로 구할 수도 있다.

정답 13.⑤ 14.① 15.③

16. **고정비 120,000원, 매출단가 10원, 단위당 변동비가 4원일 때, 손익분기점 매출량은?** 에너지진단사 기출 (제7회)

① 1,000 개 ② 5,000 개 ③ 10,000 개
④ 15,000 개 ⑤ 20,000 개

[해설]

손익분기점 판매량을 x라 하면,

판매량×단위당 판매가격 = 판매량×단위당 변동비 + 고정비 이므로

$x \times 10 = x \times 4 + 120,000$

$\therefore x = 20,000$개

17. **고정비가 80,000원, 매출단가가 20원, 단위당 변동비가 12원일 때 손익분기점 매출량으로 알맞은 것은?** 에너지진단사 기출 (제9회)

① 1,000개 ② 5,000개 ③ 10,000개
④ 15,000개 ⑤ 20,000개

[해설]

손익분기점 판매량을 x라 하면,

판매량×단위당 판매가격 = 판매량×단위당 변동비 + 고정비 이므로

$x \times 20 = x \times 12 + 80,000$

$\therefore x = 10,000$개

18. **다음은 기업A의 2009년 손익자료이다. 기업A는 기초 및 기말 재고없이 총 80,000단위를 생산하여 판매하였다. 2010년에 영업이익 600,000원을 달성하기 위해 필요한 생산단위로 알맞은 것은? (단, 판매단가, 단위당변동비 및 고정비는 동일한 것으로 가정한다)** 에너지진단사 기출 (제10회)

〈자료〉

매출액	₩4,000,000
변동비	2,800,000
공헌이익	₩1,200,000
고정비	720,000

정답 16.⑤ 17.③

영업이익 ₩480,000

① 88,000단위　② 100,000단위

③ 106,668단위　④ 150,000단위

[해설]

목표판매량을 x라 하면

매 출 액 = 변동비 + 고정비 + 목표이익이므로

$$x \times \frac{₩4,000,000}{80,000단위} = x \times \frac{₩2,800,000}{80,000단위} + ₩720,000 + ₩600,000$$

$\therefore\ x = 88,000$단위

19. **고정비 100억원, 변동비율 50 %, 판매단가 10만원일 때, 매출액기준 손익분기점은?** 에너지진단사 기출 (제3회)

① 200억원　② 230억원　③ 180억원

④ 150억원　⑤ 130억원

[해설]

손익분기점 매출액을 x라 하면,

매출액 = 매출액 X 변동비율 + 고정비이므로

$x = x \times 0.5 + 100$억

$\therefore\ x = 200$억

20. **매출액 200억원, 변동비 120억원, 영업고정비 60억원, 이자비용 20억원일 때, 이자비용까지 충당하기 위한 매출액 기준 손익분기점은?**

에너지진단사 기출 (제3회)

① 100억원　② 150억원　③ 180억원

④ 200억원　⑤ 300억원

[해설]

손익분기점 매출액 = 변동비 + 고정비 + 이자비용

= 120억원 +60억원 +20억원 = 200억원

정답 18.① 19.① 20.④

21. 매출액 400억원, 변동비 240억원, 영업고정비 120억원, 이자비용 40억원일 때 이자비용까지 충당하기 위한 손익분기점에서의 매출액은?

에너지진단사 기출 (제11회)

① 100억원　　② 200억원

③ 300억원　　④ 400억원

[해설]

손익분기점 매출액 = 변동비 + 고정비 + 이자비용

= 240억원 +120억원 +40억원

= 400억원

22. p=단위당 가격, v=단위당 변동비, F=고정 영업비라고 할 때, 다음 중 금액으로 구한 손익 분기점을 구하는 공식은? 에너지진단사 기출 (제8회)

① $\frac{F}{p-v}$　　② $\frac{p}{F-v}$　　③ $\frac{v}{p-F}$

④ $\frac{F}{1-\frac{v}{p}}$　　⑤ $\frac{F}{1-\frac{p}{v}}$

[해설]

$$손익분기점\ 매출액 = \frac{고정비}{공헌이익률} = \frac{고정비}{1-변동비율}$$

23. 손익분기점 결정요인에 대한 설명으로 틀린 것은? 에너지진단사 기출 (제2회)

① 변동비용은 생산량 또는 판매량이 변화할 때 변동하는 비용이다. 에너지 산업의 주요 변동비용에는 연료비, 동력비가 포함된다.

② 변동비가 상승할 경우 판매단가가 일정하다면 손익분기 판매량은 감소할 것이다.

③ 고정비용은 생산량 혹은 판매량의 변화에 의해서 영향을 받지 않는 비용으로 초기 투자비용이다.

④ 에너지 산업의 주요 고정비에는 공장임차료, 세금과 공과금이 포함된다.

정답 21.④ 22.④

⑤ 판매단가는 기업의 수입을 결정하는 요소이며, 판매단가가 상승하는 경우 비용이 일정하다면 손익분기 판매량은 감소할 것이다.

[해설]

② 단위당 공헌이익 = 단위당 판매가격 − 단위당 변동비

위 식에서 판매가격이 일정하고 변동비가 상승하면, 공헌이익이 감소한다.

$$\text{손익분기점 판매량} = \frac{\text{고정비}}{\text{단위당 공헌이익}}$$

위 식에서 고정비는 불변이므로, 공헌이익이 감소하면 손익분기 판매량은 증가한다.

24. 다음의 예를 사용하여 손익분기 판매량을 계산하시오. 에너지진단사 기출 (제2회)

항 목	단위	수량/금액
판매량	개	8,000
판매단가	원/개	4,000
변동비	원/개	2,000
총고정비	원	20,000,000
누적손실액	원	2,000,000

① 5,000개 ② 8,000개 ③ 10,000개
④ 11,000개 ⑤ 12,000개

[해설]

손익분기점 판매량을 x라 하면,

판매량×단위당 판매가격 = 판매량×단위당 변동비 + 고정비이므로

$x \times 4{,}000 = x \times 2{,}000 + 20{,}000{,}000 + 2{,}000{,}000$

$\therefore\ x = 11{,}000$개

25. 단위당 판매가격이 400원이고 변동원가는 판매가격의 60 %이며, 연간 총고정원가는 1,200,000원일 때 손익분기 매출수량은 얼마인가?

에너지진단사 기출 (제6회)

① 3,750 단위 ② 5,000 단위 ③ 5,500 단위
④ 7,000 단위 ⑤ 7,500 단위

정답 23.② 24.④

[해설]

손익분기점 판매량을 x라 하면,

손익분기 매출액 = 변동비 +고정비 이므로

$x \times 400 = x \times (400 \times 0.6) + 1,200,000$

$\therefore x = 7,500$개

26. 개인컴퓨터용 마우스를 제작하여 판매하는 (주)서동의 다음 재무자료에 대한 설명으로 적절하지 않는 것은? 에너지진단사 기출 (제5회)

판매단가	10,000 원
단위당변동비	2,000
총고정비	6,000,000
고정비에 포함된 감가상각비	400,000
올해 예상 투자비	2,000,000

① 공헌이익률은 20 %이다.

② 손익분기매출량은 750개이다.

③ 마우스 1개당 공헌이익(contribution margin)은 8,000원이다.

④ 매출량이 600개로 예측이 되어도 단기적으로 생산을 해야 한다.

⑤ 목표이익이 2,000,000원이라면 매출액은 10,000,000원이 되어야 한다.

[해설]

① 공헌이익률 $= \frac{\text{단위당 공헌이익}}{\text{단위당 판매가격}} = \frac{10,000 - 2,000}{10,000} = 0.8$

② 손익분기점 판매량을 x라 하면,

판매량 × 단위당 판매가격 = 판매량 × 단위당 변동비 + 고정비 이므로

$x \times 10,000 = x \times 2,000 + 6,000,000$

$\therefore x = 750$개

③ 단위당 공헌이익 = 10,000 − 2,000 = 8,000

④ 단기적 조업 중단점은 판매가격이 변동비도 회수할 수 없을 만큼 내려갔을 때이다. 따라서 판매가격이 변동비보다 높은 한, 단1개의 제품이라도 생산하여 판매하여야 한다.

⑤ 손익분기점 매출액을 x라 하면,

매출액 = 매출액 × 변동비율 + 고정비 + 목표이익 이므로

$x = xx \times 0.2 + 6,000,000 + 2,000,000$

$\therefore x = 10,000,000$

정답 25.⑤ 26.①

27. **다음은 손익분기점에 대한 설명이다. 틀린 것은?** 에너지진단사 기출 (제5회)

① 손익분기점이란 기업의 총수입과 총비용이 일치하는 판매량 혹은 수입을 의미한다.

② 손익분기점 계산 시 단위당 공헌이익은 판매단가에서 단위당 변동비를 차감한 것을 의미한다.

③ 손익분기점 계산 시 자기자본에 대한 기회비용을 반영하는 적정투자수익률을 계산하여 이를 비용항목에 포함하여야 한다.

④ 요금규제가 존재하여 요금이 생산비에 근거하여 일정하게 조정되는 경우 비용이 상승하여도 손익분기 판매량은 변동하지 않는다.

⑤ 손익분기점을 미래의 수입과 비용을 예측하여 계산할 경우 물가상승률을 고려하면 손익분기점의 계산이 불가능하므로 물가상승률을 고려하지 않는다.

[해설]

④ $\text{손익분기점 판매량} = \dfrac{\text{고정비}}{\text{단위당 공헌이익}}$

에서 알 수 있듯이,

단위당 공헌이익이 변동하지 않는 경우 손익분기 판매량은 변하지 않는다.

⑤ 물가상승률을 고려한 손익분기점 분석은 가능하다.

28. **손익분기점의 결정요인에 대한 설명 중 틀린 것은?** 에너지진단사 기출 (제8회)

① 고정비용은 생산 혹은 판매량의 변화에 의해서 영향을 받지 않는 비용으로, 예를 들면 감가상각비이다.

② 에너지산업의 주요 고정비용에는 인건비, 수선유지비, 세금과 공과금이 포함된다.

③ 변동비용은 생산량 또는 판매량이 변화할 때 변동하는 비용으로 에너지산업의 주요 변동비용에는 연료비, 동력비가 포함된다.

④ 단위당 변동비가 상승할 경우 판매단가가 일정하다면 손익분기 판매량은 감소할 것이다.

⑤ 판매단가는 기업의 수입을 결정하는 요소이며, 판매단가가 상승하는 경우 비용이 일정하다면 손익분기판매량은 감소할 것이다.

정답 27.⑤

[해설]

④ ▸ 단위당 공헌이익 = 단위당 판매가격 − 단위당 변동비

위 식에서 판매가격이 일정하고 변동비가 상승하면, 공헌이익이 감소한다.

▸ 손익분기점 판매량 = $\dfrac{\text{고정비}}{\text{단위당 공헌이익}}$

위 식에서 고정비는 불변이므로, 공헌이익이 감소하면 손익분기 판매량은 증가한다.

29. 고정비가 3,000만원, 단위당변동비가 2,000원, 판매단가가 5,000원, 완전가동시의 생산능력이 20,000개이다. 손익분기점의 가동률[%]과 70 % 가동시의 이익은?

에너지진단사 기출 (제5회)

① 40%, 1,200만원　② 50%, 1,200만원
③ 50%, 800만원　④ 70%, 800만원
⑤ 70%, 0원

[해설]

(a) 손익분기점 판매량을 x라 하면,

판매량 × 단위당 판매가격 = 판매량 × 단위당 변동비 + 고정비이므로

$x \times 5{,}000 = x \times 2{,}000 + 30{,}000{,}000$

$\therefore\ x = 10{,}000$개

손익분기점의 가동률 $= \dfrac{10{,}000\text{개}}{20{,}000\text{개}} = 50\,\%$

(b) 이익 = 매출액 − 변동비 − 고정비

$= (20{,}000\text{개}\times 0.7)\times 5{,}000 - (20{,}000\text{개}\times 0.7)\times 2{,}000 - 30{,}000{,}000$

$= 12{,}000{,}000$

30. 어떤 공장에서 생산되는 제품의 현재 생산 능력은 매달 1,000개이고 고정비는 생산량에 관계없이 매달 400원이다. 개당 생산에 소요되는 변동비는 150원이고 개당 판매가격은 250원이라고 한다. 손익분기점에서 개당 평균비용으로 알맞은 것은?

에너지진단사 기출 (제9회)

① 150원　② 200원　③ 250원
④ 300원　⑤ 350원

정답 28.④ 29.②

[해설]

손익분기점 판매량을 x라 하면,

판매량 × 단위당 판매가격 = 판매량 × 단위당 변동비 + 고정비이므로

$x \times 250 = x \times 150 + 400$

$\therefore x = 4$개

$$\text{단위당 평균비용} = \text{단위당 변동비} + \text{단위당 고정비} = 150\text{원} + \frac{400\text{원}}{4\text{개}} = 250\text{원}$$

31. 기업A는 볼펜을 제조하여 현재 1개당 1,000원에 팔고 있으며, 단위당 변동비는 400원이다. 이 기업의 고정비는 5,000,000원이다. 만일 판매가격이 750원으로 하락하고, 단위당 변동비가 450원으로 인상된다면 손익분기점 매출량의 변화로 알맞은 것은? 에너지진단사 기출 (제10회)

① 2배 감소 ② 2배 증가
③ 1.5배 감소 ④ 1.5배 증가

[해설]

$$\text{손익분기점 판매량} = \frac{\text{고정비}}{\text{단위당 공헌이익}}$$

이므로

$$\text{최초 손익분기점 판매량} = \frac{5{,}000{,}000}{1{,}000-400} = \frac{5{,}000{,}000}{600}$$

$$\text{변동 후 손익분기점 판매량} = \frac{5{,}000{,}000}{750-450} = \frac{5{,}000{,}000}{300}$$

변동 후에 분모(단위당 공헌이익)만 2배 감소하였으므로, 손익분기점 판매량은 2배로 증가한다.

32. 고급볼펜을 생산하는 (주)한국에서 현재 이 볼펜의 매출단가가 8,000원, 고정비가 1,000,000원이고 변동비가 4,000원이다. (주)한국이 생산시설을 자동시설로 변경하여 고정비가 1,300,000원으로 증가하고 변동비는 3,000원으로 감소되었을 때 손익분기점에서 매출수량의 변동은? 에너지진단사 기출 (제11회)

정답 30.③ 31.②

① 10개 ② 20개
③ 30개 ④ 40개

[해설]

$$손익분기점\ 판매량 = \frac{고정비}{단위당\ 공헌이익}$$

이므로

$$최초\ 손익분기점\ 판매량 = \frac{1,000,000}{8,000-4,000} = \frac{1,000,000}{4,000} = 250개$$

$$시설\ 변경\ 후\ 손익분기점\ 판매량 = \frac{1,300,000}{8,000-3,000} = \frac{1,300,000}{5,000} = 260개$$

∴ 10개 증가

정답 32.①

제 5 장

투자안의 경제성 분석 방법

학습목표

- 자본예산의 의미를 설명할 수 있다.
- 자본예산의 편성과정을 설명할 수 있다.
- 투자안의 다양한 분류에 대하여 이해한다.
- 현금흐름의 기본원칙을 숙지한다.
- 투자의 시점별로 현금흐름을 계산할 수 있다.
- 다양한 투자안의 경제성분석 기법들의 특성 및 장·단점을 설명할 수 있다.
- 회수기간(payback period)의 의미를 이해하고 회수기간을 계산할 수 있다.
- 회수기간법(payback period method)을 기준으로 경제성 평가를 할 수 있다.
- 회계적이익률(ARR)의 의미를 이해하고 회계적이익률을 계산할 수 있다.
- 회수기간법(ARR법)을 기준으로 경제성 평가를 할 수 있다.
- 순현재가치(NPV)의 의미를 이해하고 순현재가치를 계산할 수 있다.
- 순현재가치법(NPV법)을 기준으로 경제성 평가를 할 수 있다.
- 내부수익률(IRR)의 의미를 이해하고 내부수익률을 계산할 수 있다.
- 내부수익률법(IRR법)을 기준으로 경제성 평가를 할 수 있다.
- 수익성지수(PI)의 의미를 이해하고 수익성지수를 계산할 수 있다.
- 수익성지수법(PI법)을 기준으로 경제성 평가를 할 수 있다.
- 불확실성하 경제성분석의 의의를 이해한다.
- 기대수익률과 위험의 개념을 파악한다.

1. 자본예산의 기본개념

[1] 자본예산의 의의

자본예산(capital budget)이란 기업의 생산설비나 기계장비와 같이 1년 이상 수익을 발생시키는 고정자산의 취득과 관련된 투자결정 및 자금의 유입과 유출에 관한 장기적 계획을 의미한다. 자본예산편성(capital budgeting)은 기업의 성장에 필요한 장기적인 투자계획을 수립하여 투자안에 따르는 현금흐름을 추정하고, 각 투자안의 가치를 평가하여 투자여부를 결정하는 일련의 투자결정행위를 말한다.

자본예산이 기업에 있어서 매우 중요한 이유는 다음과 같다.

첫째, 자본예산 결정을 통한 자본지출은 자금규모가 크다. 자본예산을 통한 의사결정이 이루어지면 기업이 미래에 생산할 제품의 종류, 제품생산에 필요한 설비와 기술의 도입 및 시장전략에 이르기까지 경영전반에 걸친 대규모의 자본이 투하된다. 따라서 자본예산 해당 기업의 성패를 좌우할 정도의 중요한 결정이 된다.

둘째, 자본예산이 한 번 결정되면 수정 및 철회가 어렵다. 자본지출이 일단 이루어지고 나면 그 영향이 장기간에 걸쳐 발생하게 된다. 따라서 잘못된 투자결정을 시정하기 위해서는 막대한 비용이 지불되어야 하거나 새로운 투자안을 위한 또 다른 막대한 자본지출이 요구되는 경우가 있기 때문에 자본예산은 신중하게 결정되어야 한다.

자본예산은 일반적으로 다음과 같은 일련의 과정을 거쳐 이루어진다.

투자안의 개발	⇨	투자안의 현금흐름추정	⇨	투자안의 경제성분석	⇨	투자안의 재평가

투자안의 개발 및 투자안의 재평가의 단계는 경영학 등의 분야에서 다루게 되고, 경제성공학에서는 투자안의 현금흐름추정과 투자안의 경제성분석 과정을 좀 더 자세히 살펴보게 된다.

[2] 투자안의 분류

투자안을 분류하는 방법에는 여러 가지가 있다. 이하에서는 ①투자목적에 따른 분류, ②현금흐름의 형태에 따른 분류, ③투자안간의 상호여관성에 따른 분류에 대해 살펴본다.

① 투자목적에 따른 분류

투자의 목적에 따라서 다음의 4가지 투자로 분류할 수 있다.

(ㄱ) 대체투자

대체투자(replacement investment)란 기존의 설비를 바꾸는 투자를 말한다. 대체투자는 주로 기존설비의 물리적 노후화 내지는 기술적 진부화를 원인으로 하여 이루어진다.

(ㄴ) 확장투자

확장투자(expansion investment)란 생산설비를 증설하는 투자를 의미한다. 확장투자는 제품에 대한 수요가 증가하거나 제품의 시장점유율이 상승하는 등의 원인으로 이루어진다.

(ㄷ) 제품투자

제품투자(product investment)란 기존제품의 개량 또는 신제품개발을 위한 투자를 말한다.

(ㄹ) 전략적 투자

전략적 투자(strategic investment)란 개별 기업의 상황에 따른 경영전략을 위한 투자를 의미한다. 가령 안정적인 원재료 확보를 위한 위험경감투자(risk-reducing investment)나 종업원이나 지역사회를 위한 복리후생투자(welfare investment) 등이 있다.

② 투자안간의 상호연관성에 따른 분류

다수의 투자안이 존재할 때 개별 투자안이 독립적으로 수행될 수도 있으나 어떤 경우에는 투자안 상호간에 영향을 미칠 수도 있다. 투자안간의 상호연관성에 따라 다음과 같이 투자안을 3가지로 분류할 수 있다.

(ㄱ) 독립적 투자

독립적 투자(independent investment)란 어떤 투자안의 선택이 다른 기존의 투자나 신규투자안의 현금흐름에 아무런 영향을 미치지 않는 투자를 말한다.

(ㄴ) 종속석 투자

종속적 투자(independent investment)란 어떤 투자안의 선택이 다른 기존의 투자나 신규투자안의 현금흐름에 영향을 미치는 투자를 말한다. 종속적 투자는 다시 보완적 투자와 대체적 투자로 나눌 수 있다.

보완적 투자(complementary investment)란 한 투자안의 선택이 다른 투자안의 현금흐름을 증가시키는 경우를 말하며, 대체적 투자(substitutive investment)란 한 투자안의 선택이 다른 투자안의 현금흐름을 감소시키는 경우를 말한다.

(ㄷ) 상호배타적 투자

상호배타적 투자(independent investment)는 어느 한 투자안을 선택하면 다른 투자안은 동시에 투자할 수 없는 투자안을 의미한다. 이는 대체적 투자의 극단적인 경우로서 가장 유리한 투자안 하나만을 선택해야 한다.

③ 현금흐름의 형태에 따른 분류

투자안의 현금흐름 양상에 따라 다음과 같이 3가지 투자로 분류할 수 있다.

(ㄱ) 대출형 투자

대출형 투자(lending type investment)란 투자 초기에 순현금유출이 발생하고 그 이후에는 순현금유입만 발생하는 투자를 의미한다. 이는 마치 자금을 대출해 주고 이자를 받는 것과 동일한 현금흐름을 보인다고 하여 붙여진 명칭이다.

(ㄴ) 차입형 투자

차입형 투자(borrowing type investment)란 투자 초기에 순현금유입이 발생하고 그 이후에는 순현금유출만 발생하는 투자를 의미한다. 이는 마치 자금을 차입하고 이자를 지급하는 것과 동일한 현금을 보인다고 하여 붙여진 명칭이다.

(ㄷ) 혼합형 투자

혼합형 투자(mixed type investment)란 순현금유입과 순현금유출이 혼합되어 나타나는 투자를 의미한다.

2. 현금흐름의 추정

[1] 투자안에 있어서 현금흐름의 의의

투자안의 가치는 그 투자안으로부터 얻게 될 미래현금흐름의 현재가치로 측정할 수 있다. 따라서 투자안의 경제성분석을 위해서는 투자안의 가치를 알아야하고 이를 위해 미래에 투자안으로부터 발생될 현금흐름을 추정하여야만 한다[30].

경제성분석에 있어서 특정기간 동안의 현금흐름(cash flow)란 그 기간 동안의 현금유입(cash inflow)와 현금유출(cash outflow)을 차감한 순현금흐름(net cash inflow)를 말한다.

[2] 현금흐름추정의 기본원칙

본격적인 현금흐름의 추정에 관하여 살펴보기 전에 경제성분석을 위한 현금흐름의 추정을 위해서 지켜야할 몇 가지 기본원칙을 살펴본다. 이러한 원칙은 투자안의 가치를 평가하는 논리와 자본비용과 현금흐름간의 관계 등을 종합적으로 고려해서 설정된 것이기 때문에 이를 이해하기 위해서는 투자안의 가치를 평가하는 논리와 자본비용과 현금흐름간의 관계 등의 개념을 명확히 이해하는 것이 선행되어야한다. 그러나 투자안의 가치를 평가하는 논리와 자본비용과 현금흐름간의 관계 등을 이해하기 위해서는 다시 현금흐름추정의 기본원칙에 대한 이해가 필요하므로 순환적인 관계를 갖게 되므로 본 절에서 살펴보는 것이니, 다소 이해하기 어렵더라도 제5장과 제6장을 공부하면서 차차 이해가 가능하리라 생각한다.

(1) 납세 후 기준

경제성분석에서는 법인세는 명백한 현금의 유출이다. 따라서 현금흐름은 법인세효과를 고려한 후의 값으로 추정해야 한다. 예를 들어, 30 %의 법인세율을 적용받는 기업이 100억원원의 현금매출이 발생할 경우 매출액 100억원원의 현금유입이 발생하겠지만 매출액의 30 %는 법인세로 정부에 납부해야하기 때문에 기업

30) 경제성분석에서의 투자안의 가치평가를 위한 현금흐름은 발생주의 기반의 회계적 이익(accounting income)이 아닌 현금주의를 기반으로한 현금흐름(cash flow)을 사용하며 이루어진다. 회계적 이익은 현금발생 여부와 관계없이 회계처리기준에 근거하여 거래 발생시점을 기준으로 측정되므로 자본예산에 있어서는 실제 현금의 유입과 유출의 발생 여부를 기준으로한 현금흐름을 이용하여 투자안의 가치평가를 하는 것이 좀더 목적적합한 것으로 보고 있다. 이에 대한 자세한 논의는 본서의 범의를 넘는 것이므로 자본예산에 있어서는 현금흐름을 기준으로 투자안 및 자산의 가치를 평가하는 것으로 받아들이기로 한다.

의 입장에서 실제의 현금흐름 유입액은 70억원(= 100억원 - 100억원×0.3 또는 100억원×(1-0.3))이 된다. 반대로 기업의 매출을 위해 80억원의 영업비용을 현금지급하였다면 이는 법인세를 절감시키는 요인이 되므로, 기업의 입장에서 실제로 유출되는 현금은 56억원(= 80억원 - 80억원×0.3 또는 80억원×(1-0.3))이 된다. 법인세법상 비용은 그 비용처리로 인한 절세액만큼의 현금유입의 효과가 있는 것이다.

(2) 증분기준

투자안의 현금흐름은 그 투자안에 투자하지 않는 경우와 투자하는 경우의 간의 현금흐름 차이인 증분현금흐름(incremental cash flow)으로 추정하여야 한다. 어떤 신규 투자로 인해 기업의 기존영업에 아무런 영향을 미치지 않는 독립적인 투자의 경우에는 신규 투자안 자체의 현금흐름이 곧 증분현금흐름이 된다. 그러나 신규 투자안이 기업의 기존영업의 현금흐름에 영향을 미치는 종속적인 투자의 경우에는 신규 투자안 자체의 현금흐름뿐만 아니라 기업전체에 새롭게 발생하는 현금흐름의 증감도 함께 고려하여야 한다. 이러한 증분현금흐름을 추정함에 있어서 주의할 사항은 다음과 같다.

(ㄱ) 부수적 효과

부수적 효과(side effects)란 새로운 투자로 인하여 기존 투자안의 현금흐름이 증가하는 효과를 말하며 이는 새로운 투자안의 현금유입에 포함시켜야 한다.

(ㄴ) 잠식비용

잠식비용(erosion cost)이란 새로운 투자로 인하여 기존 투자안의 현금흐름이 감소하는 효과를 말하며 이는 새로운 투자안의 현금유출에 포함시켜야 한다.

(ㄷ) 기회비용

기회비용(opportunity cost)이란 특정 자원을 현재의 용도 이외에 다른 용도로 사용할 경우 얻을 수 있는 최대의 금액을 말하여, 특정 자원을 새로운 투자에 이용하는 경우 그에 따른 기회비용은 새로운 투자안의 현금유출에 포함시켜야 한다.

(ㄹ) 매몰원가

매몰원가(sunken cost)란 과거의 의사결정에 의해 이미 발생한 원가를 말한다. 매몰원가는 신규 투자안의 채택여부에 따라 변화하지 않기 때문에 신규 투자안의 현금흐름을 추정할 때는 고려하지 않아야 한다. 가령 신규 투자를 결정함에 있어

이미 발생한 시장조사비용, 기존 설비의 구입비 등은 매몰원가라고 할 수 있다.

(3) 금융비용

자본을 사용하는 대가인 이자비용과 배당과 같은 금융비용은 투자안의 현금흐름에서 고려하지 않는다. 이는 투자안을 평가할 때 자본조달결정이 투자안의 가치에 미치는 영향은 일반적으로 할인율(자본비용)에 반영해서 평가하기 때문이다. 따라서 자본조달결정에 따라 달라지는 이자비용과 배당금의 지급 등의 금융비용은 실제로 현금이 유출되었다 하더라도 현금유출로 처리하지 않는다. 전술한 바와 같이 금융비용은 할인율에 반영하기 때문에 현금유출로 처리하면 이중으로 계산하는 결과가 된다.

이자비용을 통한 법인세의 감소액 역시 명백한 현금의 유입으로 볼 수 있지만 이 또한 할인율에 반영되기 때문에 이중계산을 막기 위해, 이자비용의 절세효과도 현금 유입으로 처리하지 않는다[31].

(4) 감가상각비

감가상각비는 현금유출을 수반하지 않는 비용이므로 현금유출로 처리해서는 안된다. 자본예산에서는 고정자산의 취득원가 전액을 취득시점에 현금유출로 처리한다. 감가상각은 취득원가를 고정자산의 사용기간에 걸쳐 기간배분하는 과정이므로 감가상각처리시 감가상각비를 현금유출로 처리하면 고정자산의 취득원가를 이중으로 계산하는 결과가 된다.

그러나 법인세가 존재할 경우에는 감가상각비를 비용처리함으로써 법인세차감전순이익이 감소하므로 법인세의 현금유출을 점감시키는 효과가 있다. 이를 감가상각비의 절세효과(tax-shield effect of depreciation)라고 한다. 감가상각비로 인한 법인세 감소분은 현금흐름을 증가시키므로 감가상각비의 절세효과만큼은 현금유입으로 처리한다.

감가상각비의 절세효과 = 감가상각비 × 법인세율

예를 들면, 법인세율이 30%인 경우 기업이 손익계산서에 감가상각비를 100만원을 계상하였다면 이로 인해 실제로 100만원의 현금유출이 발생하지는 않는다.

31) 이는 이자비용의 절세효과만큼 할인율을 낮게 조정하다는 뜻이다. 이렇게 이자비용의 절세효과를 할인율에서 고려하지 않고 직접 현금흐름에서 고려하는 방법도 있으나 이는 본서의 내용범위를 넘어서는 부분이므로 다루지 않겠다.

그러나 감가상각비로 인해 법인세차감전 순이익이 100만원이 감소하고 이로 인해 30만원(=100만원×30 %)을 절감하게 되는 것이다.

(5) 순운전자본

순운전자본(net working capital)이란 유동자산에서 유동부채를 차감한 차액이다. 이는 손익계산서상이 비용이 아니고 대차대조표상의 항목이나 순운전자본의 변화는 현금의 유·출입을 수반하므로 현금흐름에 포함되어야 한다.

> 순운전자본 = 유동자산 - 유동부채[32)]

(6) 인플레이션

투자기간동안에 인플레이션이 예상되는 경우에는 그 영향을 현금흐름과 할인율에 일관성 있게 반영하여야 한다.

예제

현금흐름추정의 원칙에 관한 설명으로 타당한 것은? 에너지신단사 기출 (제6회)

① 현금흐름이란 투자안을 통한 세후 순이익을 의미한다.
② 부수적 효과(side effect)는 측정이 자의적이므로 현금흐름에서는 고려하지 않는다.
③ 매몰비용(sunk cost)은 이미 지출이 완료된 금액이므로 현금유출로 처리한다.
④ 투자안의 자금조달에 따른 이자비용은 현금유출로 고려하지 않는다.
⑤ 감가상각비는 이익에서 차감되므로 현금유출로 계상한다.

[해설]

① 순이익은 발생주의를 기본으로 하는 성과측정치이고 현금흐름은 현금주의를 바탕으로 하는 성과측정치이며 감가상각비, 이자비용, 기회비용 등의 다양한 항목의 산입여부에서 차이가 있다.

---

32) 유동자산(current asset)이란 대차대조표일로부터 주로 1년 또는 개별기업의 정상 영업주기 현금화되는 자산을 의미하며 현금, 예금, 매출채권, 재고자산 등이 있다.
유동부채(current liability)란 대차대조표일로부터 만기가 주로 1년 또는 개별기업의 정상 영업주기 이내에 도래하는 부채로서 매입채무, 단기차입금, 미지급비용 등이 있다.

② 부수적 효과(side effects)란 새로운 투자로 인하여 기존 투자안의 현금흐름이 증가하는 효과를 말하며 이는 새로운 투자안의 현금유입에 포함시켜야 한다.

③ 매몰원가(sunken cost)란 과거의 의사결정에 의해 이미 발생한 원가를 말한다. 매몰원가는 신규 투자안의 채택여부에 따라 변화하지 않기 때문에 신규 투자안의 현금흐름을 추정할 때는 고려하지 않아야 한다.

⑤ 감가상각비는 현금유출을 수반하지 않는 비용이므로 현금유출로 처리해서는 안된다.

정답 ④

[3] 현금흐름의 추정

이제는 전술한 현금흐름추정의 기본원칙을 바탕으로 투자안의 현금흐름을 구체적으로 살펴보자. 설명의 편의상 투자안의 현금흐름을 투자가 시작되어 진행되고 종료되는 시점별로 구분하여 각 시점별 발생하는 현금흐름을 항목별로 짚어보기로 한다.

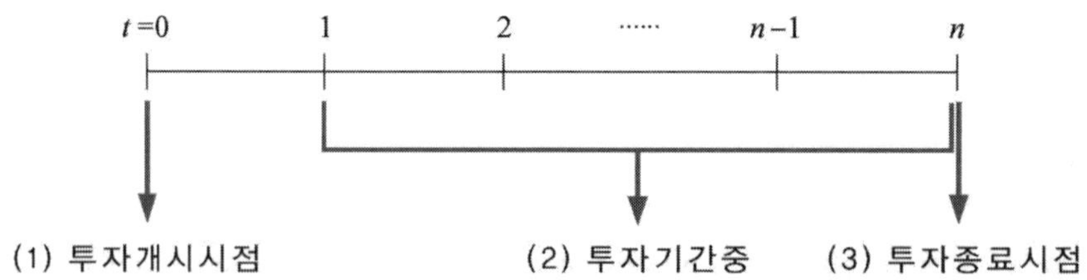

(1) 투자개시시점의 현금흐름

투자개시시점에 발생하는 현금흐름은 다음과 같이 구한다.

투자개시 시점의 현금흐름	=	① 신설비 취득 현금흐름	+	② 구설비 처분 현금흐름	+	③ 순운전자본 현금흐름	+	④ 투자세액공제 현금흐름
		(−)현금유출		(+)현금유입		(−)현금유출		(+)현금유입

① 신설비 취득으로 인한 현금흐름

신설비의 취득원가 및 취득을 위한 부대비용(운송비, 설치비 등)은 투자 개시시점에 현금유출을 수반한다.

② 구설비 처분으로 인한 현금흐름

신설비 도입으로 인해 구설비의 처분이 이루어지는 경우 처분에 따른 현금유입이 이루어진다. 다만 구설비의 처분으로 인해 처분손익이 발생하는 경우 구설비 처분의 대가로 얻은 현금흐름 외에도 처분손익에 대한 법인세가 발생하므로 처분손익의 법인세효과를 추가적으로 고려하여야 한다.

- 구설비 처분으로 인한 현금흐름
  = 구설비 처분가액 – 구설비 처분손익의 세액
  = 구설비 처분가액 – (구설비 처분가액 – 구설비 장부가액) × 법인세율

예제

장부상 잔존가액이 2,000만원인 고정자산을 3,000만원에 처분하였다. 법인세율이 40%라 할 때 이 고정자산 처분으로 인한 현금흐름은 얼마인가?

에너지진단사 기출 (제6회)

① 2,000만원 ② 2,600만원 ③ 3,000만원
④ 3,400만원 ⑤ 3,800만원

[해설]

구설비 처분으로 인한 현금흐름
= 구설비 처분가액 – (구설비 처분가액 – 구설비 장부가액) × 법인세율
= 3,000 – (3,000−2,000) × 0.4
= 2,600만원

정답 ②

③ 순운전자본 발생으로 인한 현금흐름

신설비를 취득하는 경우 그 설비를 사용하여 영업활동을 하려면 원재료 매입 등의 운전자본이 발생하게 되고 이는 현금 유출을 수반한다.

④ 투자세액공제로 인한 현금흐름

세법에서는 기업이 신설비를 도입하는 투자를 할 때 일정 세액을 감면해주는 투자세액공제를 제공하는 경우가 있다. 투자세액공제(investment tax credit ; ITC)란 기업이 투자 장려를 위하여 투자액의 일정비율에 해당하는 법인세를 차감해주는 제도이며 투자세액공제가 존재하는 경우 투자로 인한 현금유출의 감소 즉 현금유입이 발생하게 된다.

예제

제철공장에서 용광로를 교체하려고 한다. 기존의 용광로는 5년 전에 1,000억원에 구입하였으며 내용연수는 10년으로 정액상각하며 잔존가치는 없다. 한편, 기존의 용광로를 파는 경우 600억원을 받을 수 있다. 새로운 용광로의 구입가격은 1,400억원이며, 설치비용은 100억원이다. 현재 이 사업자에게 적용되는 법인세율은 30 %이다. 신규투자에 따른 초기 현금흐름을 추정하면 얼마인가?

에너지진단사 기출 (제2회, 제8회)

① −900억원 ② −930억원 ③ −1,100억원
④ −1,130억원 ⑤ −1,730억원

[해설]

투자개시시점의 현금흐름

= 신설비 취득 현금흐름 + 구설비 처분 현금흐름 + 순운전자본 발생 현금흐름 + 투자세액공제 현금흐름

= (−)1,500*1 + (+)570*2 + 0 + 0

= (−)930억원

*1. 신설비 취득으로 인한 현금흐름 = −(1,400 +100) = −1,500억원

*2. 구설비 처분으로 인한 현금흐름

= 구설비 처분가액 − (구설비 처분가액 − 구설비 장부가액) × 법인세율

$$= 600 - \left\{600 - \left(1{,}000 - \frac{1{,}000}{10년} \times 5년\right)\right\} \times 0.3$$

= 570

정답 ②

(2) 투자기간중의 현금흐름

투자기간중에 발생하는 현금흐름은 다음과 같이 구한다.

투자기간중의 현금흐름	=	① 영업 현금흐름	+	② 순운전자본 증감 현금흐름
		(+)현금유입		(∓)현금유출입

① 영업현금흐름

전술한 바와 같이 투자안의 경제성평가를 위해서는 회계적 이익(accounting income)이 아닌 현금흐름(cash flow)을 사용한다. 그러나 영업기간 동안의 현금흐름의 경우 손쉽게 얻을 수 있는 성과지표가 회계적 이익이기 때문에 손익계산서에 약간에 변형을 추가하여 영업현금흐름을 추정해 본다.

먼저 영업현금흐름의 추정을 위한 약식의 손익계산서는 다음과 같다.

[그림] 영업현금흐름의 추정을 위한 손익계산서

손익계산서		약식 손익계산서		
	매 출 액		영 업 수 익	(S ; 매출액)
(−)	매 출 원 가	(−)	현 금 영업비용	(O ; 매출원가+판관비)
=	매출총이익	(−)	비현금 영업비용	(D ; 감가상각비)
(−)	판매비와관리비			
=	영 업 이 익	=	영 업 이 익	(EBIT)
(+)	영업외수익			
(−)	영업외비용	(−)	영업외비용	(I ; 이자비용)
=	경 상 이 익			
(+)	특 별 이 익			
(−)	특 별 손 실			
=	법인세비용차감전순이익	=	법인세비용차감전순이익	
(−)	법인세비용	(−)	법인세비용	
=	당기순이익	=	당기순이익	

우선 영업이익을 매출액에서 현금유출이 있는 영업비용와 현금유출이 없는 영업비용을 차감해서 구한다. 자본예산에서는 논의의 간편화를 위해 매출액은 전부

현금으로만 이루어지는 것으로 가정하고 영업비용에서는 감가상각비를 제외한 모든 비용이 현금유출이 발생하는 것으로 본다. 그리고 영업외비용에는 이자비용만 있는 것으로 가정하고 기타 영업외수익과 특별손익은 없는 것으로 본다.

이상과 같은 가정 하에서 영업현금흐름은 다음과 같다.

- 영업현금흐름
  = 현금유입 − 현금유출
  = 영업수익 − 현금 영업비용 − 법인세
  = (영업수익 − 현금 영업비용)×(1−법인세율) + 감가상각비×법인세율
  = 영업이익×(1−법인세율) + 감가상각비[33)]

앞서 현금흐름추정의 기본원칙에서 설명한 바와 같이 이자비용 및 이자비용의 절세효과는 할인율에서 고려할 것이기 때문에 현금흐름에서는 고려하지 않는다.

예제

연간 요약손익계산서가 다음과 같고, 영업관련 유동자산과 유동부채의 변동이 없을 때, 영업현금흐름으로 알맞은 것은? (단, 법인세율은 40 %이며 당해연도에 재무 및 투자활동과 관련하여 발생한 법인세는 없다) 에너지진단사 기출 (제10회)

요약손익계산서(단위 : 억원)	
매출액	150
매출원가	70
감가상각비	30
영업이익	50
법인세	20
당기순이익	30

① 30억원 ② 50억원

33) 유도과정

$$OCF = (S-O)(1-t) + D\cdot t$$
$$= (S-O)(1-t) + D\cdot t - D + D$$
$$= (S-O-D)(1-t) + D$$
$$= EBIT(1-t) + D$$

단, • OCF : 영업현금흐름
• S : 영업수익(매출액)
• O : 현금영업비용
• D : 감가상각비
• t : 세율
• $EBIT$: 영업이익

③ 60억원 ④ 80억원

[해설]

$$OCF = (S - O)(1-t) + D \cdot t$$
$$= (150 - 70)(1-0.4) + 30 \cdot 0.4$$
$$= 60\text{억원}$$

단,
- OCF : 영업현금흐름
- S : 영업수익(매출액)
- O : 현금영업비용
- t : 세율
- $EBIT$: 영업이익

또는

$$OCF = EBIT(1-t) + D$$
$$= 50 \cdot (1-0.4) + 30$$
$$= 60\text{억원}$$

정답 ③

② 순운전자본 증감으로 인한 현금흐름

영업시작을 위하여 투자개시 시점에 발생한 순운전자본액이 영업기간(투자기간) 중에 변동할 수 있다. 이러한 순운전자본의 증가액은 현금의 유출로 감소액은 현금의 유입으로 처리한다. 다음의 예는 순운전자본의 증감과 현금유출입 처리를 표로 정리한 것이다.

시점	0	1	2	3
유동자산 (ex)재고자산)	100만원	150만원	80만원	0만원
유동부채	0원	0원	0원	0원
순운전자본	100만원	150만원	80만원	0원
순운전본 증감액	(+)100만원	(+)50만원	(−)70만원	(−)80만원
현금유출입	100만원 현금유출	50만원 현금유출	70만원 현금유입	80만원 현금유입

위의 표를 보면 최초 투자개시 시점의 순운전자본 발생액은 현금유출로 처리하

고, 투자기간 중 순운전자본 증가액은 현금유출, 감소액은 현금유입으로 처리하며 투자종료 시점에 순운전자본은 모두 회수되면서 잔액이 영이 되고 회수되는 순운전자본 전액을 현금유입으로 처리함을 알 수 있다.

(3) 투자종료시점의 현금흐름

투자종료시점에 발생하는 현금흐름은 다음과 같이 구한다.

투자종료 시점의 현금흐름	=	① 영업 현금흐름	+	②신설비 처분 현금흐름	+	② 순운전자본 증감 현금흐름
		(+)현금유입		(+)현금유입		(+)현금유입

① 영업현금흐름

영업현금흐름을 실제로 투자기간에 걸쳐 지속적으로 발생하나, 자본예산 현금흐름의 추정시에는 기말에 한 번씩 발생하는 것으로 가정한다. 따라서 투자종료 시점에 마지막 영업현금흐름이 발생하는지 여부를 따져보아야 한다.

② 신설비 처분으로 인한 현금흐름

투자가 종료되면 투자를 위해 도입한 신규설비는 처분된다. 따라서 신설비의 처분이 이루어지는 경우 처분에 따른 현금유입이 이루어진다. 다만 신설비의 처분으로 인해 처분손익이 발생하는 경우 신설비 처분의 대가로 얻은 현금흐름 외에도 처분손익에 대한 법인세가 발생하므로 처분손익의 법인세효과를 추가적으로 고려하여야 한다[34].

• 신설비 처분으로 인한 현금흐름
 = 신설비 처분가액 − 신설비 처분분손익의 세액

---

34) 다만 이미 처분된 기존의 구설비가 신규투자가 채택되지 않아서 투자종료시점까지 남아있다고 가정할 때의 잔존가치가 0보다 큰 경우 기회비용의 관점에서 구설비 처분으로 인한 현금흐름을 추가적으로 고려하여야 한다. 구설비를 처분하지 않고 투자종료시점까지 보유하였다고 가정할 때의 구설비 처분으로 인한 현금흐름을 추가적으로 고려한 설비 처분의 현금흐름은 다음과 같다.

• 설비 처분으로 인한 현금흐름
 = 신설비 처분으로 인한 현금흐름 − 구설비 처분으로 인한 현금흐름
 = 신설비 처분가액 − 신설비 처분손익의 세액 − (구설비 처분가액 − 구설비 처분손익의 세액)
 = 신설비 처분가액 − (신설비 처분가액 − 신설비 장부가액) × 법인세율 − {구설비 처분가액 − (구설비 처분가액 − 구설비 장부가액) × 법인세율}

= 신설비 처분가액 − (신설비 처분가액 − 신설비 장부가액) × 법인세율

③ 순운전자본 회수로 인한 현금흐름

투자가 종료되면 일반적으로 순운전자본은 모두 회수되어 0이 된다. 따라서 투자종료 직전의 순운전자본 잔액을 현금유입으로 처리한다.

3. 투자안의 경제성분석의 방법

전술한 내용을 바탕으로 투자안으로부터 발생할 것으로 예상되는 현금흐름을 추정하고 나면 특정 투장안의 채택 또는 기각을 결정하거나 또는 다수의 투자안들 중에 가장 유리한 투자안을 선택하는 결정을 하게 되는데 이러한 일련의 과정을 투자안의 경제성분석이라고 한다.

투자안의 경제성분석의 방법은 크게 비할인모형과 할인모형의 두 가지로 나눌 수 있다. 비할인모형(non-discounting model)은 화폐의 시간가치를 고려하지 않는 모형으로서 회수기간법과 회계적이익률법이 있으며, 할인모형(discounting model)은 화폐의 시간가치를 고려하는 모형으로서 순현재가치법, 내부수익률법 및 수익성지수법이 있다.

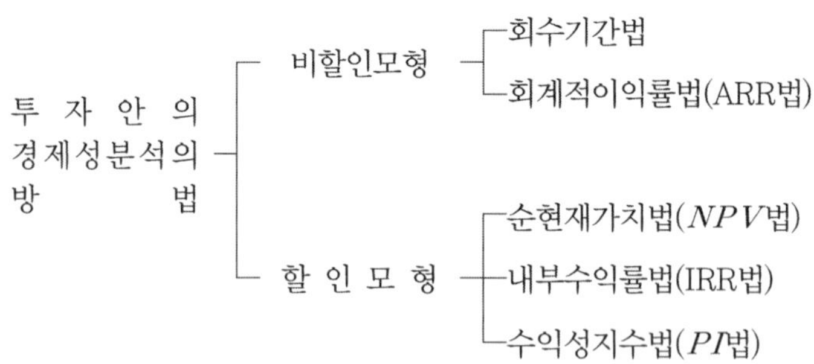

[그림] 투자안의 경제성분석의 방법

이상과 같은 경제성분석의 여러가지 방법들은 동일한 투자안이라도 상반된 결과를 제시할 수 있으며 또한 각각 장점과 단점을 가지고 있다. 이론적인 관점에서 보면 일반적으로 화폐의 시간가치를 고려하는 할인모형이 비할인모형에 비하여 우수하다고 볼 수 있으나, 경영 실무에서는 간단하고 이해하기 쉽다는 비할인모형의 장점 때문에 비할인모형도 자주 사용되고 있다. 할인모형에서도 이론적으로 엄격하게 가장 우월한 평가방법은 순현재가치법이다[35]. 이하에서는 가각의 경제성분석의 기법들에 관하여 구체적으로 살펴본다.

35) 경제성분석의 방법 중 이론적 타당성을 얻기 위한 조건은 다음과 같다.
① 내용연수 동안의 모든 현금흐름을 고려해야한다.
② 적절한 할인율을 사용하여 화폐의 시간가치를 고려하여야 한다.
③ 가치가산의 원리가 성립해야 한다.
④ 최종적으로 기업가치를 극대화할 수 있는 투자안을 선택해야한다.
이상의 조건을 모두 만족하는 경제성분석 기법은 순현재가치법 밖에 없다.

[1] 회수기간법

① 개념

회수기간법(payback method)은 회수기간에 의하여 투자안을 평가하는 기법을 말한다. 여기서 회수기간(payback period)이란 투입된 투자액을 투자안의 현금유입을 통해 회수하는데 걸리는 기간을 말하며, 매기의 현금유입액이 균등하다고 가정할 경우 회수기간은 다음과 같이 계산된다.

$$회수기간 = \frac{투자액}{매기\ 현금유입액}$$

이 기법의 기본논리는 투입된 투자액을 신속하게 회수할 수 있는 투자안이 더 바람직한 투자안이라는 것이다. 따라서 단일투자안이나 상호독립적인 투자안을 평가할 때는 투자안의 회수기간이 기업이 설정한 목표회수기간보다 짧을 경우 투자안 채택이 이루어지고, 투자안의 회수기간이 목표회수기간보다 길 경우 투자안은 기각된다. 상호배타적 투자안을 평가할 때에는 1차로 투자안의 회수기간이 기업의 목표회수기간 안으로 들어오는 투자안을 선별한 후에 2차로 선별된 투자안 중 회수기간이 가장 짧은 투자안을 선택하면 된다.

예제

서울기업은 150억원을 들여 신규 설비를 구입하려고 한다. 이 설비의 내용연수는 6년으로 예상된다. 다음 물음에 답하여라.

(물음1) 신규 투자로 인해 매년 35억원의 순현금유입이 발생될 것으로 추정될 경우 회수기간을 구하라.

(물음2) 신규 투자로 인해 다음의 표와 같이 현금흐름이 발생할 것으로 추정될 경우 회수기간을 구하라.

연 도	순현금유입액
1	43억원
2	39억원
3	34억원
4	31억원
5	28억원
6	25억원

[해설]

(물음1) 회수기간 $= \dfrac{\text{투자액}}{\text{매기 현금유입액}}$

$$= \frac{150}{35} \doteqdot 4.29\text{년}$$

(물음2) 4년말의 현금유입누적액이 147억원, 5년말의 현금유입누적액이 175억원이므로 4~5년 사이에 투자액을 모두 회수하게 된다.

$$\text{회수기간} = 4\text{년} + \frac{150\text{억원(투자액)} - 147\text{억원(4년말까지의 현금유입누적액)}}{28\text{억원(5년째 한해동안의 현금유입액)}} \doteqdot 4.11\text{년}$$

② 장·단점

회수기간법의 장점은 다음과 같다

(ㄱ) 회수기간법은 간단하게 경제성 평가가 가능하므로 시간과 비용이 적게 든다.

(ㄴ) 단편적이기는 하나 산출된 회수기간을 통해 투자안의 위험도를 파악할 수 있다. 회수기간이 짧을수록 미래의 불확실성이 감소하기 때문이다.

(ㄷ) 회수기간 기준으로 투자를 하면 기업의 유동성확보에 유리하다.

회수기간법의 단점은 다음과 같다

(ㄱ) 회수기간법은 회수기간 내의 현금흐름만 고려하고 투자자금의 회수가 끝난 이후의 현금흐름에는 관심을 갖지 않는다. 이러한 방법으로는 투자안을 올바르게 평가하기 어려우며 장기적으로 기업의 가치 극대화에도 바람직하지 않다.

(ㄴ) 회수기간법은 비할인 모형으로서 화폐의 시간가치를 고려하지 않는다.

(ㄷ) 목표회수기간 설정이 기업의 자의에 의하여 결정되므로 투자안의 채택과 기각의 평가가 객관성을 갖기 어렵다.

③ 할인회수기간법

회수기간법의 회수기간 내의 현금흐름에 대하여 화폐의 시간가치를 고려하지 않는다는 단점을 보완하기 위하여 고안된 할인회수기간법이 있다. 할인회수기간법(discounted payback method)이란 투입된 투자액이 투자안 현금유입의 현재가치와 동일해지는 기간을 계산하여 투자안을 평가하는 기법이다. 이렇게 하면 현금흐름의 시간가치를 고려하지 않는다는 단점을 보완되나 회수기간 이후의 현금흐름을 무시함으로써 수익성을 고려하지 않는다는 단점은 여전히 남아있게 된다.

[2] 회계적이익률법(*ARR* 법)

① 개념

회계적이익률법(accounting rate of return method ; ARR법)은 비할인모형의 하나로서 예외적으로 현금흐름이 아닌 재무제표상의 회계적 이익을 기준으로 투자수익률을 산출하여 투자안의 경제성을 분석하는 기법이다. 회계적이익률법의 판단 기준이 되는 회계적이익률(accounting rate of return ; ARR)이란 투자안으로부터 발생할 것으로 예상되는 발생주의 회계상의 연평균수익률을 최초 총투자액 또는 연평균투자액으로 나눈 값을 의미하며 평균이익률이라고도 한다.

$$\text{회계적이익률}(ARR) = \frac{\text{연평균순이익}}{\text{총투자액}} \quad \text{또는} \quad \frac{\text{연평균순이익}}{\text{연평균투자액}}$$

단, • NI : 순이익

• n : 투자안의 내용연수

• $\text{연평균 수익률} = \dfrac{\sum_{t=1}^{n} NI_t}{n}$

• $\text{연평균 투자액} = \dfrac{\text{최초투자액} + \text{잔존가치}}{2}$

이 기법의 기본논리는 회계적이익률이 높은 투자안이 더 바람직한 투자안이라는 것이다. 따라서 단일투자안이나 상호독립적인 투자안을 평가할 때는 투자안의 회계적이익률이 기업이 설정한 목표이익률보다 큰 경우 투자안 채택이 이루어지고, 투자안의 회계적이익률이 목표이익률보다 작을 경우 투자안은 기각된다. 상호배타적 투자안을 평가할 때에는 1차로 기업의 목표이익률보다 회계적 이익률이 높은 투자안을 선별한 후에 2차로 선별된 투자안 중 회계적 이익률이 가장 큰 투자안을 선택하면 된다.

예제

서울기업은 200억원을 들여 신규로 기계설비를 구입하려고 한다. 구입 가능한 기계는 A기계와 B기계 두 종류가 있으며 구입비용은 200억원으로 동일하나 투자내용연수 4년 동안에 발생할 예상 현금흐름은 다르다고 한다. 기계A, B 모두 내용연수 4년 동안 잔존가치 없이 정액법으로 상각할 예정이다. 두 투자안 A, B의 예상 현금흐름이 다음과 같다고 할 때 물음에 답하여라. 단, 서울기업은 연평균투자액에 대한 회계적이익률을 기준으로 투자안을 평가하며 서울기업의 목표이익률은 20 %라고 한다.

시점	투자안A	투자안B
0	−200억원	−200억원
1	+90억원	+60억원
2	+80억원	+60억원
3	+60억원	+80억원
4	+60억원	+90억원

(물음1) 두 투자안의 회계적이익률(ARR)을 구하라.

(물음2) 두 투자안이 독립적 투자안이라면 어떤 투자안을 채택해야 하는가?

(물음3) 두 투자안이 상호배타적 투자안이라면 어떤 투자안을 채택해야 하는가?

(물음4) 화폐의 시간가치를 고려한다면 어떤 투자안이 더 유리한가? 그 이유는 무엇인가?

[해설]

(물음1) 연평균투자액에 대한 회계적이익률(ARR) $= \dfrac{\text{연평균 순이익}}{\text{연평균 투자액}}$ 이므로

• A투자안의 ARR $= \dfrac{30^{*1}}{100^{*2}} = 0.3$

• B투자안의 ARR = $\frac{30^{*1}}{100^{*2}}$ = 0.3

*1. 투자안의 연평균순이익을 구하기 위하여 매해의 순이익을 먼저 계산한다.
매년 감가상각비를 50억원(= 200억원÷4년) 비용처리할 것이므로 각 시점의 순이익은 다음의 표와 같다.

시점	투자안A	투자안B
1	+40억원 (=90−50)	+10억원 (=90−50)
2	+30억원 (=80−50)	+10억원 (=80−50)
3	+10억원 (=60−50)	+30억원 (=60−50)
4	+10억원 (=60−50)	+40억원 (=60−50)

연평균수익률 = $\frac{\sum_{t=1}^{n} NI_t}{n}$ 이므로

• A투자안의 연평균수익률 = $\frac{40+30+10+10}{4년}$ = 30억원

• B투자안의 연평균수익률 = $\frac{10+10+30+40}{4년}$ = 30억원

*2. 연평균투자액 = $\frac{최초투자액 + 잔존가치}{2}$ 이므로

• A투자안의 연평균투자액 = $\frac{200+0}{2}$ = 100억원

• B투자안의 연평균투자액 = $\frac{200+0}{2}$ = 100억원

(물음2) 두 투자안의 ARR은 30%이다. 이는 A기업의 목표이익률 20%를 상회하므로 독립적인 두 투자안A, B 전부를 채택한다.

(물음3) 두 투자안의 ARR이 30%로 동일하므로 회계적이익률법의 관점에서는 무차별한 투자안이다. 따라서 어떤 투자안을 선택해도 동일하다.

(물음4) 화폐의 시간가치를 고려했을 때 총액이 동일한 현금흐름의 경우, 현재와 가까운 시점에 큰 현금유입이 있는 현금흐름이 더 큰 가치를 갖는다. 따라서 화폐의 시간가치를 고려할 경우 초기에 현금유입이 많은 A투자안이 더 유리한 투자안이다. 그럼에도 불구하고 회계적이익률법은 두 투자안을 무차별한 것으로 판단하고 있으므로 회계적이익률법이 화폐의 시간가치를 고려하지 못한다는 것을 한계점으로 지적할 수 있다.

② 장·단점

회계적 이익률법의 장점은 다음과 같다.

(ㄱ) 회계적 이익률법은 계산이 간편하여 손쉽게 경제성 평가가 가능하므로 시간과 비용이 적게 든다.

(ㄴ) 회계적 이익률법은 기업의 기존의 재무제표를 이용하여 경제성 평가가 가능하므로 복잡한 현금흐름 추정이 없어 자료수집이 용이하다.

회계적 이익률법의 단점은 다음과 같다.

(ㄱ) 회계적 이익률법은 현금흐름이 아닌 회계적 이익을 이용하는 것이 약점이 된다[36].

(ㄴ) 회계적 이익률법은 비할인 모형으로서 화폐의 시간가치를 고려하지 않는다.

(ㄷ) 목표이익률의 설정이 기업의 자의에 의하여 결정되므로 투자안의 채택과 기각의 평가가 객관성을 갖기 어렵다.

[3] 순현재가치법(*NPV* 법)

① 개념

순현재가치(net present value ; *NPV*)는 현금유입의 현재가치(present value of cash inflow ; PVCI)와 현금유출의 현재가치(present value of cash outflow ; PVCO)의 차이를 이르는 말로써, 즉 투자로 인해 얻게 되는 현금의 현가에서 투자된 금액의 현가를 뺀 것으로 순이익에 해당하는 개념이다.

순현재가치(*NPV*) = 현금유입의 현재가치 − 현금유출의 현재가치

일반적으로 투자안의 현금흐름이 초기에 현금유출(투자)이 이루어지고 다년에 걸쳐 현금의 회수가 이루어 진다(대출형 투자)고 본다면, 투자안의 현재가치는 다음과 같이 표현할 수 있다.

$$NPV = \sum_{t=1}^{n} \frac{C_t}{(1+k)^t} - C_0$$

- t : 시점
- C_t : t시점의 현금흐름
- n : 투자안의 내용연수
- k : 자본비용(할인율)

36) 이는 전술한 바와 같이 자본예산에 있어서는 발생주의 기반의 회계적 이익(accounting income)보다는 현금주의를 기반으로한 현금흐름(cash flow)을 기준으로 평가를 수행하는 것이 보다 합리적임이 전제되었을 때의 단점된다.

이 기법의 기본논리는 현금흐름의 순현재가치(NPV)가 큰 투자안이 더 바람직한 투자안이라는 것이다. 또한 순현재가치(NPV)를 구하는 산식에서도 알 수 있듯이 순현재가치법은 투자금액의 효율성보다 투자성과의 크기에 초점이 맞추어져 있다.

따라서 단일투자안이나 상호독립적인 투자안을 평가할 때는 투자안 현금흐름의 순현재가치(NPV)가 0보다 큰 경우 투자안 채택이 이루어지고, 투자안 현금흐름의 순현재가치(NPV)가 0보다 큰 작은 경우 투자안은 기각된다. 상호배타적 투자안을 평가할 때에는 1차로 투자안 현금흐름의 순순현재가치(NPV)가 0보다 큰 투자안을 선별한 후에 2차로 선별된 투자안 중 투자안 현금흐름의 순현재가치(NPV)가 가장 큰 투자안을 선택하면 된다.

예제

서울기업은 신규로 기계설비를 설치하려고 한다. 구입 가능한 기계는 A기계와 B기계 두 종류가 있다. 두 신규 기계설비로인한 투지안 A, B의 예상 현금흐름이 다음과 같다고 할 때 물음에 답하여라. 단, 서울기업은 투자안의 경제성 평가시 순현재가치법(NPV법)을 기준으로 평가를 한다고 하며, 서울기업의 두 투자안 A, B에 대한 자본비용은 20 %로 동일하다고 한다.

시점	투자안A	투자안B
0	−200억원	−10억원
1	+120억원	+9억원
2	+180억원	+9억원

(물음1) 두 투자안의 순현재가치(NPV)를 구하라.

(물음2) 두 투자안이 독립적 투자안이라면 어떤 투자안을 채택해야 하는가?

(물음3) 두 투자안이 상호배타적 투자안이라면 어떤 투자안을 채택해야 하는가?

(물음4) 두 투자안에 모두 투자할 경우(결합투자)의 현금흐름을 추정하고, 이를 이용하여 결합투자안의 순현재가치(NPV)를 구하라. 또한 이 값을 개별 투자안의 순현재가치(NPV)를 단순합산한 값과 비교하고 그 의미를 설명하라.

[해설]

(물음1) $NPV = \sum_{t=1}^{n} \frac{C_t}{(1+k)^t} - C_0$

단, • t : 시점

• C_t : t시점의 현금흐름

• n : 투자안의 내용연수

• k : 자본비용(할인율)

이므로

• A투자안의 $NPV = \frac{120}{1.2} + \frac{180}{1.2^2} - 200 = 25$억원

• B투자안의 $NPV = \frac{9}{1.2} + \frac{9}{1.2^2} - 10 = 3.75$억원

(물음2) 두 투자안의 NPV가 모두 0보다 크다. 두 투자안A, B 전부를 채택한다.

(물음3) NPV가 가장 큰 투자안 A를 선택하여야 한다.

(물음4) 결합투자의 현금흐름

시점	결합투자 (A+B)
0	−210억원 (=(−)200+(−)10)
1	+129억원 (=120+9)
2	+189억원 (=180+9)

• 결합투자안 NPV

$= NPV_{(A+B)} = \frac{129}{1.2} + \frac{189}{1.2^2} - 210 = 28.75$억원

• 개별투자안 A, B의 NPV의 단순합

$= NPV_{(A)} + NPV_{(B)}$

$= 25 + 3.75 = 28.75$억원

결합투자안의 NPV(=28.75억원)와 개별투자안 A, B의 NPV의 단순합(28.75억원)의 값이 일치한다. 이는 순현재가치법(NPV법)에 가치가산의 원리[*1]가 성립함을 알 수 있다.

*1. 가치가산의 원리에 대해서는 다음의 NPV법의 장점 (ㄴ)을 참조하라.

② 장점

순현재가치법의 장점은 다음과 같다.

(ㄱ) 화폐의 시간가치를 반영하며 화폐의 시간가치를 계산하기 위한 할인율이 논리적으로 가장 적절하다. 이는 순현재가치법이 가정하고 있는 재투자수익률에 대한 가정이 가장 논리적이라는 의미이다. 순현재가치법의 경우 미래의 현금유입이 한계자본비용에 의하여 재투자된다고 보는 반면에 내부수익률

법의 경우 투자안의 내부수익률과 동일한 수익률을 가져다주는 투자기회가 동일하게 존재할 것이라고 가정하고 있다. 한계수익률은 체감하는 것이 보다 일반적이라는 것을 감안하면 순현재가치법의 재투자수익률에 대한 가정이 보다 타당성을 갖는다.

(ㄴ) 순현재가치법은 투자안의 가치가산의 원리(value additivity principle)[37]가 성립한다. 따라서 두 개 이상의 투자안에 투자하는 경우 결합투자의 순현재가치를 개별 투자의 순현재가치를 더함으로써 간단하게 구할 수 있다.

(ㄷ) 순현재가치법은 투자안의 투자내용연수 동안에 발생하는 모든 현금흐름을 고려한다.

(ㄹ) 순현재가치법은 현금흐름과 자본비용만으로 투자안의 가치를 평가하므로 평가자의 주관이 개입될 여지가 적다.

(ㅁ) 투자안의 순현재가치를 기준으로 개별 투자안을 선택하면 이는 기업전체의 입장에서 기업가치를 극대화하는 선택과 동일한 선택이 된다.

[4] 내부수익률법(*IRR*법)

① 개념

내부수익률법(internal rate of return method ; *IRR*법)은 내부수익률에 의하여 투자안을 평가하는 기법을 말한다. 내부수익률(internal rate of return)이란 현금유입의 현가(PVCI)와 현금유출의 현가(PVCO)를 일치시켜 주는 할인율로 정의되며, 초기에 투자로 인한 현금유출 발생하고 이후에는 현금의 유입만 있는 일반적인 대출형 투자의 경우에는 투자안으로부터 예상되는 현금유입액의 현재가치를 투자액과 동일하게 해주는 할인율을 의미하게 된다. 또한 현금유입의 현가와 현금유출의 현가가 동일해 지는 경우 그 투자안의 순현재가치(NPV)가 0이 되므로, 내부수익률(IRR)을 투자안의 NPV가 0이 되도록 하는 할인율로 볼 수도 있다. 이상의 정의를 만족하는 내부수익률(IRR)을 구하는 식을 정리하면 다음과 같다.

• 현금유입의 현가(PVCI) = 현금유출의 현가(PVCO)

$$\Rightarrow \frac{C_1}{1+IRR} + \frac{C_2}{(1+IRR)^2} + \cdots + \frac{Cn}{(1+IRR)^n} = C_0 \quad \text{(대출형 투자의 경우)}$$

---

37) 순현재가치법의 가치가산의 원리(value additivity principle)
$NPV_{(A+B)} = NPV_{(A)} + NPV_{(B)}$

$$\Rightarrow \sum_{t=1}^{n} \frac{Cn}{(1+IRR)^n} = C_0$$

• 순현재가치(NPV) $= 0$

$$\Rightarrow \frac{C_1}{1+IRR} + \frac{C_2}{(1+IRR)^2} + \cdots + \frac{Cn}{(1+IRR)^n} - C_0 = 0 \quad \text{(대출형 투자의 경우)}$$

$$\Rightarrow \sum_{t=1}^{n} \frac{Cn}{(1+IRR)^n} - C_0 = 0$$

이 기법의 기본논리는 내부수익률(IRR)이 높은 투자안이 더 바람직한 투자안이라는 것이다. 따라서 단일투자안이나 상호독립적인 투자안을 평가할 때는 투자안의 내부수익률(IRR)이 투자안의 자본비용보다 큰 경우 투자안 채택이 이루어지고, 투자안의 내부수익률(IRR)이 자본비용보다 작을 경우 투자안은 기각된다. 상호배타적 투자안을 평가할 때에는 1차로 투자안의 자본비용 보다 내부수익률(IRR)이 높은 투자안을 선별한 후에 2차로 선별된 투자안 중 내부수익률(IRR)이 가장 큰 투자안을 선택하면 된다.

예제

서울기업은 신규로 기계설비를 설치하려고 한다. 구입 가능한 기계는 A기계와 B기계 두 종류가 있다. 두 신규 기계설비로인한 투자안 A, B의 예상 현금흐름이 다음과 같다고 할 때 물음에 답하여라. 단, 서울기업은 투자안의 경제성 평가시 내부수익률법(IRR법)을 기준으로 평가를 한다고 하며, 서울기업의 두 투자안 A, B에 대한 자본비용은 20 %로 동일하다고 한다.

시점	투자안A	투자안B
0	−200억원	−10억원
1	+120억원	+9억원
2	+180억원	+9억원

(물음1) 두 투자안의 내부수익률(IRR)을 구하라.

(물음2) 두 투자안이 독립적 투자안이라면 어떤 투자안을 채택해야 하는가?

(물음3) 두 투자안이 상호배타적 투자안이라면 어떤 투자안을 채택해야 하는가? 이러한 결과를 순현재가치법(NPV법)에 의한 평가와 비교하고 그 의미를 설명하라.

(물음4) 두 투자안에 모두 투자할 경우(결합투자)의 현금흐름을 추정하고, 이를 이용하여 결합투자안의 내부수익률(IRR)을 구하라. 또한 이 값을 개별 투자안의 내부수익률(IRR)을 단순합산한 값과 비교하고 그 의미를 설명하라.

[해설]

(물음1) 내부수익률(IRR)은

현금유입의 현가(PVCI) = 현금유출의 현가(PVCO)

$$\Rightarrow \sum_{t=1}^{n} \frac{Cn}{(1+IRR)^n} = C_0$$

을 만족시키는 할인율이므로

• $\frac{120}{1+IRR} + \frac{180}{(1+IRR)^2} = 200$ 을 만족시키는

A투자안의 $IRR = 0.2950$[*1]

• $\frac{9}{1+IRR} + \frac{9}{(1+IRR)^2} = 10$ 을 만족시키는

B투자안의 $IRR = 0.5000$[*1]

*1. 근의공식$\left(x = \frac{-b \pm \sqrt{b^2 - 4ac}}{2a}\right)$을 이용하여 계산하였다.

(물음2) 두 투자안의 IRR이 모두 자본비용 20% 보다 크다. 두 투자안A, B 전부를 채택한다.

(물음3) IRR이 가장 큰 투자안 B를 선택하여야 한다. 이는 NPV법에 의한 결과(투자안 A선택 : 앞의 예제 참고)와 상반되는데 이는 두 투자안 A, B간의 투자의 규모가 다르기 때문이다[*2].

이 경우 기업전체의 가치 극대화 측면에서 가장 합리적인 투자선택은 NPV법에 따른 선택이다. 따라서 이는 투자안의 내부수익률(IRR)을 기준으로 개별 투자안을 선택한다고 해서 이러한 선택이 기업전체의 입장에서 기업가치를 극대화하는 선택과 동일한 선택이 된다고 보장할 수 없다는 것을 시사한다.

*2. 물론 투자안의 투자규모가 다르다고 해서 NPV법에 의한 투자선택과 IRR법에 의한 투자선택의 결과가 항상 다른 것은 아니며 이는 구체적으로 자본비용과 피셔의 수익률(Fisher's rate of return)의 비교를 통해서 판단할 문제이지만 이와 관련된 논의는 본서의 내용범위를 초과하므로 생략하기로 한다.

(물음4) 결합투자의 현금흐름

시점	결합투자 (A+B)
0	−210억원 (=(−)200+(−)10)
1	+129억원 (=120+9)
2	+189억원 (=180+9)

• $\dfrac{129}{1+IRR} + \dfrac{189}{(1+IRR)^2} = 210$ 을 만족시키는

결합투자안 $IRR_{(A+B)} = 0.3043$

• 개별투자안 A, B의 IRR의 단순합

$= IRR_{(A)} + IRR_{(B)}$

$= 0.2950 + 0.5000 = 0.7950$

결합투자안의 $IRR_{(A+B)}$(=0.3043)와 개별투자안 A, B의 IRR의 단순합(0.7950)의 값이 일치하지 않는다. 이는 내부수익률법(IRR법)에 있어서 가치가산의 원리가 성립하지 않음을 의미한다.

② 장·단점

내부수익률법의 장점은 다음과 같다.

(ㄱ) 내부수익률법은 화폐의 시간가치를 고려한다.

(ㄴ) 내부수익률법은 투자안의 투자내용연수 동안에 발생하는 모든 현금흐름을 고려한다.

(ㄷ) 내부수익률(IRR)은 자본비용의 순익분기점으로서 의미를 갖는다.

내부수익률법의 단점은 다음과 같다.

(ㄱ) 내부수익률(IRR)을 계산하는 것이 복잡하다. 내부수익률(IRR)을 계산하는 식은 대부분 2차함수 이상인 경우가 대부분으로 계산이 간단하지 않다. 따라서 내부수익률(IRR)을 구하기 위해서는 컴퓨터나 공학용계산기를 사용하고 그렇지 못한 경우에는 시행착오법[38]이나 보간법[39]을 사용하여 근사치를 계산하게 된다.

(ㄴ) 경우에 따라서(혼합형 투자의 경우)는 내부수익률(IRR)이 아예 존재하지 않거나 복수의 내부수익률(IRR)이 존재할 수도 있다. 이 경우 내부수익률(IRR)에 의한 투자안의 평가가 곤란해진다.

---

38) 시행착오법(trial and error method)이란 여러 가지 할인율을 반복적으로 대입해서 순현재가치(NPV)가 0이 되는 할인율을 찾아가는 방법이다.

39) 보간법(interpolation)이란 내부수익률이 수현재가치값이나 현가계수와 선형의 관계라는 가정하에서, 내부수익률 근처에서 찾아진 순현재가치(혹은 현가계수)의 비율을 이용하여 내부수익률을 추정하는 방법을 말한다.

(ㄷ) 내부수익률(IRR)의 재투자가정이 지나치게 낙관적이다. 내부수익률법에서는 투자기간 동안의 현금유입액이 내부수익률(IRR)로 재투자된다는 가정이 전제되어 있는데[40] 현실적으로 선택된 투자안의 내부수익률(IRR)과 동일한 수익률을 가져다주는 투자기회가 미래에도 계속 존재하는 것은 아니다.

(ㄹ) 내부수익률(IRR)의 계산에 있어서는 가치가산의 원리가 성립하지 않는다.

(ㅁ) 투자안의 내부수익률(IRR)을 기준으로 개별 투자안을 선택한다고 해서 이러한 선택이 기업전체의 입장에도 기업가치를 극대화하는 선택과 동일한 선택이 된다는 보장이 없다.

(ㅂ) 내부수익률(IRR)과 비교기준이 되는 최저수익률(자본비용)이 변하는 경우에는 내부수익률(IRR)을 어떤 최저수익률(자본비용)과 비교해야 하는가의 문제가 발생하므로 투자안의 평가가 곤란해진다.

[5] 수익성지수법(PI법)

① 개념

수익성지수법(profitability index method ; PI법)이란 수익성지수에 의하여 투자안을 평가하는 기법을 말한다. 여기서 수익성지수(profitability index ; PI)란 투자안으로부터 발생하는 현금유입의 현재가치를 현금유출이 현재가치로 나눈 것으로 정의되며, 초기에 투자로 인한 현금유출 발생하고 이후에는 현금의 유입만 있는 일반적인 대출형 투자의 경우에는 투자안으로부터 예상되는 현금유입액의 현재가치를 투자액으로 나누어준 값을 의미하게 된다. 수익성지수(PI)를 구하는 식을 정리하면 다음과 같다.

$$\text{수익성지수}(PI) = \frac{\text{현금유입의 현재가치}}{\text{현금유출의 현재가치}}$$

$$= \frac{\sum_{t=1}^{n} \frac{C_t}{(1+k)^t}}{C_0} \qquad \text{(대출형 투자의 경우)}$$

40) 이것을 이해하기 어렵다면 제3장의 내부수익률을 참고하라.

단, • t : 시점
• C_t : t시점의 현금흐름
• n : 투자안의 내용연수
• k : 자본비용(할인율)

이 기법의 기본논리는 수익성지수(PI)가 높은 투자안이 더 바람직한 투자안이라는 것이다. 또한 수익성지수(PI)를 구하는 산식에서도 알 수 있듯이 수익성지수(PI)는 투자금액의 단위당 현금유입액의 현가를 나타내는 일종의 효율성 지표로서 투자성과의 크기보다는 투자금액의 효율성에 초점이 맞추어져 있다.

수익성지수(PI)가 1보다 크면 현금유입의 현재가치가 현금유출의 현재가치보다 크게 되므로 단일투자안이나 상호독립적인 투자안을 평가할 때는 투자안의 수익성지수(PI)가 1보다 클 때(NPV〉0) 투자안의 채택이 이루어지고, 투자안의 수익성지수(PI)가 1보다 작을 경우(NPV〈0) 투자안은 기각된다. 상호배타적 투자안을 평가할 때에는 1차로 투자안의 수익성지수(PI)가 1보다 큰 투자안을 선별한 후에 2차로 선별된 투자안 중 수익성지수(PI)가 가장 큰 투자안을 선택하면 된다.

예제

서울기업은 신규로 기계설비를 설치하려고 한다. 구입 가능한 기계는 A기계와 B기계 두 종류가 있다. 두 신규 기계설비로인한 투자안 A, B의 예상 현금흐름이 다음과 같다고 할 때 물음에 답하여라. 단, 서울기업은 투자안의 경제성 평가시 내부수익률법(IRR법)을 기준으로 평가를 한다고 하며, 서울기업의 두 투자안 A, B에 대한 자본비용은 20 %로 동일하다고 한다.

시점	투자안A	투자안B
0	−200억원	−10억원
1	+120억원	+9억원
2	+180억원	+9억원

(물음1) 두 투자안의 수익성지수(PI)를 구하라.

(물음2) 두 투자안이 독립적 투자안이라면 어떤 투자안을 채택해야 하는가?

(물음3) 두 투자안이 상호배타적 투자안이라면 어떤 투자안을 채택해야 하는가?

이러한 결과를 순현재가치법(NPV법)에 의한 평가와 비교하고 그 의미를 설명하라.

(물음4) 두 투자안에 모두 투자할 경우(결합투자)의 현금흐름을 추정하고, 이를 이용하여 결합투자안의 수익성지수(PI)를 구하라. 또한 이 값을 개별 투자안의 수익성지수(PI)를 단순합산한 값과 비교하고 그 의미를 설명하라.

[해설]

(물음1)

$$수익성지수(PI) = \frac{\sum_{t=1}^{n} \frac{C_t}{(1+k)^t}}{C_0}$$

- t : 시점
- C_t : t시점의 현금흐름
- n : 투자안의 내용연수
- k : 자본비용(할인율)

이므로

- A투자안의 $PI = \dfrac{\frac{120}{1.2} + \frac{180}{1.2^2}}{200} = 1.125$

- B투자안의 $PI = \dfrac{\frac{9}{1.2} + \frac{9}{1.2^2}}{10} = 1.375$

(물음2) 두 투자안의 PI가 모두 자본비용 1보다 크다. 두 투자안A, B 전부를 채택한다.

(물음3) PI가 가장 큰 투자안 B를 선택하여야 한다. 이는 NPV법에 의한 결과(투자안 A선택 : 앞의 예제 참고)와 상반되는데 이는 두 투자안 A, B간의 투자의 규모가 다르기 때문이다.

이 경우 기업전체의 가치 극대화 측면에서 가장 합리적인 투자선택은 NPV법에 따른 선택이다. 따라서 이는 투자안의 수익성지수(PI)를 기준으로 개별 투자안을 선택한다고 해서 이러한 선택이 기업전체의 입장에서 기업가치를 극대화하는 선택과 동일한 선택이 된다고 보장할 수 없다는 것을 시사한다.

(물음4) 결합투자의 현금흐름

시점	결합투자 (A+B)
0	−210억원 (=(−)200+(−)10)
1	+129억원 (=120+9)
2	+189억원 (=180+9)

• 결합투자안 PI

$$= PI_{(A+B)} = \frac{\frac{129}{1.2} + \frac{189}{1.2^2}}{210} = 1.1369$$

• 개별투자안 A, B의 PI의 단순합

$= PI_{(A)} + PI_{(B)}$

$= 1.125 + 1.375 = 2.5$

결합투자안의 PI(A+B)(=1.1369)와 개별투자안 A, B의 PI의 단순합(2.5)의 값이 일치하지 않는다. 이는 수익성지수법(PI법)에 있어서 가치가산의 원리가 성립하지 않음을 의미한다.

② 장·단점

수익성지수법의 장점은 다음과 같다.

(ㄱ) 수익성지수법은 화폐의 시간가치를 고려하며 할인율에 대한 가정이 적절하다. 이는 수익성지수법이 가정하고 있는 재투자수익률에 대한 가정(미래의 현금유입이 한계자본비용에 의하여 재투자됨)이 타당하다는 의미이며 이는 순현재가치법(NPV법)에서의 가정과 일치한다.

(ㄴ) 수익성지수법은 투자안의 투자내용연수 동안에 발생하는 모든 현금흐름을 고려한다.

(ㄷ) 수익성지수법은 현금흐름과 자본비용만으로 투자안의 가치를 평가하므로 평가자의 주관이 개입될 여지가 적다.

수익성지수법의 단점은 다음과 같다.

(ㄱ) 수익성지수(PI)의 계산에 있어서 가치가산의 원리가 성립하지 않는다.

(ㄴ) 투자안의 수익성지수(PI)를 기준으로 개별 투자안을 선택한다고 해서 이러한 선택이 기업전체의 입장에도 기업가치를 극대화하는 선택과 동일한 선택이 된다는 보장이 없다.

4. 불확실성하의 경제성분석

[1] 불확실성의 개념

지금까지는 미래의 현금흐름과 자본비용을 확실하게 추정할 수 있다는 확실성 가정하에 투자의 경제성분석에 대하여 논의하였다. 그러나 실제의 현실세계에서 미래에 발생할 사건에 대한 의사결정은 대부분 불활실성하에서 이루어진다. 여기서의 불확실성(uncertainty)이란 미래의 성과가 확률분포의 형태로 발생하는 것을 의미한다. 불확실성하에서는 미래의 성과를 현재시점에서 정확하게 예상할 수 없으며, 확률분포를 통한 성과의 기댓값만을 추정할 수 있을 뿐이다. 따라서 미래에 실제의 투자성과는 추정된 기댓값과 다를 수 있으며 미래에 실제의 투자성과는 추정된 기댓값과 다를 가능성을 위험(risk)라고 한다.

위험의 크기는 정의를 통해 미래의 성과가 기대된 성과와 차이, 즉 편차(deviation)의 크기를 통해서 계량이 가능하다. 따라서 성과 확률분포인의 표준편차(standard deviation)를 주요한 위험측정치의 하나로 사용하고 있다.

[2] 기대수익률과 위험의 계산

(1) 기대수익률

투자로 인한 투자성과를 측정하는 주요한 성과측정치에 하나는 투자의 수익률이다. 그런데 이러한 수익률은 전술한 바와 같이 불확실성이 존재하는 세상에서는 확률변수(radom variable)의 성격을 갖는다. 즉, 수익률은 확률분포(probability distribution)를 이루고 있다는 이야기이다. 여기서 수익률의 확률분포란 미래에 발생가능한 상황별 수익률과 그 상황이 발생할 확률간의 관계를 의미한다.

예제

서울 기업은 100억원을 들여 투자내용연수가 1년인 신규 투자를 시행하려고 한다. 다음은 시장의 경기 상황에 따라 신규 투자를 통해 1년 후에 예상되는 현금유입의 확률분포를 나타낸다.

상 황 (경기)	확 률	현금유입
불 황	0.3	105억원
보 통	0.5	110억원
호 황	0.2	130억원

신규 투자로부터 발생할 수익률의 확률분포를 추정하라.

[해설]

수익률의 확률분포표

상 황 (경기)	확 률	수익률
불 황	0.3	$5\,\% \left(= \dfrac{105-100}{100}\right)$
보 통	0.5	$10\,\% \left(= \dfrac{110-100}{100}\right)$
호 황	0.2	$30\,\% \left(= \dfrac{130-100}{100}\right)$

기대수익률(expected rate of return)이란 수익률에 대한 확률분포의 기댓값을 말한다. 따라서 기대수익률은 미래의 각 상황별 수익률에 그 상황이 발생할 확률을 곱한 후 모두 합하여 구한다.

▷ 기대수익률 E(R)

$$= \text{수익률}_{\text{상황}=1} \times \text{확률}_{\text{상황}=1} + \text{수익률}_{\text{상황}=2} \times \text{확률}_{\text{상황}=2} + \cdots + \text{수익률}_{\text{상황}=n} \times \text{확률}_{\text{상황}=n}$$

$$= \sum_{s=1}^{n} R_s \cdot P_s$$

단,
- $E(R)$: 기대수익률
- s : 미래에 가능한 상황
- R_s : 상황 s 에서의 수익률
- P_s : 상황 s 가 발생할 확률

결국 기대수익률은 투자를 통해 예상되는 평균수익률의 의미를 갖는다.

예제

서울 기업은 100억원을 들여 투자내용연수가 1년인 신규 투자를 시행하려고 한다. 다음은 시장의 경기 상황에 따라 신규 투자를 통해 1년 후에 예상되는 현금유입과 수익률의 확률분포를 나타낸다.

상 황 (경기)	확 률	현금유입	수익률
불 황	0.3	105억원	5 %
보 통	0.5	110억원	10 %
호 황	0.2	130억원	30 %

신규 투자의 기대수익률은 얼마인가?

[해설]

기대수익률 E(R)

= 수익률$_{상황=1}$ × 확률$_{상황=1}$ + 수익률$_{상황=2}$ × 확률$_{상황=2}$ + ⋯ + 수익률$_{상황=n}$ × 확률$_{상황=n}$

= 0.05×0.3 + 0.10×0.5 + 0.30×0.2

= 0.125

신규 투자를 통한 기대수익률은 12.5 %이며 이는 투자를 통해 평균적으로 12.5 % 정도의 수익률을 얻을 수 있을 것으로 예상됨을 의미한다.

(2) 위험

전술한 바와 같이 위험(risk)의 크기는 수익률에 대한 확률분포의 표준편차(또는 분산)로 측정할 수 있다.

표준편차(standard deviation)는 통계집단의 단위의 계량적 특성값에 관한 산포도를 나타내는 도수특성치로서 분산에 양(+)의 제곱근을 취하여 계산된다.

분산(variance)은 미래에 실현될 수익률과 기대수익률간의 편차의 제곱에 대한 기댓값으로 계산된다. 분산 또한 표준편차와 마찬가지로 통계집단의 산포도를 나타내는 도수특성치이나 그 단위가 확률변수의 단위의 제곱이 되어 직관적 이해가 어려울 때가 있다.

• 분산 σ^2

$$= E\left[\{R_s - E(R)\}^2\right]$$

$$= \sum_{s=1}^{n} \{R_s - E(R)\}^2 \cdot P_s$$

• 표준편차 σ

$$= \sqrt{\sigma^2}$$

$$= \sqrt{\sum_{s=1}^{n} \{R_s - E(R)\}^2 \cdot P_s}$$

- $E(R)$: 기대수익률
- s : 미래에 가중한 상황
- R_s : 상황 s 에서의 수익률
- P_s : 상황 s 가 발생할 확률

예제

서울 기업은 100억원을 들여 투자내용연수가 1년인 신규 투자를 시행하려고 한다. 다음은 시장의 경기 상황에 따라 신규 투자를 통해 1년 후에 예상되는 현금유입과 수익률의 확률분포를 나타낸다.

상 황 (경기)	확 률	현금유입	수익률
불 황	0.3	105억원	5 %
보 통	0.5	110억원	10 %
호 황	0.2	130억원	30 %

신규 투자의 기대수익률이 12.5 %일 때 수익률의 분산과 표준편차는 얼마인가?

[해설]

• 분산 $\sigma^2 = \sum_{s=1}^{n} \{R_s - E(R)\}^2 \cdot P_s$

$$= (0.05-0.125)^2 \cdot 0.3 + (0.10-0.125)^2 \cdot 0.5 + (0.30-0.125)^2 \cdot 0.2$$

$$= 0.008125$$

• 표준편차 $\sigma = \sqrt{\sigma^2}$

$$= \sqrt{0.008125} = 0.0901$$

이는 신규 투자안에 투자를 하면 12.5 %의 수익률을 기대할 수 있으며, 미래에 실제수익률이 기대수익률과 평균적으로 9.01% 정도의 차이를 보일 것이라는 의미를 갖는다.

[3] 불확실성하의 선택기준

모든 경제적 선택에 대한 논의를 할 때 기본으로 가정되는 공리가 하나 있다. 그것은 모든 인간은 어떤 선택의 상황에서 자신의 효용[41]을 극대화 하는 방향으로 결정을 내린다는 것이다. 그렇다면 지금까지 수많은 선택의 기법을 논의한 본서에서는 왜 이제야 이러한 점을 이야기 하는 것일까? 그 이유는 미래를 확실하게 예측할 수 있는 세상에서는 이에 대한 논의가 필요가 없었기 때문이다.

우리는 지금까지 확실하게 미래의 투자성과(현금흐름)를 예측할 수 있으리라는 가정하에서 수익(순현금흐름의 현재가치) 또는 수익률(내부수익률 또는 수익성지수)이 큰 투자안을 선택함으로써 투자를 통한 효용이 극대화될 것이라고 보았다. 이는 효용의 불포화성[42]이 전제됨을 의미한다. 다시 말해 단순히 투자로 인한 금전적인 성과만 크면 투자를 통한 효용이 극대화될 것이라는 가정이다.

그러나 불확실성이 존재하는 세상에서는 투자성과의 크기뿐만 아니라 위험에 따라서도 투자를 통한 효용이 달라질 수 있다. 따라서 아무리 투자성과가 크다 하더라도 투자에 따르는 위험이 너무 크다면 바람직한 투자안이라고 단정할 수 없게 되는 것이다. 이는 실제로 불확실성이 지배하는 현실을 사는 우리 모두가 직관적으로 이해하고 있는 부분일 것이다.

그렇다면 불확실성하에서 투자자들이 투자시에는 어떠한 기준으로 투자를 하여야 하는가? 이에 대한 기준으로는 (1) 기대가치 극대화 기준, (2) 기대효용 극대화 기준, (3) 확률지배이론 등이 있다.

(1) 기대가치 극대화 기준

기대가치란 극대화 기준이란 투자안을 통한 기대가치가 가장 큰 투자안을 선택하는 방법이다. 투자안의 기대가치(expected value)란 투자를 통한 성과(현금흐름 또는 수익률)에 대한 확률분포의 기댓값을 말한다. 기대가치 극대화 기준은 간단하게 투자안을 평가할 수 있으나 수익성만을 고려할 뿐 위험을 고려하지 않

41) 효용(utility)이란 인간의 욕망을 만족시키는 재화의 능력 또는 재화를 소비함으로써 얻는 개인의 주관적 만족의 정도를 말한다. 효용은 어떤 상황에서 어떤 경제재에 대한 한 개인의 평가를 나타낸다.

42) 불포화성(nonsatiation)은 사람들이 어떤 재화를 많이 가질수록(소비가 증가할수록) 그의 총효용(또는 만족도)은 증가한다는 것을 의미한다. 다시 말하면 최종소비 한 단위의 증가에 따른 총효용의 증가 분, 즉 소비의 한계효용(marginal utility)가 항상 0보다 크다는 것으로서 확실성하 선택이론이 공리중 하나이다.

기 때문에 합리적인 선택기준이라고 보기 어렵다.

(2) 기대효용 극대화 기준

기대효용 극대화 기준이란 기대효용의 크기가 가장 큰 투자안을 선택하는 방법이다. 여기서 기대효용(expected utility)이란 효용의 기댓값으로서 미래의 각 상황별 성과(수익률)에 대한 효용에 그 상황이 발생할 확률을 곱하여 모두 더한 값이다.

기대효용 극대화 기준은 투자안의 성과 뿐만 아니라 위험을 고려한 방법으로 가장 합리적인 선택기준이라고 할 수 있으나 효용의 계량화 및 주관적 효용함수 추론의 어려움 등 몇 가지 문제점으로 인해 현실적 적용에는 한계가 있다.

(3) 확률지배이론

확률지배이론(stochastic dominance theory)이란 투자자의 구체적인 효용함수와 관계없이 부나 수익률에 대한 확률분포와 효용함수의 일반적인 특성만을 고려하여 투자안을 평가할 수 있는 이론이다. 확률지배이론은 기대효용 극대화 기준의 한계점 중에 하나인 투자자 개인의 구체적인 효용함수를 추론하지 않고도 적용이 가능한 이론이라는 장점이 있다.

연습문제

01. 투자의 정의에 관한 내용 중 틀린 것은? 에너지진단사 기출 (제7회)

① 투자결정은 장기적이고 지속적으로 기업의 성과에 영향을 미친다.
② 일단 내려진 투자결정은 쉽게 수정이 어렵다.
③ 투자결정은 미래수입과 비용에 의해 영향을 받는다.
④ 고정자산에 대한 투자결정을 운전자본관리라고 한다.
⑤ 투자안의 평가는 경제성평가를 통하여 이루어진다.

[해설]

④ 고정자산에 대한 투자결정은 자본예산(capital budget)이라고 한다. (순)운전자본(net working capital)이란 유동자산에서 유동부채를 차감한 차액을 의미한다.

02. 자본예산에 대한 설명으로 틀린 것은? 에너지진단사 기출 (제9회)

① 대규모 고정자산에 대한 투자 의사결정이다.
② 1년 이내의 단기계획을 위한 투자 의사결정이다.
③ 투자의 총괄적인 계획과 평가의 과정을 말한다.
④ 자본 지출을 필요로 하는 투자 의사결정이다.
⑤ 투자의사를 결정하는 방법에는 회수기간법, 순현가법, 내부수익률법, 회계적 이익률법 등의 기법이 있다.

[해설]

② 자본예산은 1년 이상 사용되는 고정자산에 대한 투자의사결정이다.

03. 자본예산의 과정을 바르게 나타낸 것은? 에너지진단사 기출 (제5회)

① 투자대상 확인 → 현금흐름 추정 → 경제성 평가 → 투자안 선택 → 재평가
② 투자대상 확인 → 경제성 평가 → 현금흐름 추정 → 투자안 선택 → 재평가
③ 투자대상 확인 → 투자안 선택 → 경제성 평가 → 현금흐름 추정 → 재평가
④ 현금흐름 추정 → 투자대상 확인 → 투자안 선택 → 경제성 평가 → 재평가
⑤ 현금흐름 추정 → 경제성 평가 → 투자안 선택 → 투자대상 확인 → 재평가

정답 1.④ 2.② 3.①

04. 현금흐름(Cash Flow)의 개념 및 추정에 대한 설명으로 적절하지 않은 것은?

에너지진단사 기출 (제1회)

① 투자안 채택에 따라 추가적으로 발생되는 경영자의 봉급, 광열비 등 간접비용은 현금유출에 포함한다.

② 투자로 인하여 특정기간동안 들어온 현금유입에서 현금유출을 뺀 순현금흐름(NCF)을 의미한다.

③ 이자나 배당같은 자금조달비용은 포함되지 않으며, 투자에 의해 발생되는 현금흐름만 포함된다.

④ 기회비용은 비록 추가적인 현금지출이 수반되지 않지만, 투자안을 수행치 않을 경우 그 보유자산을 타용도로 사용하여 현금수입을 얻을 수 있기 때문에 현금유출에 포함시킨다.

⑤ 매몰비용(sunk costs)은 투자결정전에 발생한 비용으로 현재의 투자결정에 더 이상 영향을 받지 않지만 자본예산 결정시 고려하여야만 한다.

[해설]

⑤ 매몰원가(sunken cost)란 과거의 의사결정에 의해 이미 발생한 원가를 말한다. 매몰원가는 신규 투자안의 채택여부에 따라 변화하지 않기 때문에 신규 투자안의 현금흐름을 추정할 때는 고려하지 않아야 한다.

05. 다음 중 현금흐름을 추정할 때 지켜야 할 기본원칙이 아닌 것은?

에너지진단사 기출 (제8회)

① 이자비용과 배당금은 현금유출에 포함시켜야 한다.

② 모든 현금흐름은 증분기준으로 추정하여야 한다.

③ 모든 현금흐름은 법인세 납세 후 기준으로 추정한다.

④ 감가상각비는 현금유출에 포함시켜서는 안 된다.

⑤ 매몰원가는 현금흐름에 포함하지 않는다.

[해설]

① 자본을 사용하는 대가인 이자비용과 배당과 같은 금융비용은 투자안의 현금흐름에서 고려하지 않는다. 이는 투자안을 평가할 때 자본조달결정이 투자안의 가치에 미치는 영향은 일반적으로 할인율(자본비용)에 반영해서 평가하기 때문이다.

정답 4.⑤ 5.①

06. 다음 중 현금흐름을 추정할 때 지켜야 할 기본원칙으로 볼 수 없는 것은?
에너지진단사 기출 (제11회)

① 인플레이션을 일관성 있게 고려해야 한다.
② 이자비용과 배당금은 현금유출에 포함시켜야 한다.
③ 감가상각비는 현금유출에 포함시켜서는 안 된다.
④ 현금흐름은 세금을 고려하여 추정하여야 한다.

[해설]

② 자본을 사용하는 대가인 이자비용과 배당과 같은 금융비용은 투자안의 현금흐름에서 고려하지 않는다. 이는 투자안을 평가할 때 자본조달결정이 투자안의 가치에 미치는 영향은 일반적으로 할인율(자본비용)에 반영해서 평가하기 때문이다.

07. 현금흐름에 대한 설명이다. 틀린 것은? 에너지진단사 기출 (제2회)

① 기회비용은 현금지출이 수반되지 않지만 현금유출로 인식하여야 한다.
② 매몰비용은 신규투자시 비용으로 인식되지 않는다.
③ 신규투자로 인한 현금흐름은 투자가 발생한 경우의 현금흐름에서 투자가 발생하시 않는 경우의 현금흐름간의 차이를 이미한다.
④ 감가상각비는 현금흐름을 수반하지 않는다.
⑤ 현금흐름 산출시 법인세 효과는 고려하지 않는다.

[해설]

⑤ 경제성분석에서는 법인세는 명백한 현금의 유출이다. 따라서 현금흐름은 법인세효과를 고려한 후의 값으로 추정해야 한다.

08. 현금흐름의 측정에 대한 설명으로 알맞은 것은? 에너지진단사 기출 (제10회)

① 감가상각비용은 현금흐름에 포함시킨다.
② 기호비용은 현금흐름에 포함시키지 않는다.
③ 금융비용은 현금흐름에 포함시킨다.
④ 매몰비용은 현금흐름에 포함시키지 않는다.

정답 6.② 7.⑤

[해설]

① 감가상각비(depreciation)는 현금유출항목이 아니다.

② 기회비용(opportunity cost)이란 특정 자원을 현재의 용도 이외에 다른 용도로 사용할 경우 얻을 수 있는 최대의 금액을 말하여, 특정 자원을 새로운 투자에 이용하는 경우 그에 따른 기회비용은 새로운 투자안의 현금유출에 포함시켜야 한다.

③ 자본을 사용하는 대가인 이자비용과 배당과 같은 금융비용은 투자안의 현금흐름에서 고려하지 않는다. 이는 투자안을 평가할 때 자본조달결정이 투자안의 가치에 미치는 영향은 일반적으로 할인율(자본비용)에 반영해서 평가하기 때문이다.

④ 매몰원가(sunken cost)란 과거의 의사결정에 의해 이미 발생한 원가를 말한다. 매몰원가는 신규 투자안의 채택여부에 따라 변화하지 않기 때문에 신규 투자안의 현금흐름을 추정할 때는 고려하지 않아야 한다.

09. 세금을 절약하는 효과가 있는 것은? 에너지진단사 기출 (제5회)

① 배당 ② 잡수익 ③ 이자수익

④ 이자비용 ⑤ 내부유보액

[해설]

① 배당은 법인세 납부 후 이익잉여금 처분 관련된 사안이며 손익계산서 항목이 아니므로 세금효과가 없다.

② 잡수익은 세금을 증가시키는 효과가 있다.

③ 이자수익은 세금을 증가시키는 효과가 있다.

⑤ 기업 내부유보 또한 법인세 납부 후 이익잉여금 처분 관련된 사안이며 손익계산서 항목이 아니므로 세금효과가 없다.

10. 순운전자본 설명으로 맞는 것은? 에너지진단사 기출 (제7회)

① 순운전자본은 현금과 유가증권만을 의미한다.

② 순운전자본은 유동자산에서 유동부채를 나눈 값을 의미한다.

③ 순운전자본비율은 부채를 순운전자본으로 나눈 값을 의미한다.

④ 순운전자본은 3년 이상의 장기 채무지급능력을 나타낸다.

⑤ 순운전자본은 유동자산에서 유동부채를 차감한 값을 의미한다.

11. 현금흐름을 추정할 때, 시설자산의 잔존가치는? 에너지진단사 기출 (제3회)

정답 8.④ 9.④ 10.⑤

① 투자효과 마지막 연도에 현금유출로 처리한다.
② 투자효과 중간연도에 현금유입으로 처리한다.
③ 투자효과 첫 연도에 절반을 현금유입으로 처리한다.
④ 투자효과 마지막 연도에 현금유입으로 처리한다.
⑤ 감안할 필요가 없다.

12. 투자안의 경제성을 평가하기 위한 현금흐름을 추정할 때, 자본적 지출은?

에너지진단사 기출 (제4회)

① 감안하지 않는다.
② 현금유출로 처리한다.
③ 현금유입으로 처리한다.
④ 경우에 따라 다르게 처리한다.
⑤ 절반만 현금유입으로 처리한다.

[해설]

자본적지출은 신규자산의 취득과 동일하게 처리한다.

13. 투자안의 경제성을 평가할 때 이용하는 현금흐름은 어떤 이익을 기준으로 추정하는가?

에너지진단사 기출 (제4회)

① 매출총이익 ② 영업이익 ③ 경상이익
④ 순이익 ⑤ 세전순이익

14. 순현재가치법으로 투자안의 경제성을 평가하는 경우 감가상각비를 경제성 분석에 포함시키는 이유는 다음 중 무엇 때문인가?

에너지진단사 기출 (제5회)

① 감가상각비가 현금유출항목이기 때문에
② 감가상각비가 현금유입항목이기 때문에
③ 감가상각비가 피할 수 없는 영업비용이기 때문에
④ 감가상각비가 법인세를 감소시켜 주기 때문에
⑤ 감가상각비는 최초투자액을 투자안의 내용연수에 걸쳐 배분한 것이기 때문에

정답 11.④ 12.② 13.②

[해설]

감가상각비는 현금유출·입항목은 아니나 손익계산서의 비용항목이기 때문에 법인세(현금유출)를 감소시키는 효과가 있다.

15. 감가상각이 현금흐름에 미치는 영향을 바르게 설명한 것은?

에너지진단사 기출 (제6회)

① 고정자산은 투자시점에서 전액 현금유출로 처리되므로 감가상각비는 현금흐름과는 무관하다.
② 현금흐름 추정시에는 가속상각방법이 기업의 입장에서 불리하다.
③ 현금흐름 추정시 감가상각금액만큼 현금유입 금액이 작아진다.
④ 감가상각이 현금흐름에 미치는 영향은 법인세율에 따라 다르다.
⑤ 감가상각 금액은 현금유출이 아니므로 고려할 필요가 없다.

[해설]

①③④⑤ 감가상각비는 현금유출·입항목은 아니나 손익계산서의 비용항목이기 때문에 법인세(현금유출)를 감소시키는 효과가 있다.
② 가속상각법을 적용하면 초기에 감가상각금액이 크게 계상되기 때문에 감가상각으로 인한 법인세효과(현금유입) 또한 초기에 크게 발생한다. 화폐의 시간가치 입장에서는 현금유입의 발생이 현재와 가까울수록 유리하다.

16. 현금흐름을 분석할 때의 고려사항으로 적절하지 <u>않은</u> 것은?

에너지진단사 기출 (제9회)

① 매몰비용(sunk cost)은 현금흐름 추정시 비용으로 고려하지 않는다.
② 증분개념을 이용하여 현금흐름을 측정하여야 한다.
③ 기회비용은 현금흐름 추정시 고려하여야 한다.
④ 감가상각비는 현금흐름 추정시 현금유출이 없는 비용으로 세금에 영향을 미치므로 고려한다.
⑤ 이자비용은 현금흐름 추정시 비용으로 차감해야 한다.

[해설]

⑤ 자본을 사용하는 대가인 이자비용과 배당과 같은 금융비용은 투자안의 현금흐름에서 고려하지 않는다. 이는 투자안을 평가할 때 자본조달결정이 투자안의 가치에 미치는 영향

정답 14.④ 15.④

은 일반적으로 할인율(자본비용)에 반영해서 평가하기 때문이다.

17. 법인세가 존재할 때, 감가상각비가 투자의사결정에 미치는 영향에 관한 설명 중 <u>틀린</u> 것은? 에너지진단사 기출 (제8회)

① 감가상각비는 비현금유출항목이므로 현금유출로 처리해서는 안 된다.

② 투자초기에 감가상각비를 많이 계상할 경우 투자안의 가치는 감소할 것이다.

③ 정액법으로 감가상각할 때보다 정율법으로 감가상각할 때 투자안이 NPV가 증가할 것이다.

④ 감가상각방법이 달라지면 기간별 감가상각비가 달라지므로 기간별 현금흐름에 미치는 영향도 달라진다.

⑤ 감가상각비는 현금유출에 포함되지 않지만 감가상각비로 인한 절세액만큼은 현금유입으로 처리하여야 한다.

[해설]

②③④ 가속상각법을 적용하면 초기에 감가상각금액이 크게 계상되기 때문에 감가상각으로 인한 법인세효과(현금유입) 또한 초기에 크게 발생한다. 화폐의 시간가치 입장에서는 현금유입의 발생이 현재와 가까울수록 유리하다.

18. 어느 고정 자산의 가치가 5,000만원이고 그 자산의 내용년수가 5년이며 잔존가치는 없다고 가정한다. 법인세율이 25 %이고 정액법을 사용할 경우 연간 감가상각의 법인세 절세효과는? 에너지진단사 기출 (제7회)

① 100 만원 ② 200 만원 ③ 250 만원
④ 500 만원 ⑤ 800 만원

[해설]

감가상각의 법인세 효과
= 감가상각비 × 세율
= (5,000 ÷ 5년) × 0.25
= 250만원

정답 16.⑤ 17.② 18.③

19. **현재 장부가치가 1만원인 고정자산을 12,000원에 처분할 때와 8,000원에 처분할 때의 현금유입액은 각각 얼마인가? 단, 이 기업에 적용되는 법인세율은 40 %이다.** 에너지진단사 기출 (제11회)

① 11,200원, 8,800원 ② 11,200원, 8,000원

③ 12,000원, 8,000원 ④ 12,000원, 10,000원

[해설]

설비 처분으로 인한 현금흐름

= 설비 처분가액 − (설비 처분가액 − 설비 장부가액) × 법인세율

∴ • 12,000원에 처분시 현금유입액

= 12,000 − (12,000 − 10,000) × 0.4

= 11,200원

• 8,000원에 처분시 현금유입액

= 8,000 − (8,000 − 10,000) × 0.4

= 8,800원

20. **기업이 5,000만원에 새로운 기계를 구입하려고 하는데 신기계를 구입할 경우 매출액이 매년 1,000만원 증가하고 지출비용은 500만원이 증가한다. 이 기업의 신기계는 5년간 사용하며 잔존가치는 없다(정액법 사용). 법인세가 40 %일 때 증분현금흐름은?** 에너지진단사 기출 (제11회)

① 300만원 ② 500만원

③ 700만원 ④ 900만원

[해설]

증가된 영업현금흐름[*1]

= (영업수익 − 현금 영업비용)×(1−법인세율) + 감가상각비×법인세율

= ((1,000 − 500)×(1−0.4) + (5,000÷5년)×0.4

= (700만원

*1. 문제에서 증분흐름에 대해 구체적으로 제시하고 있지는 않으나 투자기간동안의 증가된 영업현금흐름을 묻고 있는 것으로 보기를 통해 추측된다.

정답 19.① 20.③

21. 다음은 기업의 투자규모를 결정하는 의사결정에 관한 설명이다. 틀린 것은?

에너지진단사 기출 (제4회)

① 최적의 투자 규모는 추가적 투자에 따른 한계비용과 한계수입이 일치하는 점에서 결정된다.

② 신규투자에 관한 의사결정시 매몰비용의 크기는 투자규모 크기 결정에 영향을 주지 못한다.

③ 투자에 따른 편익이 확실하지 않은 경우 편익에 대한 여러 가지 가상 시나리오를 설정하여 이를 근거로 투자규모에 관한 의사결정을 할 수 있다.

④ 한계비용이 한계수입보다 큰 경우 전체 순수입은 0보다 작다.

⑤ 설비투자계획 수립시에는 기업의 자금능력, 국내외 설비 및 기술 동향 등 관련자료도 함께 고려한다.

[해설]

④ 한계수입보다 한계비용이 큰 경우에는 한계손실이 발생하는 것이다. 총손익(전체 순수입)을 결정하는 것은 총수익과 총비용의 크기이다.

22. 경제성(투자가치)을 평가하는 방법으로 볼 수 없는 것은?

에너지진단사 기출 (제1회)

① 수익성지수법(profitability index method) 즉 비용·편익비율법(CBR : Cost Benefit Ratio method)

② 회귀분석법(Regression method)

③ 내부수익률법(IRR : Internal Rate of Return method)

④ 순현재가치법(NPV : Net Present Value method)

⑤ 회수기간법(payback period method)

[해설]

② 회귀분석법(regression method)이란 추정하고자 하는 변수와 이에 영향을 주는 다른 변수들 간에 관계를 함수식으로 나타내어 이용하는 시계열분석법으로서 주로 비용(원가)의 추정에 쓰인다.

정답 21.④ 22.②

23. **다음 중에서 투자안의 경제성을 평가하는 기법에 해당되지 <u>않는</u> 것은 어느 것인가?**

에너지진단사 기출 (제2회, 제6회)

① 내부수익률법(*IRR*)

② 회수기간법(Payback Period Method)

③ 순현재가치법(*NPV*)

④ 수익성지수법(Profitability Index)

⑤ 감가상각법(Depreciation Method)

[해설]

⑤ 시간이 흐름에 따라 기계설비와 같은 고정자산의 가치감소를 반영하여 고정자산의 취득원가를 각 기간별로 배분하는 절차를 감가상각(depreciation)이라고 하며 이러한 감가상각을 하는 방법(Depreciation Method)에는 대표적으로 정액법, 정률법, 생산량비례법 등이 있다.

24. **투자안을 평가함에 있어서 현금흐름의 시간가치를 고려하지 <u>않는</u> 기법은?**

에너지진단사 기출 (제7회)

① 내부수익률법　　② 단순자본회수기간법

③ 순현재가치법　　④ 수익성지수법

⑤ 정답 없음

[해설]

투자안의 경제성분석의 방법

- 투자안의 경제성분석의 방법
  - 비할인모형
    - 회수기간법
    - 회계적이익률법(*ARR*법)
  - 할인모형
    - 순현재가치법(*NPV*법)
    - 내부수익률법(*IRR*법)
    - 수익성지수법(*PI*법)

정답 23.⑤ 24.②

25. 자본예산 평가의 의사결정기준으로 옳지 않은 것은? 에너지진단사 기출 (제10회)

① 수익성지수법은 수익성지수가 1보다 작으면 투자안을 채택한다.

② 순현재가치법은 순현재가치가 0보다 크면 투자안을 채택한다.

③ 내부수익률법은 자본비용보다 크면 투자안을 채택한다.

④ 순현재가치법의 상호배타적인 투자안은 순현재가치가 가장 큰 것을 채택한다.

[해설]

① 단일투자안이나 상호독립적인 투자안을 평가할 때는 투자안의 수익성지수(PI)가 1보다 클 때 ($NPV > 0$) 투자안의 채택이 이루어지고, 투자안의 수익성지수(PI)가 1보다 작을 경우($NPV < 0$) 투자안은 기각된다. 상호배타적 투자안을 평가할 때에는 1차로 투자안의 수익성지수(PI)가 1보다 큰 투자안을 선별한 후에 2차로 선별된 투자안 중 수익성지수(PI)가 가장 큰 투자안을 선택하면 된다.

26. 다음은 자본회수기간법에 대한 설명이다. 이중 옳지 않은 것은?
에너지진단사 기출 (제10회)

① 자본회수기간법은 계산방법이 간단하고 이해가 쉽다.

② 현금흐름과 화폐의 시간가치를 고려한 과학적인 방법이다.

③ 상호배타적인 투자안들 중에서는 회수기간이 가장 짧은 것을 선택한다.

④ 회수기간은 투자시점에서 발생한 비용을 회수하는데 걸리는 시간이다.

[해설]

회수기간법(payback method)은 화폐의 시간가치를 고려하지 않는다.

27. 회수기간법(payback period)에 대한 설명으로 옳은 것은?
에너지진단사 기출 (제11회)

① 이자율을 무시하지만 자본 회수기간 이후의 수입이나 잔존가치를 반영한다.

② 자금의 유동성만을 강조하고 투자에 대한 정확한 수익률을 무시한다.

③ 연평균 순수익과 전체 투자액의 비율로 계산하는 방법이 함께 쓰이고 있다.

④ 사업 기간 중 발생하는 모든 비용을 현재 시점으로 적절히 할인한다.

정답 25.① 26.②

[해설]

① 회수기간법(payback period)은 회수기간 내의 현금흐름만 고려하고 투자자금의 회수가 끝난 이후의 현금흐름에는 관심을 갖지 않는다.

③ 회계적이익률법(ARR법)에 관한 설명이다.

④ 회수기간법(payback period)은 비할인모형이다.

28. **다음은 순현재가치법을 사용하여 여러 투자안의 경제성을 분석할 때 투자안별로 파악하여야 할 내용을 나열 한 것이다. 여기에 해당하지 <u>않는</u> 것은?**

에너지진단사 기출 (제5회)

① 최초투자액의 크기

② 투자안이 법인세에 미치는 영향

③ 투자안과 관련된 현금흐름의 시기

④ 투자안과 관련된 현금흐름의 크기

⑤ 투자안의 수행에 소요되는 자금의 조달방법

[해설]

⑤ 투자자금의 조달방법은 자본구조이론에서 다루며 자본비용에 영향을 미친다.

29. **1,000만원을 투자하여 첫해에는 400만원, 둘째해에는 800만원의 현금유입이 있을 때, 자본비용이 10 %라면 이 투자안의 순현가(NPV)는?**

에너지진단사 기출 (제6회)

① 200만원　　② 62.5만원　　③ 24.8만원

④ 0원　　⑤ −36.2만원

[해설]

$$NPV = \sum_{t=1}^{n} \frac{C_t}{(1+k)^t} - C_0$$

- t : 시점
- C_t : t시점의 현금흐름
- n : 투자안의 내용연수
- k : 자본비용(할인율)

이므로

정답 27.② 28.⑤

$$= \frac{400}{1.1} + \frac{800}{1.1^2} - 1{,}000$$

$$= 24.8\text{만원}$$

30. 투자안의 현금흐름이 다음과 같으며, 자본비용이 20 %일 때, 순현가(NPV)는?

에너지진단사 기출 (제7회)

	0년	1년	2년
투자안	−10억원	2억원	12억원

① 0 원　② 약 2,778 만원　③ 1 억원
④ 약 1억 6,667 만원　⑤ 3억 2,500 만원

[해설]

$$NPV = \sum_{t=1}^{n} \frac{C_t}{(1+k)^t} - C_0$$

- t : 시점
- C_t : t시점의 현금흐름
- n : 투자안의 내용연수
- k : 자본비용(할인율)

이므로

$$= \frac{2}{1.2} + \frac{12}{1.2^2} - 10$$

$$= 0\text{원}$$

31. 주식회사 갑은 현재 자본비용 이상의 투자이익을 제공해주는 여러 개의 독립된 투자기회를 가지고 있다. 그러나 갑회사는 제한된 자본을 가지고 있다. 만일, 갑회사가 제한된 자본 전부를 투자하여 최대의 수익을 얻고자 한다면 다음 중 어떤 투자안을 선택하여야 하겠는가?

에너지진단사 기출 (제5회)

① 회수기간의 합을 최소화시켜 주는 투자안의 조합
② 내부수익률의 합을 최대화시켜 주는 투자안의 조합
③ 순현재가치의 합을 최대화시켜 주는 투자안의 조합
④ 수익성지수가 높은 순서로 하여 제한된 자본으로 충당할 수 있는 투자안의 조합

정답 29.③ 30.①

⑤ 순현재가치가 높은 순서로 하여 제한된 자본으로 충당할 수 있는 투자안의 조합

[해설]

투자자금에 제한이 없을 경우에는 *NPV*가 0보다 큰(자본비용 이상의 투자이익을 제공하는) 투자안 모두에 투자함으로써 기업가치(총*NPV*)를 극대화할 수 있다. 그러나 현실적으로 투자자금이 한정되어 있을 때는 *NPV*가 0보다 크더라도 모든 투자안에 투자하는 것이 불가능하다. 이러한 경우 제한된 투자자금을 다수의 투자안에 합리적으로 배분하여 기업가치(총*NPV*)를 극대화할 수 있도록 하여야 하며, 이를 자본할당(capital rationing)이라고 한다. 기업가치(총*NPV*)가 극대화되도록 투자자금을 배분하려면 먼저 투자자금의 규모와 투자안들간의 상호관계를 고려해서 가능한 투자조합을 구성하고, 구성된 투자조합 중에 *NPV*가 가장 큰 투자조합을 선택하면 된다.

32. **투자안의 평가기법 중 내부수익률(*IRR* : Internal Rate of Return method)에 대한 설명으로 적절하지 않은 것은?** 에너지진단사 기출 (제2회)

① 투자결과 현금유입의 현재가치가 현금유출의 현재가치인 초기투자를 동일하게 만드는 수익률(할인율)을 말한다.

② 내부수익률은 투자의 순현재가치(*NPV*)를 제로(0)로 만드는 수익률이다.

③ 재무담당자들은 선호하지 않는 경향이 있고 수익률로 표시되어 직관적 이해력이 낮다.

④ 단일투자안의 경우 *NPV*가 "0"보다 크면 채택하고 "0"보다 작으면 기각한다.

⑤ *NPV*법과 마찬가지로 현금흐름 할인법에 속하며 대개의 경우 *NPV*법과 *IRR*법은 동일한 결과를 가져온다.

[해설]

③ 내부수익률(*IRR*)은 수익률로 표시되어 직관적 이해력이 높으며 실무에서도 자주 사용되고 있다.

33. **어떤 투자안의 순현가(*NPV*)가 0이면?** 에너지진단사 기출 (제6회)

① 그 투자안의 자본비용은 0이다.

② 그 투자안의 수익성지수는 0이 된다.

③ 그 투자안의 회수기간은 최소가 된다.

정답 31.③ 32.③

④ 그 투자안의 내부수익률은 자본비용과 같게 된다.

⑤ 그 투자안의 회계적 평균이익률은 내부이익률과 같게 된다.

[해설]

순현재가치법(NPV법)에서는 자본비용을 할인율로 사용하며, 내부수익률(IRR)은 투자안의 NPV가 0이 되도록 하는 할인율이다.

34. 1,000만원을 투자하여 첫해에는 400만원, 둘째해에는 800만원의 현금유입이 있을 때 그 투자로 인한 수익을 복리로 계산하면 이 때의 내부수익률은?

에너지진단사 기출 (제5회)

① 5 %　② 11.6 %　③ 20 %

④ −15 %　⑤ −20 %

[해설]

내부수익률(IRR)은 이 식에 의해서는 현금유입의 현가($PVCI$)와 현금유출의 현가($PVCO$)를 일치시켜 주는 할인율로 정의된다.

$$\frac{C_1}{1+IRR}+\frac{C_2}{(1+IRR)^2}+\cdots+\frac{Cn}{(1+IRR)^n}=C_0$$

$$\frac{400\text{만원}}{1+IRR}+\frac{800\text{만원}}{(1+IRR)^2}=1{,}000\text{만원}$$

$\therefore\ IRR=0.2$

35. 다음의 현금흐름을 거래상대방이 제안하는 경우, 내부수익률법에 근거하는 경우 적절한 의사결정은? 단, 자본비용은 10 %이다.

에너지진단사 기출 (제11회)

	0년	1년
현금흐름	−100억원	120억원

① 내부수익률은 20 %로 자본비용을 초과하므로 제안을 받아들인다.

② 내부수익률은 20 %로 자본비용을 초과하므로 제안을 받아들이지 않는다.

③ 내부수익률과 자본비용을 비교함으로써 의사결정을 할 수 없다.

④ 답 없음

정답 33.④ 34.②

[해설]

- 내부수익률(IRR)은
  현금유입의 현가(PVCI) = 현금유출의 현가(PVCO)을 만족시키는 할인율이므로
  $\frac{100}{1+IRR} = 120$ 을 만족시키는
  투자안의 IRR = 0.2
- 내부수익률 법으로 경제성 평가시 단일투자안이나 상호독립적인 투자안을 평가할 때는 투자안의 내부수익률(IRR)이 투자안의 자본비용보다 큰 경우 투자안 채택이 이루어지고, 상호배타적 투자안을 평가할 때에는 1차로 투자안의 자본비용보다 내부수익률(IRR)이 높은 투자안을 선별한 후에 2차로 선별된 투자안 중 내부수익률(IRR)이 가장 큰 투자안을 선택하면 된다.

36. 다음 중 내부수익률법의 문제점이 아닌 것은? 에너지진단사 기출 (제11회)

① 비합리적 재투자수익률의 가정
② 단일의 IRR
③ 기간별 할인율의 변동시 비교 곤란
④ 가치의 가산원칙 적용 불가

[해설]

내부수익률법의 단점은 다음과 같다.

(ㄱ) 내부수익률(IRR)을 계산하는 것이 복잡하다.
(ㄴ) 경우에 따라서(혼합형 투자의 경우)는 내부수익률(IRR)이 아예 존재하지 않거나 복수의 내부수익률(IRR)이 존재할 수도 있다.
(ㄷ) 내부수익률법에서는 투자기간 동안의 현금유입액이 내부수익률(IRR)로 재투자된다는 가정이 전제되어 있는데 현실적으로 선택된 투자안의 내부수익률(IRR)과 동일한 수익률을 가져다주는 투자기회가 미래에도 계속 존재하는 것은 아니다.
(ㄹ) 가치가산의 원리가 성립하지 않는다.
(ㅁ) 투자안의 내부수익률(IRR)을 기준으로 개별 투자안을 선택한다고 해서 이러한 선택이 기업 전체의 입장에도 기업가치를 극대화하는 선택과 동일한 선택이 된다는 보장이 없다.
(ㅂ) 내부수익률(IRR)과 비교기준이 되는 최저수익률(자본비용)이 변하는 경우에는 내부수익률(IRR)을 어떤 최저수익률(자본비용)과 비교해야 하는가의 문제가 발생하므로 투자안의 평가가 곤란해진다.

37. 다음 투자대안의 평가기법에 대한 설명 중 틀린 것은? 에너지진단사 기출 (제8회)

정답 35.① 36.②

① 상호 독립적인 투자대안 중에서 회수기간법에 의해서 투자 대안을 선택하는 경우 회수기간이 가장 짧은 대안을 선택한다.

② 회수기간법에서는 화폐의 시간가치가 명시적으로 고려되지 못한다.

③ 비용편익비율에 의한 투자대안을 평가하는 경우 여러 가지 대안 중 절대적 현금의 순유입이 큰 투자대안이 선택되지 않는 경우가 있다.

④ 1,000억원을 투자하여 1년 후 3,000억원의 수입을 창출하는 투자의 내부수익률은 200%이고, 15,000억원을 투자하여 1년 후 30,000억원의 수입을 창출하는 투자의 내부수익률은 100%이므로 내부수익률을 적용하는 경우 15,000억원의 투자보다는 1,000억원을 투자하는 것이 선택된다.

⑤ 내부수익률법은 가치가산성의 원리가 성립하지 않는다.

[해설]

① 단일투자안이나 상호독립적인 투자안을 평가할 때는 투자안의 회수기간이 기업이 설정한 목표회수기간보다 짧을 경우 투자안 채택이 이루어지고, 투자안의 회수기간이 목표회수기간보다 긴 경우 투자안은 기각된다.

③ 투자안의 수익성지수(PI)를 기준으로 개별 투자안을 선택한다고 해서 이러한 선택이 기업전체의 입장에서 기업가치를 극대화하는 선택과 동일한 선택이 된다고 보장할 수 없으며, 기업 전체의 가치 극대화 측면에서 가장 합리적인 투자선택은 NPV법에 따른 선택이다.

38. 다음 각 투자안의 경제성을 평가하는 방법에서 투자안을 채택하는 의사결정을 내릴 수 있는 경우는 어느 것인가? 에너지진단사 기출 (제11회)

① 회수기간법 : 단일 투자안에 대해서 산출된 회수기간이 기업이 미리 설정한 최장의 회수기간보다 긴 경우

② 내부수익률법 : 단일 투자안에 대해서 산출된 내부수익률이 기업의 자본비용보다 작은 경우

③ 순현가법 : 단일 투자안에 대해서 산출된 순현가가 자본투자비용보다 큰 경우

④ 수익성지수법 : 단일 투자안에 대해서 산출된 수익성지수가 1보다 큰 경우

정답 37.①

[해설]

① 회수기간법 : 단일 투자안에 대해서 산출된 회수기간이 기업이 미리 설정한 최장의 회수기간보다 짧을 경우 투자안을 채택한다.

② 내부수익률법 : 단일 투자안에 대해서 산출된 내부수익률이 기업의 자본비용보다 큰 경우 투자안을 채택한다.

③ 순현가법 : 단일 투자안에 대해서 산출된 순현가가 0보다 큰 경우 투자안을 채택한다.

39. (주)새서울은 다음과 같은 투자안을 고려하고 있다. 각 투자안의 투자비용과 순현가는 다음과 같다. 투자안 D는 투자안 A에 종속되어 있으며 투자안 B와 C는 상호배타적이라 한다. (주)새서울이 현재 조달할 수 있는 자금은 6,000만원으로 한정되어 있다. (주)새서울이 채택하여야 할 투자 조합은?

에너지진단사 기출 (제11회)

(단위 : 만원)

투자안	투자비용	순현가
A	1,000	800
B	2,000	1,400
C	3,000	1,800
D	2,000	400
E	4,000	400

① A, B, D ② A, C, D

③ A, D, E ④ B, C, E

[해설]

투자자금에 제한이 없을 경우에는 *NPV*가 0보다 큰 투자안 모두에 투자함으로써 기업가치(총*NPV*)를 극대화할 수 있다. 그러나 투자자금이 한정되어 있을 때는 *NPV*가 0보다 크더라도 모든 투자안에 투자하는 것이 불가능하다. 이러한 경우 제한된 투자자금을 다수의 투자안에 합리적으로 배분하여 기업가치(총*NPV*)를 극대화할 수 있도록 하여야 하며, 이를 자본할당(capital rationing)이라고 한다. 기업가치(총*NPV*)가 극대화되도록 투자자금을 배분하려면 먼저 투자자금의 규모와 투자안들간의 상호관계를 고려해서 가능한 투자조합을 구성하고, 구성된 투자조합 중에 *NPV*가 가장 큰 투자조합을 선택하면 된다.

정답 38.④

• 분할투자가 불가능한 경우[*1]

(단위 : 만원)

투자안의 조합	투자비용	순현가	비 고
① A, B, D	5,000	2,600	
② A, C, D	6,000	3,000	정 답
③ A, D, E	7,000	N/A	조달가능한 자금 6,000만원을 초과하므로 제외
④ B, C, E	9,000	N/A	문제의 가정에 위배(투자안 B와 C는 상호배타적)되므로 제외

• 분할투자가 가능한 경우

(단위 : 만원)

투자안의 조합	투자비용	순현가	비 고
① A, B, D	5,000	2,600	
② A, C, D	6,000	3,000	정 답
③ A, D, E	6,000	1,500	수익률이 높은 투자안 A,D에 먼저 투자한 후 나머지 자금 3,000만원을 E에 투자시
④ B, C, E	6,000	N/A	문제의 가정에 위배(투자안 B와 C는 상호배타적)되므로 제외

*1. 문제에서 분할투자 가능여부를 제시하지 않았으나 문제의 보기에서 제시한 투자 조합의 형태(분할투자가 가능한 경우 투자자금 6,000만원을 모두 투자하여야 하나 ① A, B, D 조합 경우 투자자금이 5,000만원 이다)로 보아 분할투자는 불가능한 것으로 추측된다.

40. 기대수익률 개념으로 적절하지 않은 것은? 에너지진단사 기출 (제2회, 제8회)

① 기대수익률은 발생가능한 경우의 확률과 그 수익률을 곱한 값을 합산한 것이다.

② 미래수익률을 계산하기 위해 투자자는 미래의 투자안의 현금흐름 예측이 필요하다.

③ 기대수익률과 위험은 정(+)의 관계에 있다. 즉 높은 기대수익은 그만큼 큰 위험을 수반한다는 뜻이다.

④ 미래의 발생가능한 상황과 그 확률을 예측하고 상황별 투자수익률을 예측하여 미래의 기대수익률을 계산한다.

⑤ 실제투자에 대한 의사결정시점에 투자안의 가치를 평가하기 위해 알아야 하는 것은 미래의 수익률이 아니라 과거의 수익률이다.

정답 39.②

[해설]

⑤ 의사결정시점에 투자안의 가치를 평가하기 위해서 예측된 미래의 기대수익률을 사용하여야 한다.

41. 자동화설비를 도입하면 기업의 수익이 경기가 좋아질 경우 연 10 %, 경기가 나쁠 경우 연 5 % 증가될 것으로 예상된다. 경기가 좋을 확률이 60 %, 나쁠 확률이 40 %인 경우 자동화 설비 도입으로 인한 기대수익률로 알맞은 것은?

에너지진단사 기출 (제7회, 제9회)

① 6 % ② 7 % ③ 8 %
④ 9 % ⑤ 10 %

[해설]

기대수익률 $E(R)$

$= \text{수익률}_{\text{상황}=1} \times \text{확률}_{\text{상황}=1} + \text{수익률}_{\text{상황}=2} \times \text{확률}_{\text{상황}=2}$

$= 0.10 \times 0.6 + 0.05 \times 0.4$

$= 0.08$

정답 40.⑤ 41.③

제 6 장

자본비용

학습목표

- 다양한 측면에서 자본비용의 개념을 설명할 수 있다.
- 자본비용의 기능에 대해서 설명할 수 있다.
- 여러 종류의 자본비용에 대해서 이해한다.
- 원천별자본비용의 개념을 이해한다.
- 타인자본비용을 능숙하게 계산할 수 있다.
- 자기자본비용을 계산할 수 있다.
- 가중평균자본비용의 개념을 설명할 수 있다.
- 가중평균자본비용을 능숙하게 계산할 수 있다.
- 투자기회선(IOS)과 한계자본비용선(MCC)을 이해한다.
- 최적자본예산의 판단 원리를 숙지한다.

1. 자본비용의 개념과 기능

[1] 자본비용의 개념 및 기능

(1) 자본비용의 개념

투자를 하려면 투자자금을 조달해야 한다. 자금을 조달하려면 자본제공자에게 자금을 사용하는 대가를 지불해야 하는데 이를 자본비용(cost of capital)이라고 한다. 이는 자본비용을 자금을 제공 받아 투자를 하는 기업의 입장에서 바라본 것이고, 자금을 제공한 자본제공자의 입장에서는 자본비용을 제공한 자본에 대한 대가로 기업에게 요구하는 요구수익률(required rate of return)의 개념으로 파악할 수도 있다. 완전한 자본시장의 균형에서의 자본비용은 시장에서 기업이 자본제공자에게 지불하는 비용과 자본제공자가 기업에 요구하는 수익률이 일치하게 되는 지점에서 결정된 기대수익률(expected rate fo return)의 개념과도 일치한다.

자본비용은 일반적으로 자금조달액에 대한 대가의 비율(수익률 또는 이자율)로 측정하게 된다. 가령, 자본제공자 甲이 기업 A에게 100억원의 자금을 제공하고 그 대가로 연간 10억원을 받기로 하였다면 자본비용은 10%(=10억/100억)가 된다.

기업 A의 입장에서 자본비용 10%(10억)는 자본사용의 대가를 지불하는 것으로 볼 수 있다. 그리고 기업 A는 조달한 자금으로 투자를 하게 될 것인데, 그 투자안에서 발생하는 수익(률)이 최소한 자본사용에 대한 비용보다는 커야 할 것이므로, 자본비용은 기업 A에게 있어서 투자로부터 벌어들여야하는 최소한의 필수수익률(minimum required rate of return) 또한 되는 것이다.

한편 자본제공자 甲의 입장에서는 최소한 10%의 대가를 받아야 자본을 제공하고자 할 것이다. 따라서 자본제공자의 입장에서보면 자본비용을 자신이 제공한 자본에 대하여 요구하는 요구수익률(required rate of return)을 나타내는 것이다.

자본비용의 또 다른 측면은 기회비용(opportunity cost)라는 것이다. 조달된 자본을 기업의 특정 투자활동에 사용함으로써 또 다른 투자안에 투자할 수 있는 기회를 잃게 되므로 기업이 조달된 비용을 특정 투자안에 사용하는 것은 다른 투자안으로부터 얻을 수 있는 수익(률)만큼을 얻지 못하는 암묵적비용(implicit cost)이 발생하게 된다는 것이다. 따라서 자본비용에는 이자나 배당과 같은 조달된 비용에 현금으로 지불되는 명시적비용(explicit cost) 뿐만 아니라 암묵적비용까지 포함되어야 한다.

(2) 자본비용의 기능

자본비용은 미래 현금흐름의 현재가치 평가를 할 때 사용되는 할인율의 개념을 갖는다. 따라서 다음과 같은 주요한 기능을 갖게 된다.

첫째, 자본비용은 투자안의 가치를 평가할 때 사용된다. 자본비용은 투자안의 순현재가치(*NPV*)를 구할때는 할인율로 사용되며, 내부수익률법에서는 투자안의 내부수익률(*IRR*)과 비교하여 경재성을 판단하는 기준이 된다. 어떤 투자안의 자본비용으로 할인한 *NPV*가 0보다 크면 자본비용을 지불하고도 현재가치로 0보다 큰 이익이 나기 때문에 투자안의 경제성이 있는 것으로 판단되며, 투자안의 연평균수익률 개념인 *IRR*이 자본비용보다 크게 되면 수익이 비용을 초과하므로 경제성 있는 투자안으로 판단하게 되는 것이다.

둘째, 자본비용은 자산 또는 기업자체의 가치를 결정하는 기준이 된다. 자산이나 기업이 발생시키는 미래현금흐름을 자본비용으로 할인하여 현재가치를 구하면 그것이 자산 또는 기업의 가치가 된다.

셋째, 자본비용은 기업의 자본조달방법과 자본구조를 결정하는 기준이 된다. 자본비용은 투자안에 필요한 자금을 조달함에 있어서 차입을 통한 타인자본을 사용할 것인가 혹은 주식을 발행하여 자기자본으로 조달할 것인가를 판단하는 기준이 된다.

넷째, 자본비용은 배당정책, 리스, 사채차환 등 기업의 각종 재무의사결정의 기준으로 사용된다.

다섯째, 자본비용은 거시 국민경제에 있어서 효율적 자본배분의 기준이 된다.

예제

자본비용에 대한 설명으로 옳지 않은 것은? 에너지진단사 기출 (제10회)

① 투자안의 위험도가 클수록 자본비용은 반대로 작아져야 한다.

② 기업이 새로운 투자로부터 얻어야 하는 최소한의 수익률이다.

③ 투자에 필요한 자금조달 방법과 자본구조를 결정하는 기준이다.

④ 기업이 자본을 사용한 대가로 자본제공자에게 지급하는 비용이다.

[해설]

① 투자안의 위험도가 커지면 요구수익률은 커진다.

정답 ①

[2] 자본비용의 종류

(1) 원천별자본비용과 가중평균자본비용

기업이 자본을 조달하는 방법에는 크게 부채차입을 통한 타인자본조달의 방법과 주식발행을 통한 자기자본조달의 방법 2가지[43]가 있다. 원천별자본비용(component cost of capital)이란 특정 원천으로 자본을 조달하였을 때 부담해야하는 자본비용을 말한다. 자본의 제공자인 채권자와 주주들은 각자 요구하는 요구수익률이 다르다. 이는 자본 제공자 각자가 부담해야하는 위험이 다르기 때문이므로 자본제공자의 요구수익률의 의미를 갖는 자본비용 또한 원천별로 다른 값을 갖는다. 따라서 하나의 투자안에 두 가지 이상의 원천자본을 조달한 경우에는 투자안을 평가하기 위한 적절한 자본비용이 필요하게 되는데 이때 사용되는 자본비용이 가중평균자본비용이다. 가중평균자본비용(weighted average cost of capital ; $WACC$)이란 원천별자본비용을 조달된 자본의 구성비율로 가중평균한 값을 말한다.

(2) 평균자본비용과 한계자본비용

평균자본비용(average cost of capital)이란 이미 조달된 자본의 자본비용을 자본의 구성비율로 가중평균한 것을 의미한다. 한계자본비용(marginal cost of capital)은 추가로 조달하려고 하는 자본에 대한 자본비용을 의미한다. 신규 투자를 결정함에 있어서 사용되는 자본비용은 한계자본비용이다.

(3) 기업의 자본비용과 투자안의 자본비용

기업은 일반적으로 여러 개의 사업부(투자안)로 구성되어 있다. 따라서 기업 전

43) 세부적으로는 주식 발행도 보통주, 우선주 등 여러 가지가 있고 부채 또한 회사채의 발행, 금융권 차입 등이 있으며 주식와 부채의 성격을 동시에 가지고 있는 전환사채의 발행, 신주인수권부사채의 발행 등 여러 가지 자금 조달 수단이 있다.

체의 가중평균된 위험과 개별 투자안의 위험은 일반적으로 다른 값을 갖는다. 따라서 기업의 자본비용과 투자안의 자본비용은 구분되어야 하며, 특히 신규 투자의 경제성 평가의 경우 기업 전체의 자본비용으로 투자안의 가치를 평가해서는 오류를 범하게 된다. 개별 투자안의 경제성 평가는 반드시 개별 투자안의 위험이 반영된 투자안의 자본비용을 기준으로 이루어져야 한다.

2. 원천별자본비용

전술한 바와 같이 원천별자본비용(component cost of capital)이란 특정 원천으로 자본을 조달하였을 때 부담해야하는 개별 자본비용을 의미한다. 일반적으로 사용되는 가중평균자본비용을 구하기 위해서는 원천별 자본비용을 구해야 한다.

자본비용은 다양하게 정의할 수 있는데 조달된 자금의 현재가치(present value of cash inflow ; $PVCI$)와 그 자금을 사용하면서 지불해야하는 비용의 현재가치(present value of cash outflow ; $PVCO$)를 일치시켜주는 할인율이라는 정의를 사용하여, 원천별 자본비용(k)을 계산하는 일반식을 유도할 수 있다.

$PVCI = PVCO$ 에서

$$C_0 = \sum_{t=1}^{n} \frac{C_t}{(1+k)^t}$$

단, • C_0 : 조달된 자금(현재가치)

• C_t : t기에 지급하는 자본사용의 대가

이므로 위 식을 만족하는 할인율 k가 자본비용을 계산하는 일반식이 된다.

여기서 C_0는 조달되어 유입되는 현금 내지는 특정자금의 현재가치를 의미한다. 따라서 자본을 부채로 조달하는 경우에는 C_0가 차입을 통해 유입되는 현금 또는 부채의 시장가치가 된다. 주식발행을 통해서 자본을 조달하는 경우에는 C_0가 주식발행을 통해 유입되는 현금(발행가액) 또는 주식의 시장가치가 된다.

C_t는 자금을 사용하는 대가로 t시점에 지급하는 현금유출액(자본사용의 대가)을 나타낸다. 따라서 자본을 부채로 조달하는 경우에는 C_t가 이자와 만기 상환액이 될 것이고, 주식발행을 통해 자본을 조달하는 경우에는 배당금이 이에 해당될 것이다.

이러한 기본개념을 바탕으로 이하에서는 기업이 자본을 조달하는 주요 방법인 부채차입을 통한 타인자본조달의 방법과 주식발행을 통한 자기자본조달의 방법에 있어서의 원천별자본비용에 대하여 살펴본다.

[1] 타인자본비용

(1) 세전 타인자본비용

타인자본비용(cost of debt)이란 부채로 자본을 조달할 때 자본에 대한 부담해야 하는 비용을 말하며 부채의 자본비용[44)]라고도 부른다.

전술할 바와 같이 자본비용(k)을 구하는 일반식[45)]에 차입을 통해 유입되는 현금 또는 부채의 시장가치를 C_0에 대입하고, 이자(I)와 부채의 만기 상환액 또는 액면금액(F)을 C_t에 대입하면 다음과 같이 부채의 자본비용(k_d)을 구하는 식이 나온다.

• 부채의 자본비용(k_d)을 구하는 일반식[46)]

$$B = \sum_{t=1}^{n} \frac{I}{(1+k_d)^t} + \frac{F}{(1+k_d)^n}$$

단, • B : 부채조달액 또는 부채의 시장가치

위의 식을 만족하는 k_d가 부채의 자본비용이며, 이는 자본의 제공자(채권자)의 입장에서는 만기수익률이 된다.

그러나 일반적으로 부채는 초기에 액면금액 F를 빌려와서(현금유입), 매년 이자 I(현금유출)와 만기에 액면금액 F(현금유출)를 갚는 방식이 일반적이다. 이러한 방식의 현금흐름을 가정한다면 부채의 자본비용(k_d)는 다음과 같이 간단하게 구할 수도 있다.

$$k_d = \frac{I}{F}$$

위 식을 살펴보면 대부분의 경우에 부채의 자본비용(k_d)은 부채의 표시이자율($\frac{I}{F}$)과 같음을 알 수 있다.

(2) 세후 타인자본비용

44) 앞으로는 본서의 목적에 맞추어 타인자본비용이라는 용어보다는 부채자본비용이라는 용어를 주로 사용할 것이다.

45) $C_0 = \sum_{t=1}^{n} \frac{C_t}{(1+k)^t}$

단, C_0 :조달된 자금(현재가치)

C_t : t기에 지급하는 자본사용의 대가

46) 부채의 자본비용(k_d)을 구하는 일반식에는 자본자산가격결정모형($CAPM$)에 부채베타(β_d)를 대입하여 구하는 방법도 있지만 이는 본서의 목적 범위를 넘어서는 내용이므로 본서에서는 다루지 않겠다.

부채 차입으로 인한 대가인 이자비용은 주식에 대한 자본비용인 배당과는 달리 손익계산서상에서 비용으로 인정되므로 세금을 감소시키는 효과가 있다. 따라서 세금이 존재하는 경우에는 항상 이자비용의 감세효과를 고려하여야 한다. 기업이 실제로 부담하게 되는 이자비용인 세후 부채자본비용은 전술한 세전 부채자본비용에서 이자비용의 감세효과를 차감한 값이 된다.

• 세후 부채자본비용 = 세전 부채자본비용 − 감세효과

$$= k_d - k_d \cdot t$$

$$= k_d \cdot (1 - t)$$

단, • t : 세율

예제

다음의 물음에 답하라.

(물음1) 기업A는 액면가 1,000,000원, 만기 3년, 표면이자율 10 %인 사채를 액면발행히여 투자안의 투자자금을 조달하였다. 부채의 자본비용은 얼마인가?

(물음2) (물음1)과 동일한 조건의 사채를 발행하는데, 법인세(법인세율=30 %)가 존재한다고 한다. 부채의 자본비용은 얼마인가?

[해설]

(물음1) 사채를 액면발행하였으므로 세전 부채자본비용(k_d)은 표면이자율과 동일한 10 %가 된다.

(물음2) 세후 부채자본비용 = 세전 부채자본비용$\cdot(1-t)$

= 0.10 × (1−0.3)

= 0.07

[2] 자기자본비용

자기자본비용(cost of equity)은 주식을 발행하여 자금을 조달할 때 부담해야 하는 자본비용을 말한다.

제Ⅱ절의 초입에서 언급한 바와 같이 자본비용(k)을 구하는 일반식47)에 주식발행을 통해 유입되는 현금(발행가액) 또는 주식의 시장가치를 C_0에 대입하고, 주식은 만기가 없으므로 t시점에서의 배당금 지급액(d_t)을 C_t에 대입하면 다음과 같이 자기자본비용(k_e)을 구하는 식이 나온다.

- 자기자본비용(k_e)을 구하는 일반식48)

$$P_0 = \sum_{t=1}^{n} \frac{d_t}{(1+k_d)^t}$$

단, • P_0 : 주식의 발행가액 또는 발행주식의 시장가치

위의 식을 만족하는 k_e가 자기자본비용이며, 이는 자본의 제공자(주주)의 입장에서는 기대수익률이 된다.

그러나 이러한 방법으로 자기자본비용(k_e)을 구하는 것은 계산상 번거롭기 때문에 매기 말 지급되는 배당액이 d로 일정하다는 가정을 도입하면49) 위의 식이 간단해진다.50)

---

47) $C_0 = \sum_{t=1}^{n} \frac{C_t}{(1+k)^t}$

- C_0 : 조달된 자금(현재가치)
- C_t : t기에 지급하는 자본사용의 대가

48) 이것은 엄밀히 말하면 주식가치평가모형에 하나인 배당평가모형을 이용하여 자기자본비용(k_e)을 구하는 방식이다. 자기자본비용(k_e)을 구하는 방법에는 이 외에도 자본자산가격결정모형($CAPM$)을 사용하는 방법이나 차익거래가격결정이론(APT)을 사용하는 방법 또는 성장기회평가모형 등 여러 가지가 있으며, 실제로 주식가치를 평가함에 있어서는 후술한 $CAPM$이나 APT가 더 많이 사용되고 있다. 그러나 이러한 모형 또한 본서의 목적 범위를 넘어서는 것이므로 다루지 않도록 한다.

49) 이는 배당평가모형 중에 무성장모형을 의미한다.

50) 유도과정

영구연금의 현가공식($PV_0 = \frac{C}{r}$)을 사용하면

$P_0 = \frac{d}{k_e}$ 이 도출되고,

이것을 k_e에 대해서 정리하면 다음과 같이 k_e를 구하는 간단한 식이 도출된다.

$k_e = \frac{d}{P_0}$

$$k_e = \frac{d}{P_0}$$

위 식을 살펴보면 대부분의 경우에 자기자본비용(k_e)은 기대배당수익률($\frac{d}{P_0}$)과 같음을 알 수 있다. 그리고 기업의 입장에서 배당금 지급은 손익계산서상에서 비용에 해당하지 않기 때문에 감세효과가 없고 따라서 자기자본비용을 구할 때 세금의 존재 유무는 고려할 필요가 없다.

추가적으로 가정을 조금 완화하여 배당액이 매년 g %만큼 성장한다고 가정하면[51] 위의 식의 식은 다음과 같이 변형된다.[52]

$$k_e = \frac{d}{P_0} + g$$

예제

A기업의 보통주는 현재 증권시장에서 100,000원에 거래되고 있다. A기업은 매년말 12,000원의 배당금을 지급하여 왔다. A기업의 자기자본비용은 얼마인가?

[해설]

배당액이 매년 일정하므로

$$k_e = \frac{d}{P_0} = \frac{12,000}{100,000} = 12\%$$

---

51) 이는 배당평가모형 중에 항성성장모형을 의미한다.

52) 유도과정

일정성장 영구연금의 현재가치 공식($PV_0 = \frac{C_1}{r-g}$)을 사용하면

$P_0 = \frac{d}{k_e - g}$ 이 도출되고,

이것을 k_e에 대해서 정리하면 다음과 같이 k_e를 구하는 간단한 식이 도출된다.

$k_e = \frac{d}{P_0} + g$

3. 가중평균자본비용

[1] 개념 및 계산

기업이 자본을 조달하는 방법에는 크게 부채차입을 통한 타인자본조달의 방법과 주식발행을 통한 자기자본조달의 방법 2가지가 있다. 자본의 제공자인 채권자와 주주들은 각자 요구하는 요구수익률이 다르다. 이는 제본 제공자 각자가 부담해야하는 위험이 다르기 때문이므로 자본제공자의 요구수익률의 의미를 갖는 자본비용 또한 원천별로 다른 값을 갖는다. 따라서 하나의 투자안에 두 가지 이상의 원천자본을 조달한 경우에는 투자안을 평가하기 위한 적절한 자본비용이 필요하게 되는데 이때 사용되는 자본비용이 가중평균자본비용이다. 가중평균자본비용(weighted average cost of capital ; WACC)이란 원천별자본비용을 조달된 자본의 구성비율로 가중평균한 값을 말한다.

기업의 자본이 부채(B)와 자기자본(S)으로만 구성된다고 가정할 경우 가중평균자본비용(k_0)은 다음과 같이 계산된다.

• 가중평균자본비용(k_0)[53)]

$$k_0 = k_d \cdot (1-t) \cdot \frac{B}{V} + k_e \cdot \frac{S}{V}$$

단, • k_d : 부채자본비용
• k_e : 자기자본비용
• t : 세율
• V : 총자본 or 기업가치($V = S + B$)

일반적으로 아무런 수식 없이 자본비용이라고 하면 가중평균자본비용을 의미한다. 여러 원천으로부터 자본을 조달하는 경우에는 반드시 가중평균자본비용을 자본비용으로 사용해야 한다.

53) 세금이 존재하지 않는 경우에 가중평균자본비용(k_0)을 구하는 식은 간단히 구할 수 있다. 세금이 고려된 계산식에, 세율 t=0을 대입하면 된다.

• 세금이 없는 경우의 가중평균자본비용

$$k_0 = k_d \cdot \frac{B}{V} + k_e \cdot \frac{S}{V}$$

예제

기업의 총자산 100억원, 자본금 30억원이며 자기자본 비용 20 %, 타인자본 비용 10 %일 때, 이 기업의 가중평균자본비용($WACC$)은? 단, 법인세는 존재하지 않는다.

에너지진단사 기출 (제11회)

① 13 % ② 15 %

③ 17 % ④ 23 %

[해설]

$$k_0 = k_d \cdot \frac{B}{V} + k_e \cdot \frac{S}{V}$$

$$= 0.1 \times \frac{70}{100} + 0.2 \times \frac{30}{100}$$

$$= 0.13$$

정답 ③

[2] 가중치의 기준

가중평균자본비용을 계산할 때 가중치로 쓰이는 원천별자본의 구성비율을 정하는 방법에 관하여 생각해 볼 필요가 있다.

(1) 시장가치 기준

원천자본별 시장가치(market value)를 반영하여 가중치를 계산하는 방법이다. 이 방법은 자본을 기업에 제공한 투자자들의 기회비용을 적절히 나타낼 수 있기 때문에 이론적으로 가장 타당한 방법이다. 그러나 이 방법은 원천자본의 시장가치가 계속적으로 변화함에 따라 가중평균자본비용을 계속적으로 수정해야 하는 단점이 있다.

(2) 장부가치 기준

원천자본별로 장부가치(book value)를 반영하여 가중치를 계산하는 방법이다. 이 방법은 제무제표상의 자료를 그대로 사용할 수 있으므로 별도의 계산과정 없이 가중치를 구할 수 있다는 장점이 있다. 그러나 장부가치는 자본의 역사적 가치만을 나타낼 뿐 현재의 실질 가치를 반영하지 못하기 때문에 장부가치 기준을 사용하여 계산한 가중평균자본비용을 오류를 포함할 수 있다. 그러나 현실적으로 시장가치를 측정하는 것이 쉽지 않고 장부가치와 시장가치의 차이가 크지 않을 때 부분적인 사용이 가능할 것이다.

(3) 목표자본구조 기준

이 방법은 기업이 목표로 하고 있는 최적자본구조54)를 가중치로 정하는 것이다. 이론적으로 타당한 시장가치 기준을 적용함에 있어서 시장가치는 계속적으로 변화하기 때문에 미래에 기업이 일정하게 유지하고자하는 목교자본구조를 기준으로 하여 가중치를 정하게 된다. 이 방법은 기업가치 극대화를 위해서 장기적으로 기업이 유지할 자본구조를 계속적으로 사용한다는 점에서 이론적으로 타당성을 갖는다. 그러나 이 방법 또한 시장가치에 의한 목표자본구조를 설정한 경우 시장의 변동에 따라 목표자본구조를 유지하기 위해 자본구성비율을 계속적으로 재조정해야 한다는 단점이 있다.

[3] 기업의 가중평균자본비용과 투자안의 가중평균자본비용

기업이 신규로 투자를 하는 경우에 투자자금을 새로 조달하는 것이 일반적이다. 타자자금을 새로 조달하지 않고 기업 내부에 유보된 자금을 사용하는 경우에도 신규투자에 기업의 가중평균자본비용을 사용하려면 다음과 같은 조건이 충족되어야한다.

첫째, 신규투자안의 영업위험이 기업의 기존 영업위험과 같아야 한다.

둘째, 신규투자안의 재무위험이 기업의 기존 재무위험과 같아야 한다. 즉, 신규투자안의 자본구성비율이 기업의 기존 자본구성비율과 같도록 자본을 조달해야한다. 기업의 유보자금을 사용하는 경우에는 이 조건은 당연히 충족된다.

셋째, 신규투자안의 원천별자본비용잉 기업의 기존 원천별자본비용과 동일해야한다. 물론 기업의 유보자금을 사용하는 경우에는 셋째 조건도 당연히 충족된다.

이상의 조건이 충족되었을 때 기업의 가중평균자본비용과 신규투자안의 가중평균자본비용이 일치하게 된다. 그러나 상기의 조건이 충족되지 않을 경우에는 신규투자안에 기업의 기존 가중평균자본비용을 사용하는 경우 경제성 평가에 있어서 오류를 범할 수 있다.

---

54) 목표자본구조 또는 최적자본구조란 기업가치를 극대화시키는 자본구조를 의미한다.

따라서 신규투자를 위한 자금을 새로 조달하는 경우에는 일반적으로 신규투자에 적합한 원천별자본비용 및 가중평균자본비용을 새로 산정하여야 하며, 이렇게 새로 도출된 자본비용을 기업의 한계자본비용(marginal cost of capital)으로 볼 수 있다.

4. 최적자본예산

최적자본예산이란 기업가치를 극대화시키는 최적의 투자수준을 결정하는 것을 말한다. 기업은 일반적으로 다수의 서로 다른 투자안에 투자하게 된다. 연속적으로 새로운 투자가 이루어지는 경우 일반적으로 자본조달의 규모가 점차 증가하게 되고 이에 따라 한계자본비용 또한 증가하게 된다. 이하 이러한 상황에서 최적자본예산이 어떻게 이루어지는지에 대하여 살펴본다.

[1] 투자기회선과 한계자본비용선

투자기회선(investment opportunities schedule ; *IOS*)이란 기업의 투자규모가 증가함에 따라 투자안의 내부수익률의 변화를 나타내는 선을 말한다. 어떤 기업에게 내부수익률이 서로 다른 다수의 투자안이 존재한다면 기업은 내부수익률이 높은 투자안부터 투자하게 될 것이므로 투자규모가 증가함에 따라 투자기회선은 점차 하강하게 된다.

한계자본비용선(marginal cost of capital ; *MCC*)이란 기업의 투자규모가 증가함에 따라 기업이 직면하는 한계자본비용의 변화를 나타내는 선을 말한다. 어떤 기업이 투자에 필요한 자본을 조달함에 있어서 기업은 자본비용이 낮은 원천의 자본부터 이용을 할 것이다. 그리고 투자규모가 차차 증가함에 따라 점점 더 높은 자본비용을 요구하는 자본을 사용하게 될 것이므로 한계자본비용선은 점차 상승하게 된다.

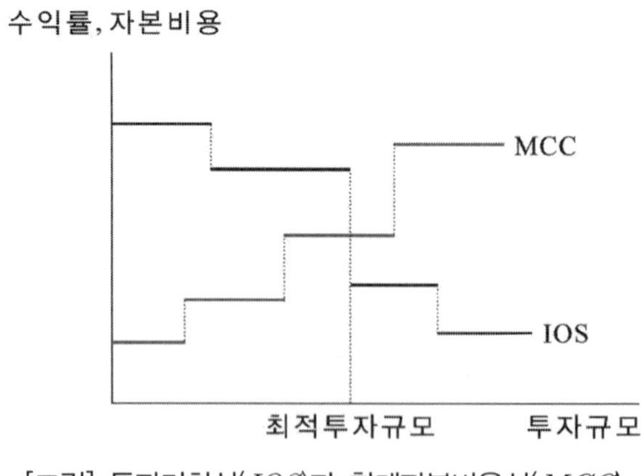

[그림] 투자기회선(*IOS*)과 한계자본비용선(*MCC*)

[2] 최적자본예산의 수립

전술한 바와 같이 투자규모를 늘려감에 따라 투자기회선(IOS)은 하락하고 한계자본비용선(MCC)은 상승하게 되는데, 이때 기업가치를 극대화시키는 최적의 투자수준은 한계투자수익률이 한계자본비용보다 작아지지 않을 때까지 투자하는 것으로 결정된다.

투자기회선(IOS)과 한계자본비용선(MCC) 그래프에서 최적투자 규모는 연속적 투자안의 경우 두 곡선이 만나는 점에서 결정되고, 이산적 투자안의 경우에는 투자기회선(IOS)이 한계자본비용선(MCC) 밑으로 떨어지기 직전에서 결정된다.

예제

다음 그림에서 A, B, …, F는 각 투자안의 투자금액과 투자수익률을 나타내며, MCC선은 한계자본비용선을 나타낸다. 이 기업의 최적투자규모로 알맞은 것은?

에너지진단사 기출 (제8회, 세9회)

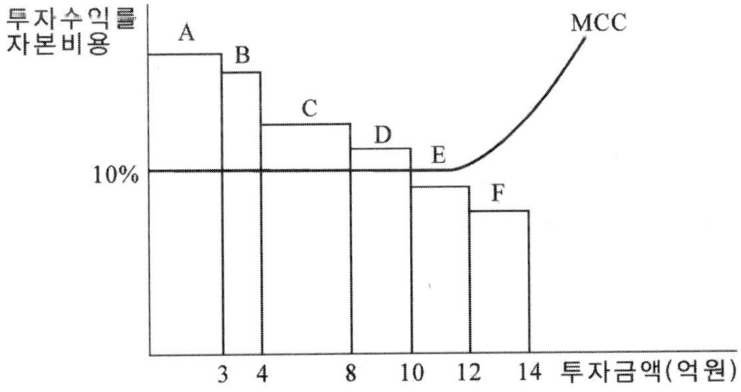

① 3억원　② 8억원　③ 10억원
④ 12억원　⑤ 14억원

[해설]

투자수익률이 MCC선 밑으로 떨어지기 직전(투자안 D)까지 투자한다.

정답 ③

연습문제

01. 자본비용과 같은 의미인 것은? 에너지진단사 기출 (제3회)

① 최소 요구수익률 ② 생산비용 ③ 판매비용
④ 특별비용 ⑤ 최대 요구수익률

[해설]

자본비용은 자본을 제공받은 기업의 입장에서 자본제공자에게 지불하는 자금사용의 대가이다. 또한 기업은 조달한 자금으로 투자를 하게 될 것인데, 그 투자안에서 발생하는 수익(률)이 최소한 자본사용에 대한 비용보다는 커야 할 것이므로, 자본비용은 투자로부터 벌어들여야하는 최소한의 필수수익률(minimum required rate of return)으로 볼 수도 있다.
자본비용은 자본제공자의 입장에서는 요구수익률(required rate of return)이다.

02. 자본비용의 기능에 대한 설명으로 가장 바르지 않은 것은?
에너지진단사 기출 (제8회)

① 투자안의 경제성을 판단하는 기준이 된다.
② 리스금융이나 합병 등의 의사결정에 활용된다.
③ 기업의 가치평가 또는 기업이 보유중인 자산에 대한 평가를 하는 기준이 된다.
④ 투자안의 미래현금흐름을 할인할 때, 할인율로 사용된다.
⑤ 재무제표작성에 활용된다.

[해설]

⑤ 자본비용과 재무제표 작성은 직접적인 연관성이 없다.

03. 타인자본비용을 옳게 설명한 것은? 에너지진단사 기출 (제4회)

① 부채비율 ② 생산비용 ③ 판매비용
④ 특별비용 ⑤ 차입이자율(1−법인세율)

정답 1.① 2.⑤

[해설]

일반적인 경우에 세전 타인자본비용(k_d)은 부채의 차입이자율과 같다.

세후 타인자본비용 $= k_d \cdot (1-t)$

단, t : 세율

04. 미래 현금흐름이 위험 없이 창출될 때, 최소 요구수익률은?

에너지진단사 기출 (제5회)

① 투자수익률 ② 내부수익률 ③ 타인자본비용
④ 자기자본비용 ⑤ 은행 정기예금이자율

[해설]

이자율은 다음과 같이 구성된다.

(시장)이자율 = 무위험이자율 + 위험프리미엄

여기서 위험이 없는 경우 위험프리미엄 = 0이 되므로
(시장)이자율을 무위험이자율과 같게 된다. 일반적으로 국고채의 만기수익률이나 은행의 정기예금이자율을 무위험이자율의 대용치로 본다.

05. 부채와 자기자본을 2 : 1로 조달하여 투자할 투자안의 순현가(NPV)를 측정할 때, 현금흐름은 무엇으로 할인하는가?

에너지진단사 기출 (제4회)

① 생산비용 ② 판매비용 ③ 자기자본비용
④ 타인자본비용 ⑤ 가중평균자본비용

[해설]

하나의 투자안에 두 가지 이상의 원천자본을 조달한 경우에, 투자안을 평가하기 위한 적절한 자본비용은 가중평균자본비용이다.

06. 타인자본비용이 10 %, 자기자본비용이 14 %이고, 부채와 자기자본을 1 : 1의 비율로 조달한 경우, 가중평균 자본비용은?

에너지진단사 기출 (제3회)

① 13 % ② 12 % ③ 11 %
④ 8 % ⑤ 7 %

정답 3.⑤ 4.⑤ 5.⑤

[해설]

$$k_0 = k_d \cdot \frac{B}{V} + k_e \cdot \frac{S}{V}$$

$$= 0.1 \times \frac{1}{1+1} + 0.14 \times \frac{1}{1+1}$$

$$= 0.12$$

07. 순현재가치법을 이용하여 투자안을 평가할 때, 일반적으로 적용되는 할인율은?

에너지진단사 기출 (제7회)

① 국공채수익율 ② 자기자본비용 ③ 가중평균자본비용
④ 생산비용 ⑤ 타인자본비용

[해설]

일반적으로 아무런 수식 없이 자본비용이라고 하면 가중평균자본비용을 의미한다. 여러 원천으로부터 자본을 조달하는 경우에는 반드시 가중평균자본비용을 자본비용으로 사용해야 한다. 순현재가치법을 이용하여 투자안을 평가하는 경우에도 일반적으로 적용되는 할인율은 가중평균자본비용이다.

08. 타인자본을 이용하여 투자하는 프로젝트의 순현재가치(NPV)를 계산하는 경우 미래의 현금흐름을 무엇으로 할인하는가?

에너지진단사 기출 (제6회)

① 생산비용 ② 판매비용 ③ 자기자본비용
④ 타인자본비용 ⑤ 가중평균자본비용

[해설]

타인자본만을 이용하여 투자하는 경우라면 타인자본비용과 가중평균자본비용이 같게 된다.

09. 기업의 자본금 25억원, 총자산 100억원이며, 자기자본 비용과 타인자본 비용은 각각 20 %, 10 %일 때, 이 기업의 가중평균자본비용($WACC$)은?

에너지진단사 기출 (제8회)

① 12.5 % ② 13.5 % ③ 17.5 %
④ 18 % ⑤ 18.5 %

정답 6.② 7.③ 8.⑤

[해설]

$$k_0 = k_d \cdot \frac{B}{V} + k_e \cdot \frac{S}{V}$$

$$= 0.1 \times \frac{75}{100} + 0.2 \times \frac{25}{100}$$

$$= 0.125$$

10. 타인자본 300억원, 우선주 가치 100억원, 보통주 가치 600억원으로 자본구성을 한 기업이 타인자본비용 8 %, 우선주 자본비용 16 %, 보통주 자본비용 20 %일 때 가중평균자본비용으로 알맞은 것은? (단, 법인세율은 20 %로 가정한다)

에너지진단사 기출 (제10회)

① 14.08 % ② 15.52 %
③ 16.01 % ④ 16.40 %

[해설]

$$k_0 = k_d \cdot (1-t) \cdot \frac{B}{V} + k_e \cdot \frac{S_e}{V} + k_p \cdot \frac{S_p}{V}$$

$$= 0.08 \times (1-0.2) \times \frac{300}{1{,}000} + 0.20 \times \frac{600}{1{,}000} + 0.16 \times \frac{100}{1{,}000}$$

$$= 0.1552$$

단, k_e : 보통주자본비용(cost of equity)

S_e : 보통주가치

k_p : 우선주자본비용(cost of preferredstock)

S_p : 우선주가치

$V = B + S_e + S_p$

정답 9.① 10.②

제 7 장

공공사업의 경제성분석

학 습 목 표

- 공공사업의 특성에 관하여 설명할 수 있다.
- 공공사업의 목표에 관하여 이해한다.
- 공공사업의 경제성분석과 민간사업의 경제성분석의 공통점과 차이점을 이해한다.
- 공공사업에서의 편익의 개념에 대하여 이해한다.
- 공공사업의 편익의 분류기준을 이해한다.
- 공공사업에서 편익과 비용의 평가기준을 익힌다.
- 사회적 할인율의 의의에 대하여 이해한다.
- 사회적 할인율을 도출하는 방법에는 어떤 것들이 있는지 파악한다.
- 사회적 할인율을 구하기 위하여 민간부문의 할인율을 준용하는 방법에는 어떤 문제점이 있는지 설명할 수 있다.

1. 공공사업의 경제성분석의 의의

[1] 공공사업에 대한 경제성분석의 의의

공공사업(public works)이란 중앙정부 혹은 지방정부가 공공의 목적을 위해 기획하고 집행하는 사업을 말한다. 국방사업, 도로·철도·교량·항만 등의 사회기반시설의 건설 및 보수, 학교·공공병원 등의 건설이 예에 속한다. 공공사업 또한 사업을 위해 비용이 발생하고 그로인한 편익이 발생한다는 점에서 우리가 지금까지 논의한 민간사업의 투자와 별반 다르지 않다. 따라서 공공사업의 경우에도 사업의 시행 전에 민간의 투자와 유사한 방법으로 사업의 경제성을 검토하는 과정이 필요하다. 공공사업의 경제성평가의 문제는 주로 재정학(public finance)에서 다루게 되는데 재정학에서는 그 사업평가의 방법론을 주로 비용-편익 분석이라 부르고 있다.

비용 편익 분석(cost-benefit analysis)이란 어떤 공공사업에서 발생하는 편익과 이를 수행하는데 소요되는 비용을 종합·검토함으로써 그 사업이 갖는 경제성을 평가하는 것이다. 비용-편익 분석은 투자로 인해 발생하는 수익과 관련 비용의 크기를 분석하여 투자의 타당성을 판단하는 민간부문의 자본예산과 그 논리의 틀 자체는 기본적으로 대동소이하다고 하겠다. 따라서 공공사업의 비용-편익 분석에서도 민간부문의 경제성분석 기법(순현재가치법, 내부수익률법, 수익성지수법 등)과 동일한 기법을 사용한다.

그러나 민간사업이 이윤만을 유일한 목적으로 추구하는 반면 공공사업은 사회적 후생의 증가라는 복합적인 목적을 추구한다는 근본적인 차이로 인해 공공사업의 경제성 분석 시 민간의 경제성분석기법을 그대로 적용할 수는 없는 노릇이다. 이하에서는 공공사업에 대한 비용-편익 분석에 대하여 개괄적으로 살펴보고자 한다.

[2] 공공사업의 특수성

공공사업 비용-편익분석의 특성을 이해하기 위해서는 우선 분석 대상인 공공사업 대한 이해가 선행되어야 한다.

(1) 공공사업과 민간사업의 비교

우선 공공사업의 상대개념인 민간사업과의 비교를 통해 공공사업의 특징을 살펴보도록 한다.

첫째, 민간기업은 기업의 이윤만을 유일한 목표로 추구하게 되나, 공공사업을 주관하는 중앙·지방 정부는 여러 가지 목합적인 목표를 추구하게 된다는 점에서 차이점을 갖는다. 정부는 지역주민들의 다양한 이해관계를 조정하고 사회의 편익을 증진시켜야 한다. 따라서 공공사업을 평가하는데 있어서 그 효과를 여러 각도에서 포괄적으로 평가해야 하는 어려움이 있다. 외부효과의 문제, 불완전경쟁의 문제 등과 같은 특수한 문제뿐만 아니라 소득분배 문제와 같은 가치판단의 문제에 이르기까지 광범위한 시각에서 공공사업의 사업성에 대한 평가가 이루어져야 한다는 것이다.

둘째, 민간부문 투자의 경제성을 분석할 때에는 편익과 비용의 평가를 위해 시장가격을 그대로 사용하면 되는 데에 반해 공공사업의 경우에는 무조건적인 시가의 사용이 타당성을 갖기 어려울 때가 있거나 아예 시가가 존재하지 않는 경우가 있다. 이에 관련한 논의는 다음절에서 상세하게 다루어 질 것이다.

셋째, 공공사업은 일반적으로 민간사업에 비해 그 규모가 크고 사업의 내용연수도 보다 장기적인 것이 보통이다.

넷째, 민간부문의 투자는 자금의 제공자와 투자 혜택의 수혜자가 일치하는 것이 보통이나 공공사업의 경우 자금의 제공자와 혜택의 수혜자는 별도인 것이 일반적이다.

다섯째, 공공사업의 투자자금은 민간투자의 자금 조달과 달리 주로 세금에 의하여 조달된다.

여섯째, 공공사업의 경우 민간사업에 비해 사업의 결과가 늦게 나타나는 것이 일반적이며 심지어 사업이 종료된 후 다음 세대에 이르러서야 비로소 사업의 효과가 나타게 되는 경우도 있다. 이러한 공공사업의 특성 또한 공공사업의 경제성 분석을 어렵게 하는 하나의 요인이 된다.

(2) 공공사업의 목표

여기서는 공공사업의 이해를 위해 공공사업의 목표에 관하여 조금 구체적으로 짚어보고자 한다.

첫째, 공공사업은 총소비(aggregate consumption)증대를 통한 후생의 증대을 목표로 한다. 총소비란 경제학에서 사용하는 개념으로[55] 총생산(aggregate

55) 이러한 용어의 사용은 재정학이 미시경제학에서 파생되었기 때문이다.

product) 혹은 총소득(aggregate income)과 동일한 것으로 총소비증대를 통한 후생의 증대란 효율성 측면에서 민간사업의 이윤극대화 목표와 유사한 의미를 갖는다.

둘째, 공공사업은 공평한 소득분배 및 사회구성원이 동의하는 소득재분배를 이루는 방향으로 시행되어야 한다.

셋째, 공공사업을 통하여 경제 내 고용수준의 제고를 이루어야 한다.

넷째, 공공사업을 통하여 경제의 자립도의 제고를 이루어야 한다.

다섯째, 공공사업을 통하여 산업발전의 기반이 제공되어야 한다.

여섯째, 공공사업을 통하여 지역주민의 가치재에 대한 수요욕구를 충조시켜야 한다. 여기서 가치재(merit goods)란 정부가 사회적 견지에서 개인의 선호를 간섭하여 재정을 통해 급여할 가치가 있다고 인정하는 공적인 재화를 말한다. 가치재의 예로서는 의무교육재, 학교급식재 등이 있다.

2. 공공사업의 비용-편익 분석

전술한 바와 같이 기본적으로 공공사업의 비용–편익 분석에서도 민간부문의 경제성분석 기법인 순현재가치법, 내부수익률법, 수익성지수법 등과 같은 방법을 사용하여 경제성을 평가하게 된다. 이미 공부한 바와 같이 경제성 평가 기법을 적용하는 데에 있어서 핵심 3요소는 수익(현금유입), 비용(현금유출) 그리고 할인율이다. 공공사업의 비용–편익 분석에 있어서 이와 대응이 되는 3요소는 편익, 비용 그리고 사회적 할인율이 된다. 그런데 앞서도 설명한 대로 공공사업과 민간사업 간에는 근본적인 차이가 존재하기 때문에 경제성 분석 시에 필요한 핵심 요소를 평가하는 방법에는 많은 차이가 있으며, 비용과 편익의 대상 및 화폐단위로의 산출 기준, 사회적 할인율의 결정 등에 대해 명확하고 통일된 지침이 마련되어있지 않아 주관적인 판단이 개입될 여지가 있다.

본절에서 공공사업 경제성분석의 3요소 중 편익과 비용의 측정에 관하여 살펴본 후 사회적 할인율에 대해서는 절을 달리하여 살펴보도록 한다.

[1] 공공사업에서의 편익의 개념

공공사업의 목표를 달성하기 위한 편익은 다양한 성격을 갖는다. 공공사업의 경제성을 평가하기 위해서는 공공사업을 통해 기대되는 편익에 대한 이해가 선행되어야한다. 공공사업의 편익은 다음과 같이 구분해 볼 수 있다.

공공사업의 편익은 우선 금전적인 편익과 실질적인 편익으로 구분할 수 있다.

(1) 금전적 편익

금전적 편익(pecuniary benefit)이란 공공사업의 결과 상대가격구조의 변화로 인해 특정인에게 발생한 금전상의 이익을 말한다. 금전상의 이익이 발생하면 금전상의 손실(비용)이 반드시 생기기 때문에 금전상의 이익과 금전상의 비용의 총합은 영이며 이 때문에 사회전체로 볼 때 금전적 편익의 발생으로 인한 부가편익의 창출은 없으며[56] 공공사업의 검토시에는 주로 실질적인 편익에 주목하게 된다.

56) 다만 어떤 공공사업의 목표가 소득재분배에 있다면 금전적 편익의 발생으로 인해 사회전체 후생관점에서도 효용 발생의 여지는 있다고 보여 진다.

[표] 공공사업 편익의 분류

- 공공사업의 편익
  - 금전적 편익
  - 실질적 편익
    - 직접적 편익 / 간접적 편익
    - 또는
    - 유형적 편익 / 무형적 편익
    - 또는
    - 중간적 편익 / 최종적 편익
    - 또는
    - 내부적 편익 / 외부적 편익

(2) 실질적 편익

실질적 편익(real benefit)이란 공공사업을 통해 수혜자가 얻는 실질적 혜택을 의미한다. 실질적 편익이 발생하면 수혜자의 복지증진이 가능하다. 실질적 편익은 다음과 같이 여러 가지 기준에 의해 다양하게 분류될 수 있다.

(ㄱ) 직접적 편익과 간접적적 편익

직접적 편익(direct benefit)이란 말 그대로 공공사업을 통해 직접 얻을 수 있는 편익을 의미하며, 간접적적 편익(indirect benefit) 또한 공공사업을 통해 간접적으로 발생하는 편익으로서 일종의 부산물적 성격을 띠는 편익이라고 볼 수 있다. 가령 지역경제의 고른 발전을 위하여 수도권 외곽지역으로 국가 주요기관을 이전하는 사업의 경우, 이러한 공공사업으로 인해 해당 지역의 경제발전이 이루어지는 것은 직접적인 편익이 된다. 또한 이러한 이전 사업을 통해 지역이 도로가 정비되고 행정서비스가 발전함으로써 지역주민이 혜택을 얻는 것은 간접적 편익이라고 볼 수 있다.

(ㄴ) 유형적 편익과 무형적 편익

유형적 편익(tangible benefit)이란 눈으로 볼 수 있는 구체적인 편익이고 무형적 편익(intangible benefit)이란 추상적이고 측정하기는 어렵지만 실제로 존재하는 편익을 의미한다. 평창동계올림픽 유치로 인해 금전으로 환산되어 예측되는 경제적 가치는 유형적 편익에 해당하고, 대한민국이 세계에서 6번째로 하계올림픽, 동계올림픽, 세계육상선수권, 월드컵과 같은 주요 국제대회를 모두 개최한 국가가 됨으로써 얻게 되는 국위선양 및 국민들의 자부심과 같은 것들은 무형적 편익이 된다.

(ㄷ) 최종적 편익과 중간적 편익

최종적 편익(final benefit)이란 공공사업을 통해 발생하는 편익이 소비자에게 직접 전달되어 소비되는 경유의 편익을 말하며, 중간적 편익(intermediate benefit)이란 소비자에 의해 직접 소비되는 편익은 아니나 소비자가 소비할 재화 혹은 서비스의 생산을 촉진하는 편익을 말한다.

(ㄹ) 내부적 편익과 외부적 편익

내부적 편익(inside benefit)이란 공공사업의 효과가 그 사업의 주최 정부의 행정구역내에서만 발생하는 편익을 말하고, 외부적 편익(outside benefit)이란 공공사업의 효과가 주최 정부의 행정구역 밖에서 발생하는 것을 말한다. 공공사업을 주최하는 해당 정부는 주로 내부적 편익에만 관심을 갖을 것이나 사회전체의 입장에서는 외부적 편익도 함께 고려되어야 사회적으로 바람직한 결과에 도달할 수 있다.

[2] 공공사업에서 편익과 비용의 평가기준

민간투자의 경제성분석에서 수입과 비용은 주로 현금흐름으로 측정된다. 하지만 공공사업의 경우에는 편익과 비용을 측정하는 것이 간단한 문제가 아니다. 전술한 바와 같이 공공사업을 통한 편익이 사회전반에 걸쳐 직·간접적, 유·무형적으로 발생하기 때문이다. 이러한 편익을 경제성분석을 위해 화폐금액으로 나타내기 위해서는 적절한 평가기준이 필요하다.

(1) 시장가격 기준

시장가격(market price)은 민간투자의 수입과 비용을 평가하는 기준이 되며 가장 객관적인 값을 갖는다. 그러나 공공투자의 편익을 평가하기 위한 기준으로서는 한계가 있다.

먼저 공공사업을 통해 발생하는 편익 중에 시장에서 거래되지 않는 재화나 서비스가 다수 있다는 점이다. 가령 공공사업을 통하여 국민의 건강이 증진되거나 혹은 평균수명이 연장되고, 소음감소로 인한 주거환경 개선, 도로정비를 통한 출퇴근시간의 단축과 같은 편익은 시장에서 거래되는 편익이 아니다.

그리고 독과점과 불완전시장으로 인한 시장가격의 불완전성 또한 공공사업의 편익과 비용의 평가기준으로서 시장가격의 한계점으로 지적되고 있다.

이러한 시장가격의 불완전성에도 불구하고 시장가격은 여전히 저렴한 측정비용과 다른 대안의 실질적 부재 등의 이유로 편익-비용 분석에 있어서 중요한 위치를 차지하고 있다.

(2) 잠재가격 기준

잠재가격(shadow price)란 자원의 사회적 기회비용을 모두 반영한 이상적인 가격을 의미한다. 시장의 불완정성이 매우 심각한 경우 시장가격의 무조건적인 사용은 매우 위험한 결과는 초래할 수 있다. 이 경우 공공사업에 소요되는 자원의 사회적 기회비용을 계산하는 방법으로 공공사업의 편익을 계산할 수 있다. 잠재가격을 정밀하게 계산할 수만 있다면 공공사업의 편익과 비용의 가장 정확한 측정치가 될 것이다. 그러나 잠재가격을 산출하는 모형내에 이론적 결함 내지는 가정의 현실성 결여가 존재한다면 이를 통한 가격은 사회적 기회비용을 적절하게 반영하지 못할 것이다. 실제로 잠재가격을 계산하는 모형을 개발하는 것은 간단한 일이 아니며 그러한 모형을 개발하였다고 하여도 수많은 정보를 필요로 하는 경우가 많다.

(3) 조정된 시장가격

전술한 시장가격과 잠재가격의 문제점 때문에 고안된 가격이 조정된 시장가격이다. 조정된 시장가격(adjusted market price)란 시장가격에서 시장가격의 불완전 요인을 적절히 조정한 가격을 의미한다. 시장의 불완정성이 심각하여 시장가격을 사용하는 것이 어렵고, 잠재가격을 산출하는 것도 현실적으로 불가능한 경우에 사용할 수 있는 가격기준이 된다.

3. 사회적 할인율

[1] 사회적 할인율의 의의

지금까지는 공공사업의 경제성분석에 있어서 핵심요소인 편익과 비요의 측정에 관한 사항을 살펴보았다. 본절에서는 마지막 핵심요소인 사회적 할인율의 도출에 관하여 생각해보고자 한다.

올바른 공공사업의 경제성평가를 위해서는 적절한 사회적 할인율의 선택 또한 중요한 문제가 된다. 전술한 바와 같이 공공사업은 그 사업의 효과가 장기에 걸쳐서 발생하는 경우가 빈번하기 때문에 할인율이 정교하게 산출되지 않는 경우 경제성 평가의 타당성이 심히 훼손될 가능성이 있다.

사회적 할인율(social discount rate)이란 사회 전체의 관점이 모두 고려된 자금의 기회비용을 의미한다. 민간부문 투자의 경제성 평가를 위하여 사용되는 할인율은 해당 투자에 소요되는 자금의 기간당 기회비용으로 측정된다. 그러나 공공사업의 경우에는 다양한 사회적 목표를 추구하고 있기 때문에 이보다 훨씬 더 많은 요소들을 고려하야 할인율을 결정하여야 한다.

[2] 사회적 할인율의 도출

사회적 할인율을 도출하기 위한 방법은 (1) 민간부문의 할인율을 준용하는 방법 (2) 새로운 사회적 할인율을 도출하는 방법으로 크게 두 가지로 나누어 볼 수 있다.

(1) 민간부문의 할인율을 준용

① 민간부문 투자 수익률

자금이 민간투자에 소요되건 공공사업에 소요되건 자금자체가 다른 것이 아니며 어떠한 투자에 사용되어도 동일한 수익률을 올려야한다는 논리에 따른다면 공공사업의 경제성 평가에 있어서 민간부문의 투자 수익률을 사회적 할인율로 준용하여 사용할 수 있다. 다만 이러한 논리는 민간부문의 투자의 쓰일 자금이 공공사업에 투입된 경우에 일정부분 타당성을 가지며 만약 민간부문의 소비에 사용될 자금이 공공사업에 투입된 경우에는 타당성을 상실하게 된다.

② 민간부문 소비자 이자율

민간부문에서 소비될 자금이 공공사업의 투자에 사용되는 경우라면 소비자의 소비에 대한 기회비용을 사회적 할인율로 준용하는 것이 가능하다. 소비자의 소비에 대한 기회비용은 민간부문의 소비자 이자율을 이용하여 측정할 수 있다. 민간부문의 소비자 이자율이 소비자의 시간선호율을 나타내기 때문이다.

③ 양자의 가중평균

공공사업을 수행하기 위하여 소요되는 자금의 출처가 민간부문의 투자자금과 소비자금이 일정부분 섞여 있다면 적절한 사회적 할인율을 구하기 위해서는 민간부문의 투자 수익률과 소비자 이자율을 가중평균하여야 한다. 그러나 현실적으로 공공사업에 투자되는 자금의 원천은 세금이며 이에 대한 원천의 정확한 구성비율을 파악하는 것은 매우 어렵다.

(2) 새로운 사회적 할인율의 도출

전술한 민간부문의 할인율을 준용하는 방법들은 시장의 불완전성을 배제했을 때 논리적 타당성를 갖는다. 만약 시장의 불완전성의 정도가 무시하기 어려운 수준이거나 정부정책으로 인해 시장이사율이 교린되는 경우 또는 민간부문과 정부부문의 위험부담의 성격과 정도의 차이가 명백한 경우 민간부문의 할인율을 준용하는 방법으로 도출한 사회적 할인율은 그 논리적 타당성을 상실하게 된다.

그러나 사회적 할인율을 새롭게 도출하는 방법에 관한 구체적 지침은 아직까지 연구되지 못한 실정이다. 다만 공공사업이 발생시키는 긍정적 외부효과와 민간부문에 근시안적(myopic)인 태도의 존재 등의 이유로 인해 사회적 할인율은 민간의 할인율 보다는 다소 낮게 책정되어야 한다는 주장정도가 있을 뿐이다. 그러나 이러한 주장도 사회적 할인율이 낮아야 할 결정적인 이유을 제시하고 있지 못하다는 점 그리고 사회적 할인율을 낮춰야 한다면 구체적으로 얼마나 낮춰야할지를 제시하고 있지 못하다는 점에서 비판을 받고 있다.

연습문제

01 **다음은 공공투자사업이 민간투자사업과의 차이점을 나열한 것이다. 옳지 않은 것은?**

에너지진단사 기출 (제9회)

① 공공사업의 투자효과는 국민들의 편익으로 나타난다.

② 공공사업은 주요 재원이 세금에 의해서 투자된다.

③ 공공사업은 자금 조달자와 혜택의 수혜자는 동일하다.

④ 민간사업은 이익 극대화를 추구하나, 공공사업은 국민들의 편익 극대화를 추구한다.

⑤ 공공사업은 민간사업에 비해 대체적으로 규모가 크고 사업 수명도 장기적인 경향을 갖는다.

[해설]

③ 민간부문의 투자는 자금의 제공자와 투자 혜택의 수혜자가 일치하는 것이 보통이나 공공사업의 경우 자금의 제공자와 혜택의 수혜자는 별도인 것이 일반적이다.

02. **비용-편익분석시 유의하여할 사항에 해당되지 않는 것은?**

에너지진단사 기출 (제1회)

① 투자사업 내지 활동의 목적 및 목표를 정의할 때 목표의 정확한 설정 및 단순성이 요구된다.

② 중요한 몇 개의 대체수단을 분석한다.

③ 비용과 편익을 비교하기 위해서 비용과 편익의 시간적 흐름을 할인하여 현재가치를 추정한다.

④ 편익이 비용을 상회하는 사업을 선택하거나 비율에 따라서 사업의 순위를 결정한다.

⑤ 비용·편익비율에서 통상 사용되는 할인율은 시장이자율, 기업할인율, 정부차입이자율, 사회적 할인율, 공공투자사업의 기준할인율 등이 있는데 어떤 할인율을 이용하든지 그 결과에는 큰 차이가 없다.

[해설]

⑤ 공공사업의 비용-편익 분석에 있어서 할인율의 측정은 매우 중요하며, 공공사업은 그

정답 1.③

사업의 효과가 장기에 걸쳐서 발생하는 경우가 빈번하기 때문에 할인율이 정교하게 산출되지 않는 경우 경제성 평가의 타당성이 심히 훼손될 가능성이 있다.

03. 경제성분석은 흔히 비용·편익분석을 의미하고 공공투자사업의 효율성 평가에 널리 활용되고 있는 기법이다. 비용·편익비율에서는 적절한 할인율의 선택이 대단히 중요한데 통상 사용되는 할인율이 아닌 것은? 에너지진단사 기출 (제2회, 제5회)

① 공공투자사업의 기준할인율 ② 기업할인율
③ 정부차입이자율 ④ 사회적 할인율
⑤ 시장의 외환율

[해설]

⑤ 외환율은 원화 대 외화의 교환비율이지 할인율(이자율)이 아니다.

04. 비용편익분석(cost-benefit analysis)에 대한 설명으로 적절하지 않은 것은?
에너지진단사 기출 (제6회, 제8회)

① 공공투자사업의 효율성 평가에 널리 활용되고 있는 기법이다.
② 투자안에 대해서 비용과 편익을 분석하여 투자판단기준을 제공하는 기법이다.
③ 투자안에 대한 편익의 순현재가치와 비용의 순현재가치와의 비율을 구하여 경제적 타당성을 판단하는 기법이다.
④ 동일시점에서 비용과 편익을 상호 비교할 때, 현재가치의 계산을 위해서 적절한 할인율을 적용한다.
⑤ 할인율의 선택, 비용과 편익의 대상 및 화폐단위로의 산출 기준 등에 대해 명확한 기준이 제시되어 있어 주관적인 판단이 개입될 수 없는 장점이 있다.

[해설]

③ 비용-편익 분석은 넓은 의미로 투자안의 경제성 분석과 유사한 개념으로도 사용되고, 좁은 의미로는 공공사업의 경제성분석에 있어서 가장 많이 사용되는 편익대비용(비율) 분석을 의미하기도 한다.

편익대비용(비율)분석에서는 민간투자의 경제성 분석에서 사용하는 수익성지수법(PI법)과 방법적으로 동일하며 공공사업을 통한 편익의 순현재가치를 비용의 순현재가치로 나누어 그

정답 2.⑤ 3.⑤

비율이 1을 초과하면 경제성이 있는 것으로 판단한다.

⑤ 공공사업의 비용–편익 분석시에 편익과 비용의 대상 및 화폐단위로의 산출 기준, 사회적 할인율의 결정 등에 대해 명확하고 통일된 지침이 마련되어있지 않아 주관적인 판단이 개입될 여지가 있다.

05. 다음은 어떤 공공사업의 편익과 비용에 관한 자료이다. 자료를 근거로 이 공공사업의 편익-비용 비율(benefit-cost ratio)로 맞는 것은? (단, 할인율은 8 %이다) 에너지진단사 기출 (제7회)

년	편익(억원)	비용(억원)
0	0	10
1	0	10.08
2	34.99	0

① 1.0 ② 1.2 ③ 1.5
④ 1.6 ⑤ 1.8

[해설]

$$\text{편익–비용 비율(benefit–cost ratio)} = \frac{\text{편익의 현재가치}}{\text{비용의 현재가치}} = \frac{\dfrac{34.99}{1.08^2}}{10+\dfrac{10.08}{1.08}} = 1.552$$

※ 편익대비용(비율)분석에서는 민간투자의 경제성 분석에서 사용하는 수익성지수법(PI법)과 방법적으로 동일하며 공공사업을 통한 편익의 순현재가치를 비용의 순현재가치로 나누어 그 비율이 1을 초과하면 경제성이 있는 것으로 판단한다.

06. 어느 도시에서 주민위락시설을 마련하기 위하여 상호배타적인 대안들을 검토하고 있다. 이들 대안들의 연간균등편익(annual equivalent benefit)과 연간균등비용(annual equivalent cost), 그리고 편익-비용(benefit-cost) 비율이 다음과 같이 주어질 때 선택할 대안으로 알맞은 것은? 에너지진단사 기출 (제9회)

정답 4.⑤ 5.③

대안	연간 균등편익	연간 균등비용	BC 비율
A	182,000	91,500	1.99
B	167,000	79,500	2.10
C	115,000	88,500	1.30
D	95,000	50,000	1.90

① A ② B ③ C

④ D ⑤ 아무 대안도 선택하지 않는다.

[해설]

대안	(1) 연간 균등편익	(2) 연간 균등비용	(3) 연간 균등이익 (=(1)-(2))	BC 비율
A	182,000	91,500	90,500	1.99
B	167,000	79,500	87,500	2.10
C	115,000	88,500	26,500	1.30
D	95,000	50,000	45,000	1.90

투자규모가 다른 상호배타적인 대안을 평가할 때에는 (3) 수익성지수(benefit-cost ratio ; BC 비율)의 크기에 의한 투자안의 선택(대안 B)은 오류를 범할 수 있다. (1) 연간 균등편익에서 (2) 연간 균등비용을 차감한 (3) 연간 균등이익(순현재가치)을 기준으로 가장 우수한 대안A를 선택하여야 한다.

정답 6.①

부 표

부 표

[부표 1] 현재가치계수표

[부표 2] 연금현재가치계수표

[부표 3] 미래가치계수표

[부표 4] 연금미래가치계수표

[부표1] 현재가치계수표 : $\dfrac{1}{(1+r)^n}$

이자율(r) / 기간(n)	1%	2%	3%	4%	5%	6%	7%	8%	9%	10%
1	.9901	.9804	.9709	.9615	.9524	.9434	.9346	.9259	.9174	.9091
2	.9803	.9612	.9426	.9246	.9070	.8900	.8734	.8573	.8417	.8264
3	.9706	.9423	.9151	.8890	.8638	.8396	.8163	.7938	.7722	.7513
4	.9610	.9238	.8885	.8548	.8227	.7921	.7629	.7350	.7084	.6830
5	.9515	.9057	.8626	.8219	.7835	.7473	.7130	.6806	.6499	.6209
6	.9420	.8880	.8375	.7903	.7462	.7050	.6663	.6302	.5963	.5645
7	.9327	.8706	.8131	.7599	.7107	.6651	.6227	.5835	.5470	.5132
8	.9235	.8535	.7894	.7307	.6768	.6274	.5820	.5403	.5019	.4665
9	.9143	.8368	.7664	.7026	.6446	.5919	.5439	.5002	.4604	.4241
10	.9053	.8203	.7441	.6756	.6139	.5584	.5083	.4632	.4224	.3855
11	.8963	.8043	.7224	.6496	.5847	.5268	.4751	.4289	.3875	.3505
12	.8874	.7885	.7014	.6246	.5568	.4970	.4440	.3971	.3555	.3186
13	.8787	.7730	.6810	.6006	.5303	.4688	.4150	.3677	.3262	.2897
14	.8700	.7579	.6611	.5775	.5051	.4423	.3878	.3405	.2992	.2633
15	.8613	.7430	.6419	.5553	.4810	.4173	.3624	.3152	.2745	.2394
16	.8528	.7284	.6232	.5339	.4581	.3936	.3387	.2919	.2519	.2176
17	.8444	.7142	.6050	.5134	.4363	.3714	.3166	.2703	.2311	.1978
18	.8360	.7002	.5874	.4936	.4155	.3503	.2959	.2502	.2120	.1799
19	.8277	.6864	.5703	.4746	.3957	.3305	.2765	.2317	.1945	.1635
20	.8195	.6730	.5537	.4564	.3769	.3118	.2584	.2145	.1784	.1486
21	.8114	.6598	.5375	.4388	.3589	.2942	.2415	.1987	.1637	.1351
22	.8034	.6468	.5219	.4220	.3418	.2775	.2257	.1839	.1502	.1228
23	.7954	.6342	.5067	.4057	.3256	.2618	.2109	.1703	.1378	.1117
24	.7876	.6217	.4919	.3901	.3101	.2470	.1971	.1577	.1264	.1015
25	.7798	.6095	.4776	.3751	.2953	.2330	.1842	.1460	.1160	.0923
26	.7720	.5976	.4637	.3607	.2812	.2198	.1722	.1352	.1064	.0839
27	.7644	.5859	.4502	.3468	.2678	.2074	.1609	.1252	.0976	.0763
28	.7568	.5744	.4371	.3335	.2551	.1956	.1504	.1159	.0895	.0693
29	.7493	.5631	.4243	.3207	.2429	.1846	.1406	.1073	.0822	.0630
30	.7419	.5521	.4120	.3083	.2314	.1741	.1314	.0994	.0754	.0573
31	.7346	.5412	.4000	.2965	.2204	.1643	.1228	.0920	.0691	.0521
32	.7273	.5306	.3883	.2851	.2099	.1550	.1147	.0852	.0634	.0474
33	.7201	.5202	.3770	.2741	.1999	.1462	.1072	.0789	.0582	.0431
34	.7130	.5100	.3660	.2636	.1904	.1379	.1002	.0730	.0534	.0391
35	.7059	.5000	.3554	.2534	.1813	.1301	.0937	.0676	.0490	.0356
36	.6989	.4902	.3450	.2437	.1727	.1227	.0875	.0626	.0449	.0323
37	.6920	.4806	.3350	.2343	.1644	.1158	.0818	.0580	.0412	.0294
38	.6852	.4712	.3252	.2253	.1566	.1092	.0765	.0537	.0378	.0267
39	.6784	.4619	.3158	.2166	.1491	.1031	.0715	.0497	.0347	.0243
40	.6717	.4529	.3066	.2083	.1420	.0972	.0668	.0460	.0318	.0221
41	.6650	.4440	.2976	.2003	.1353	.0917	.0624	.0426	.0292	.0201
42	.6584	.4353	.2890	.1926	.1288	.0865	.0583	.0395	.0268	.0183
43	.6519	.4268	.2805	.1852	.1227	.0816	.0545	.0365	.0246	.0166
44	.6454	.4184	.2724	.1780	.1169	.0770	.0509	.0338	.0226	.0151
45	.6391	.4102	.2644	.1712	.1113	.0727	.0476	.0313	.0207	.0137
46	.6327	.4022	.2567	.1646	.1060	.0685	.0445	.0290	.0190	.0125
47	.6265	.3943	.2493	.1583	.1009	.0647	.0416	.0269	.0174	.0113
48	.6203	.3865	.2420	.1522	.0961	.0610	.0389	.0249	.0160	.0103
49	.6141	.3790	.2350	.1463	.0916	.0575	.0363	.0230	.0147	.0094
50	.6080	.3715	.2281	.1407	.0872	.0543	.0339	.0213	.0134	.0085

이자율(r) / 기간(n)	11%	12%	13%	14%	15%	16%	17%	18%	19%	20%
1	.9009	.8929	.8850	.8772	.8696	.8621	.8547	.8475	.8403	.8333
2	.8116	.7972	.7831	.7695	.7561	.7432	.7305	.7182	.7062	.6944
3	.7312	.7118	.6931	.6750	.6575	.6407	.6244	.6086	.5934	.5787
4	.6587	.6355	.6133	.5921	.5718	.5523	.5337	.5158	.4987	.4823
5	.5935	.5674	.5428	.5194	.4972	.4761	.4561	.4371	.4190	.4019
6	.5346	.5066	.4803	.4556	.4323	.4104	.3898	.3704	.3521	.3349
7	.4817	.4523	.4251	.3996	.3759	.3538	.3332	.3139	.2959	.2791
8	.4339	.4039	.3762	.3506	.3269	.3050	.2848	.2660	.2487	.2326
9	.3909	.3606	.3329	.3075	.2843	.2630	.2434	.2255	.2090	.1938
10	.3522	.3220	.2946	.2697	.2472	.2267	.2080	.1911	.1756	.1615
11	.3173	.2875	.2607	.2366	.2149	.1954	.1778	.1619	.1476	.1346
12	.2858	.2567	.2307	.2076	.1869	.1685	.1520	.1372	.1240	.1122
13	.2575	.2292	.2042	.1821	.1625	.1452	.1299	.1163	.1042	.0935
14	.2320	.2046	.1807	.1597	.1413	.1252	.1110	.0985	.0876	.0779
15	.2090	.1827	.1599	.1401	.1229	.1079	.0949	.0835	.0736	.0649
16	.1883	.1631	.1415	.1229	.1069	.0930	.0811	.0708	.0618	.0541
17	.1696	.1456	.1252	.1078	.0929	.0802	.0693	.0600	.0520	.0451
18	.1528	.1300	.1108	.0946	.0808	.0691	.0592	.0508	.0437	.0376
19	.1377	.1161	.0981	.0829	.0703	.0596	.0506	.0431	.0367	.0313
20	.1240	.1037	.0868	.0728	.0611	.0514	.0433	.0365	.0308	.0261
21	.1117	.0926	.0768	.0638	.0531	.0443	.0370	.0309	.0259	.0217
22	.1007	.0826	.0680	.0560	.0462	.0382	.0316	.0262	.0218	.0181
23	.0907	.0738	.0601	.0491	.0402	.0329	.0270	.0222	.0183	.0151
24	.0817	.0659	.0532	.0431	.0349	.0284	.0231	.0188	.0154	.0126
25	.0736	.0588	.0471	.0378	.0304	.0245	.0197	.0160	.0129	.0105
26	.0663	.0525	.0417	.0331	.0264	.0211	.0169	.0135	.0109	.0087
27	.0597	.0469	.0369	.0291	.0230	.0182	.0144	.0115	.0091	.0073
28	.0538	.0419	.0326	.0255	.0200	.0157	.0123	.0097	.0077	.0061
29	.0485	.0374	.0289	.0224	.0174	.0135	.0105	.0082	.0064	.0051
30	.0437	.0334	.0256	.0196	.0151	.0116	.0090	.0070	.0054	.0042
31	.0394	.0298	.0226	.0172	.0131	.0100	.0077	.0059	.0046	.0035
32	.0355	.0266	.0200	.0151	.0114	.0087	.0066	.0050	.0038	.0029
33	.0319	.0238	.0177	.0132	.0099	.0075	.0056	.0042	.0032	.0024
34	.0288	.0212	.0157	.0116	.0086	.0064	.0048	.0036	.0027	.0020
35	.0259	.0189	.0139	.0102	.0075	.0055	.0041	.0030	.0023	.0017
36	.0234	.0169	.0123	.0089	.0065	.0048	.0035	.0026	.0019	.0014
37	.0210	.0151	.0109	.0078	.0057	.0041	.0030	.0022	.0016	.0012
38	.0190	.0135	.0096	.0069	.0049	.0036	.0026	.0019	.0013	.0010
39	.0171	.0120	.0085	.0060	.0043	.0031	.0022	.0016	.0011	.0008
40	.0154	.0107	.0075	.0053	.0037	.0026	.0019	.0013	.0010	.0007
41	.0139	.0096	.0067	.0046	.0032	.0023	.0016	.0011	.0008	.0006
42	.0125	.0086	.0059	.0041	.0028	.0020	.0014	.0010	.0007	.0005
43	.0112	.0076	.0052	.0036	.0025	.0017	.0012	.0008	.0006	.0004
44	.0101	.0068	.0046	.0031	.0021	.0015	.0010	.0007	.0005	.0003
45	.0091	.0061	.0041	.0027	.0019	.0013	.0009	.0006	.0004	.0003
46	.0082	.0054	.0036	.0024	.0016	.0011	.0007	.0005	.0003	.0002
47	.0074	.0049	.0032	.0021	.0014	.0009	.0006	.0004	.0003	.0002
48	.0067	.0043	.0028	.0019	.0012	.0008	.0005	.0004	.0002	.0002
49	.0060	.0039	.0025	.0016	.0011	.0007	.0005	.0003	.0002	.0001
50	.0054	.0035	.0022	.0014	.0009	.0006	.0004	.0003	.0002	.0001

이자율(r) / 기간(n)	21%	22%	23%	24%	25%	26%	27%	28%	29%	30%
1	.8264	.8197	.8130	.8065	.8000	.7937	.7874	.7813	.7752	.7692
2	.6830	.6719	.6610	.6504	.6400	.6299	.6200	.6104	.6009	.5917
3	.5645	.5507	.5374	.5245	.5120	.4999	.4882	.4768	.4658	.4552
4	.4665	.4514	.4369	.4230	.4096	.3968	.3844	.3725	.3611	.3501
5	.3855	.3700	.3552	.3411	.3277	.3149	.3027	.2910	.2799	.2693
6	.3186	.3033	.2888	.2751	.2621	.2499	.2383	.2274	.2170	.2072
7	.2633	.2486	.2348	.2218	.2097	.1983	.1877	.1776	.1682	.1594
8	.2176	.2038	.1909	.1789	.1678	.1574	.1478	.1388	.1304	.1226
9	.1799	.1670	.1552	.1443	.1342	.1249	.1164	.1084	.1011	.0943
10	.1486	.1369	.1262	.1164	.1074	.0992	.0916	.0847	.0784	.0725
11	.1228	.1122	.1026	.0938	.0859	.0787	.0721	.0662	.0607	.0558
12	.1015	.0920	.0834	.0757	.0687	.0625	.0568	.0517	.0471	.0429
13	.0839	.0754	.0678	.0610	.0550	.0496	.0447	.0404	.0365	.0330
14	.0693	.0618	.0551	.0492	.0440	.0393	.0352	.0316	.0283	.0254
15	.0573	.0507	.0448	.0397	.0352	.0312	.0277	.0247	.0219	.0195
16	.0474	.0415	.0364	.0320	.0281	.0248	.0218	.0193	.0170	.0150
17	.0391	.0340	.0296	.0258	.0225	.0197	.0172	.0150	.0132	.0116
18	.0323	.0279	.0241	.0208	.0180	.0156	.0135	.0118	.0102	.0089
19	.0267	.0229	.0196	.0168	.0144	.0124	.0107	.0092	.0079	.0068
20	.0221	.0187	.0159	.0135	.0115	.0098	.0084	.0072	.0061	.0053
21	.0183	.0154	.0129	.0109	.0092	.0078	.0066	.0056	.0048	.0040
22	.0151	.0126	.0105	.0088	.0074	.0062	.0052	.0044	.0037	.0031
23	.0125	.0103	.0086	.0071	.0059	.0049	.0041	.0034	.0029	.0024
24	.0103	.0085	.0070	.0057	.0047	.0039	.0032	.0027	.0022	.0018
25	.0085	.0069	.0057	.0046	.0038	.0031	.0025	.0021	.0017	.0014
26	.0070	.0057	.0046	.0037	.0030	.0025	.0020	.0016	.0013	.0011
27	.0058	.0047	.0037	.0030	.0024	.0019	.0016	.0013	.0010	.0008
28	.0048	.0038	.0030	.0024	.0019	.0015	.0012	.0010	.0008	.0006
29	.0040	.0031	.0025	.0020	.0015	.0012	.0010	.0008	.0006	.0005
30	.0033	.0026	.0020	.0016	.0012	.0010	.0008	.0006	.0005	.0004
31	.0027	.0021	.0016	.0013	.0010	.0008	.0006	.0005	.0004	.0003
32	.0022	.0017	.0013	.0010	.0008	.0006	.0005	.0004	.0003	.0002
33	.0019	.0014	.0011	.0008	.0006	.0005	.0004	.0003	.0002	.0002
34	.0015	.0012	.0009	.0007	.0005	.0004	.0003	.0002	.0002	.0001
35	.0013	.0009	.0007	.0005	.0004	.0003	.0002	.0002	.0001	.0001
36	.0010	.0008	.0006	.0004	.0003	.0002	.0002	.0001	.0001	.0001
37	.0009	.0006	.0005	.0003	.0003	.0002	.0001	.0001	.0001	.0001
38	.0007	.0005	.0004	.0003	.0002	.0002	.0001	.0001	.0001	.0000
39	.0006	.0004	.0003	.0002	.0002	.0001	.0001	.0001	.0000	.0000
40	.0005	.0004	.0003	.0002	.0001	.0001	.0001	.0001	.0000	.0000
41	.0004	.0003	.0002	.0001	.0001	.0001	.0001	.0000	.0000	.0000
42	.0003	.0002	.0002	.0001	.0001	.0001	.0000	.0000	.0000	.0000
43	.0003	.0002	.0001	.0001	.0001	.0000	.0000	.0000	.0000	.0000
44	.0002	.0002	.0001	.0001	.0001	.0000	.0000	.0000	.0000	.0000
45	.0002	.0001	.0001	.0001	.0000	.0000	.0000	.0000	.0000	.0000
46	.0002	.0001	.0001	.0001	.0000	.0000	.0000	.0000	.0000	.0000
47	.0001	.0001	.0001	.0000	.0000	.0000	.0000	.0000	.0000	.0000
48	.0001	.0001	.0000	.0000	.0000	.0000	.0000	.0000	.0000	.0000
49	.0001	.0001	.0000	.0000	.0000	.0000	.0000	.0000	.0000	.0000
50	.0001	.0000	.0000	.0000	.0000	.0000	.0000	.0000	.0000	.0000

[부표2] 연금현재가치계수표 : $\dfrac{(1+r)^n - 1}{r(1+r)^n}$

이자율(r) / 기간(n)	1%	2%	3%	4%	5%	6%	7%	8%	9%	10%
1	0.9901	0.9804	0.9709	0.9615	0.9524	0.9434	0.9346	0.9259	0.9174	0.9091
2	1.9704	1.9416	1.9135	1.8861	1.8594	1.8334	1.8080	1.7833	1.7591	1.7355
3	2.9410	2.8839	2.8286	2.7751	2.7232	2.6730	2.6243	2.5771	2.5313	2.4869
4	3.9020	3.8077	3.7171	3.6299	3.5460	3.4651	3.3872	3.3121	3.2397	3.1699
5	4.8534	4.7135	4.5797	4.4518	4.3295	4.2124	4.1002	3.9927	3.8897	3.7908
6	5.7955	5.6014	5.4172	5.2421	5.0757	4.9173	4.7665	4.6229	4.4859	4.3553
7	6.7282	6.4720	6.2303	6.0021	5.7864	5.5824	5.3893	5.2064	5.0330	4.8684
8	7.6517	7.3255	7.0197	6.7327	6.4632	6.2098	5.9713	5.7466	5.5348	5.3349
9	8.5660	8.1622	7.7861	7.4353	7.1078	6.8017	6.5152	6.2469	5.9952	5.7590
10	9.4713	8.9826	8.5302	8.1109	7.7217	7.3601	7.0236	6.7101	6.4177	6.1446
11	10.3676	9.7868	9.2526	8.7605	8.3064	7.8869	7.4987	7.1390	6.8052	6.4951
12	11.2551	10.5753	9.9540	9.3851	8.8633	8.3838	7.9427	7.5361	7.1607	6.8137
13	12.1337	11.3484	10.6350	9.9856	9.3936	8.8527	8.3577	7.9038	7.4869	7.1034
14	13.0037	12.1062	11.2961	10.5631	9.8986	9.2950	8.7455	8.2442	7.7862	7.3667
15	13.8651	12.8493	11.9379	11.1184	10.3797	9.7122	9.1079	8.5595	8.0607	7.6061
16	14.7179	13.5777	12.5611	11.6523	10.8378	10.1059	9.4466	8.8514	8.3126	7.8237
17	15.5623	14.2919	13.1661	12.1657	11.2741	10.4773	9.7632	9.1216	8.5436	8.0216
18	16.3983	14.9920	13.7535	12.6593	11.6896	10.8276	10.0591	9.3719	8.7556	8.2014
19	17.2260	15.6785	14.3238	13.1339	12.0853	11.1581	10.3356	9.6036	8.9501	8.3649
20	18.0456	16.3514	14.8775	13.5903	12.4622	11.4699	10.5940	9.8181	9.1285	8.5136
21	18.8570	17.0112	15.4150	14.0292	12.8212	11.7641	10.8355	10.0168	9.2922	8.6487
22	19.6604	17.6580	15.9369	14.4511	13.1630	12.0416	11.0612	10.2007	9.4424	8.7715
23	20.4558	18.2922	16.4436	14.8568	13.4886	12.3034	11.2722	10.3711	9.5802	8.8832
24	21.2434	18.9139	16.9355	15.2470	13.7986	12.5504	11.4693	10.5288	9.7066	8.9847
25	22.0232	19.5235	17.4131	15.6221	14.0939	12.7834	11.6536	10.6748	9.8226	9.0770
26	22.7952	20.1210	17.8768	15.9828	14.3752	13.0032	11.8258	10.8100	9.9290	9.1609
27	23.5596	20.7069	18.3270	16.3296	14.6430	13.2105	11.9867	10.9352	10.0266	9.2372
28	24.3164	21.2813	18.7641	16.6631	14.8981	13.4062	12.1371	11.0511	10.1161	9.3066
29	25.0658	21.8444	19.1885	16.9837	15.1411	13.5907	12.2777	11.1584	10.1983	9.3696
30	25.8077	22.3965	19.6004	17.2920	15.3725	13.7648	12.4090	11.2578	10.2737	9.4269
31	26.5423	22.9377	20.0004	17.5885	15.5928	13.9291	12.5318	11.3498	10.3428	9.4790
32	27.2696	23.4683	20.3888	17.8736	15.8027	14.0840	12.6466	11.4350	10.4062	9.5264
33	27.9897	23.9886	20.7658	18.1476	16.0025	14.2302	12.7538	11.5139	10.4644	9.5694
34	28.7027	24.4986	21.1318	18.4112	16.1929	14.3681	12.8540	11.5869	10.5178	9.6086
35	29.4086	24.9986	21.4872	18.6646	16.3742	14.4982	12.9477	11.6546	10.5668	9.6442
36	30.1075	25.4888	21.8323	18.9083	16.5469	14.6210	13.0352	11.7172	10.6118	9.6765
37	30.7995	25.9695	22.1672	19.1426	16.7113	14.7368	13.1170	11.7752	10.6530	9.7059
38	31.4847	26.4406	22.4925	19.3679	16.8679	14.8460	13.1935	11.8289	10.6908	9.7327
39	32.1630	26.9026	22.8082	19.5845	17.0170	14.9491	13.2649	11.8786	10.7255	9.7570
40	32.8347	27.3555	23.1148	19.7928	17.1591	15.0463	13.3317	11.9246	10.7574	9.7791
41	33.4997	27.7995	23.4124	19.9931	17.2944	15.1380	13.3941	11.9672	10.7866	9.7991
42	34.1581	28.2348	23.7014	20.1856	17.4232	15.2245	13.4524	12.0067	10.8134	9.8174
43	34.8100	28.6616	23.9819	20.3708	17.5459	15.3062	13.5070	12.0432	10.8380	9.8340
44	35.4555	29.0800	24.2543	20.5488	17.6628	15.3832	13.5579	12.0771	10.8605	9.8491
45	36.0945	29.4902	24.5187	20.7200	17.7741	15.4558	13.6055	12.1084	10.8812	9.8628
46	36.7272	29.8923	24.7754	20.8847	17.8801	15.5244	13.6500	12.1374	10.9002	9.8753
47	37.3537	30.2866	25.0247	21.0429	17.9810	15.5890	13.6916	12.1643	10.9176	9.8866
48	37.9740	30.6731	25.2667	21.1951	18.0772	15.6500	13.7305	12.1891	10.9336	9.8969
49	38.5881	31.0521	25.5017	21.3415	18.1687	15.7076	13.7668	12.2122	10.9482	9.9063
50	39.1961	31.4236	25.7298	21.4822	18.2559	15.7619	13.8007	12.2335	10.9617	9.9148

이자율(r) / 기간(n)	11 %	12 %	13 %	14 %	15 %	16 %	17 %	18 %	19 %	20 %
1	0.9009	0.8929	0.8850	0.8772	0.8696	0.8621	0.8547	0.8475	0.8403	0.8333
2	1.7125	1.6901	1.6681	1.6467	1.6257	1.6052	1.5852	1.5656	1.5465	1.5278
3	2.4437	2.4018	2.3612	2.3216	2.2832	2.2459	2.2096	2.1743	2.1399	2.1065
4	3.1024	3.0373	2.9745	2.9137	2.8550	2.7982	2.7432	2.6901	2.6386	2.5887
5	3.6959	3.6048	3.5172	3.4331	3.3522	3.2743	3.1993	3.1272	3.0576	2.9906
6	4.2305	4.1114	3.9975	3.8887	3.7845	3.6847	3.5892	3.4976	3.4098	3.3255
7	4.7122	4.5638	4.4226	4.2883	4.1604	4.0386	3.9224	3.8115	3.7057	3.6046
8	5.1461	4.9676	4.7988	4.6389	4.4873	4.3436	4.2072	4.0776	3.9544	3.8372
9	5.5370	5.3282	5.1317	4.9464	4.7716	4.6065	4.4506	4.3030	4.1633	4.0310
10	5.8892	5.6502	5.4262	5.2161	5.0188	4.8332	4.6586	4.4941	4.3389	4.1925
11	6.2065	5.9377	5.6869	5.4527	5.2337	5.0286	4.8364	4.6560	4.4865	4.3271
12	6.4924	6.1944	5.9176	5.6603	5.4206	5.1971	4.9884	4.7932	4.6105	4.4392
13	6.7499	6.4235	6.1218	5.8424	5.5831	5.3423	5.1183	4.9095	4.7147	4.5327
14	6.9819	6.6282	6.3025	6.0021	5.7245	5.4675	5.2293	5.0081	4.8023	4.6106
15	7.1909	6.8109	6.4624	6.1422	5.8474	5.5755	5.3242	5.0916	4.8759	4.6755
16	7.3792	6.9740	6.6039	6.2651	5.9542	5.6685	5.4053	5.1624	4.9377	4.7296
17	7.5488	7.1196	6.7291	6.3729	6.0472	5.7487	5.4746	5.2223	4.9897	4.7746
18	7.7016	7.2497	6.8399	6.4674	6.1280	5.8178	5.5339	5.2732	5.0333	4.8122
19	7.8393	7.3658	6.9380	6.5504	6.1982	5.8775	5.5845	5.3162	5.0700	4.8435
20	7.9633	7.4694	7.0248	6.6231	6.2593	5.9288	5.6278	5.3527	5.1009	4.8696
21	8.0751	7.5620	7.1016	6.6870	6.3125	5.9731	5.6648	5.3837	5.1268	4.8913
22	8.1757	7.6446	7.1695	6.7429	6.3587	6.0113	5.6964	5.4099	5.1486	4.9094
23	8.2664	7.7184	7.2297	6.7921	6.3988	6.0442	5.7234	5.4321	5.1668	4.9245
24	8.3481	7.7843	7.2829	6.8351	6.4338	6.0726	5.7465	5.4509	5.1822	4.9371
25	8.4217	7.8431	7.3300	6.8729	6.4641	6.0971	5.7662	5.4669	5.1951	4.9476
26	8.4881	7.8957	7.3717	6.9061	6.4906	6.1182	5.7831	5.4804	5.2060	4.9563
27	8.5478	7.9426	7.4086	6.9352	6.5135	6.1364	5.7975	5.4919	5.2151	4.9636
28	8.6016	7.9844	7.4412	6.9607	6.5335	6.1520	5.8099	5.5016	5.2228	4.9697
29	8.6501	8.0218	7.4701	6.9830	6.5509	6.1656	5.8204	5.5098	5.2292	4.9747
30	8.6938	8.0552	7.4957	7.0027	6.5660	6.1772	5.8294	5.5168	5.2347	4.9789
31	8.7331	8.0850	7.5183	7.0199	6.5791	6.1872	5.8371	5.5227	5.2392	4.9824
32	8.7686	8.1116	7.5383	7.0350	6.5905	6.1959	5.8437	5.5277	5.2430	4.9854
33	8.8005	8.1354	7.5560	7.0482	6.6005	6.2034	5.8493	5.5320	5.2462	4.9878
34	8.8293	8.1566	7.5717	7.0599	6.6091	6.2098	5.8541	5.5356	5.2489	4.9898
35	8.8552	8.1755	7.5856	7.0700	6.6166	6.2153	5.8582	5.5386	5.2512	4.9915
36	8.8786	8.1924	7.5979	7.0790	6.6231	6.2201	5.8617	5.5412	5.2531	4.9929
37	8.8996	8.2075	7.6087	7.0868	6.6288	6.2242	5.8647	5.5434	5.2547	4.9941
38	8.9186	8.2210	7.6183	7.0937	6.6338	6.2278	5.8673	5.5452	5.2561	4.9951
39	8.9357	8.2330	7.6268	7.0997	6.6380	6.2309	5.8695	5.5468	5.2572	4.9959
40	8.9511	8.2438	7.6344	7.1050	6.6418	6.2335	5.8713	5.5482	5.2582	4.9966
41	8.9649	8.2534	7.6410	7.1097	6.6450	6.2358	5.8729	5.5493	5.2590	4.9972
42	8.9774	8.2619	7.6469	7.1138	6.6478	6.2377	5.8743	5.5502	5.2596	4.9976
43	8.9886	8.2696	7.6522	7.1173	6.6503	6.2394	5.8755	5.5510	5.2602	4.9980
44	8.9988	8.2764	7.6568	7.1205	6.6524	6.2409	5.8765	5.5517	5.2607	4.9984
45	9.0079	8.2825	7.6609	7.1232	6.6543	6.2421	5.8773	5.5523	5.2611	4.9986
46	9.0161	8.2880	7.6645	7.1256	6.6559	6.2432	5.8781	5.5528	5.2614	4.9989
47	9.0235	8.2928	7.6677	7.1277	6.6573	6.2442	5.8787	5.5532	5.2617	4.9991
48	9.0302	8.2972	7.6705	7.1296	6.6585	6.2450	5.8792	5.5536	5.2619	4.9992
49	9.0362	8.3010	7.6730	7.1312	6.6596	6.2457	5.8797	5.5539	5.2621	4.9993
50	9.0417	8.3045	7.6752	7.1327	6.6605	6.2463	5.8801	5.5541	5.2623	4.9995

이자율(r) / 기간(n)	21 %	22 %	23 %	24 %	25 %	26 %	27 %	28 %	29 %	30 %
1	0.8264	0.8197	0.8130	0.8065	0.8000	0.7937	0.7874	0.7813	0.7752	0.7692
2	1.5095	1.4915	1.4740	1.4568	1.4400	1.4235	1.4074	1.3916	1.3761	1.3609
3	2.0739	2.0422	2.0114	1.9813	1.9520	1.9234	1.8956	1.8684	1.8420	1.8161
4	2.5404	2.4936	2.4483	2.4043	2.3616	2.3202	2.2800	2.2410	2.2031	2.1662
5	2.9260	2.8636	2.8035	2.7454	2.6893	2.6351	2.5827	2.5320	2.4830	2.4356
6	3.2446	3.1669	3.0923	3.0205	2.9514	2.8850	2.8210	2.7594	2.7000	2.6427
7	3.5079	3.4155	3.3270	3.2423	3.1611	3.0833	3.0087	2.9370	2.8682	2.8021
8	3.7256	3.6193	3.5179	3.4212	3.3289	3.2407	3.1564	3.0758	2.9986	2.9247
9	3.9054	3.7863	3.6731	3.5655	3.4631	3.3657	3.2728	3.1842	3.0997	3.0190
10	4.0541	3.9232	3.7993	3.6819	3.5705	3.4648	3.3644	3.2689	3.1781	3.0915
11	4.1769	4.0354	3.9018	3.7757	3.6564	3.5435	3.4365	3.3351	3.2388	3.1473
12	4.2784	4.1274	3.9852	3.8514	3.7251	3.6059	3.4933	3.3868	3.2859	3.1903
13	4.3624	4.2028	4.0530	3.9124	3.7801	3.6555	3.5381	3.4272	3.3224	3.2233
14	4.4317	4.2646	4.1082	3.9616	3.8241	3.6949	3.5733	3.4587	3.3507	3.2487
15	4.4890	4.3152	4.1530	4.0013	3.8593	3.7261	3.6010	3.4834	3.3726	3.2682
16	4.5364	4.3567	4.1894	4.0333	3.8874	3.7509	3.6228	3.5026	3.3896	3.2832
17	4.5755	4.3908	4.2190	4.0591	3.9099	3.7705	3.6400	3.5177	3.4028	3.2948
18	4.6079	4.4187	4.2431	4.0799	3.9279	3.7861	3.6536	3.5294	3.4130	3.3037
19	4.6346	4.4415	4.2627	4.0967	3.9424	3.7985	3.6642	3.5386	3.4210	3.3105
20	4.6567	4.4603	4.2786	4.1103	3.9539	3.8083	3.6726	3.5458	3.4271	3.3158
21	4.6750	4.4756	4.2916	4.1212	3.9631	3.8161	3.6792	3.5514	3.4319	3.3198
22	4.6900	4.4882	4.3021	4.1300	3.9705	3.8223	3.6844	3.5558	3.4356	3.3230
23	4.7025	4.4985	4.3106	4.1371	3.9764	3.8273	3.6885	3.5592	3.4384	3.3254
24	4.7128	4.5070	4.3176	4.1428	3.9811	3.8312	3.6918	3.5619	3.4406	3.3272
25	4.7213	4.5139	4.3232	4.1474	3.9849	3.8342	3.6943	3.5640	3.4423	3.3286
26	4.7284	4.5196	4.3278	4.1511	3.9879	3.8367	3.6963	3.5656	3.4437	3.3297
27	4.7342	4.5243	4.3316	4.1542	3.9903	3.8387	3.6979	3.5669	3.4447	3.3305
28	4.7390	4.5281	4.3346	4.1566	3.9923	3.8402	3.6991	3.5679	3.4455	3.3312
29	4.7430	4.5312	4.3371	4.1585	3.9938	3.8414	3.7001	3.5687	3.4461	3.3317
30	4.7463	4.5338	4.3391	4.1601	3.9950	3.8424	3.7009	3.5693	3.4466	3.3321
31	4.7490	4.5359	4.3407	4.1614	3.9960	3.8432	3.7015	3.5697	3.4470	3.3324
32	4.7512	4.5376	4.3421	4.1624	3.9968	3.8438	3.7019	3.5701	3.4473	3.3326
33	4.7531	4.5390	4.3431	4.1632	3.9975	3.8443	3.7023	3.5704	3.4475	3.3328
34	4.7546	4.5402	4.3440	4.1639	3.9980	3.8447	3.7026	3.5706	3.4477	3.3329
35	4.7559	4.5411	4.3447	4.1644	3.9984	3.8450	3.7028	3.5708	3.4478	3.3330
36	4.7569	4.5419	4.3453	4.1649	3.9987	3.8452	3.7030	3.5709	3.4479	3.3331
37	4.7578	4.5426	4.3458	4.1652	3.9990	3.8454	3.7032	3.5710	3.4480	3.3331
38	4.7585	4.5431	4.3462	4.1655	3.9992	3.8456	3.7033	3.5711	3.4481	3.3332
39	4.7591	4.5435	4.3465	4.1657	3.9993	3.8457	3.7034	3.5712	3.4481	3.3332
40	4.7596	4.5439	4.3467	4.1659	3.9995	3.8458	3.7034	3.5712	3.4481	3.3332
41	4.7600	4.5441	4.3469	4.1661	3.9996	3.8459	3.7035	3.5713	3.4482	3.3333
42	4.7603	4.5444	4.3471	4.1662	3.9997	3.8459	3.7035	3.5713	3.4482	3.3333
43	4.7606	4.5446	4.3472	4.1663	3.9997	3.8460	3.7036	3.5713	3.4482	3.3333
44	4.7608	4.5447	4.3473	4.1663	3.9998	3.8460	3.7036	3.5714	3.4482	3.3333
45	4.7610	4.5449	4.3474	4.1664	3.9998	3.8460	3.7036	3.5714	3.4482	3.3333
46	4.7612	4.5450	4.3475	4.1665	3.9999	3.8461	3.7036	3.5714	3.4482	3.3333
47	4.7613	4.5451	4.3476	4.1665	3.9999	3.8461	3.7037	3.5714	3.4483	3.3333
48	4.7614	4.5451	4.3476	4.1665	3.9999	3.8461	3.7037	3.5714	3.4483	3.3333
49	4.7615	4.5452	4.3477	4.1666	3.9999	3.8461	3.7037	3.5714	3.4483	3.3333
50	4.7616	4.5452	4.3477	4.1666	3.9999	3.8461	3.7037	3.5714	3.4483	3.3333

[부표3] 미래가치계수표 : $(1 + r)^n$

이자율(r) / 기간(n)	1%	2%	3%	4%	5%	6%	7%	8%	9%	10%
1	1.0100	1.0200	1.0300	1.0400	1.0500	1.0600	1.0700	1.0800	1.0900	1.1000
2	1.0201	1.0404	1.0609	1.0816	1.1025	1.1236	1.1449	1.1664	1.1881	1.2100
3	1.0303	1.0612	1.0927	1.1249	1.1576	1.1910	1.2250	1.2597	1.2950	1.3310
4	1.0406	1.0824	1.1255	1.1699	1.2155	1.2625	1.3108	1.3605	1.4116	1.4641
5	1.0510	1.1041	1.1593	1.2167	1.2763	1.3382	1.4026	1.4693	1.5386	1.6105
6	1.0615	1.1262	1.1941	1.2653	1.3401	1.4185	1.5007	1.5869	1.6771	1.7716
7	1.0721	1.1487	1.2299	1.3159	1.4071	1.5036	1.6058	1.7138	1.8280	1.9487
8	1.0829	1.1717	1.2668	1.3686	1.4775	1.5938	1.7182	1.8509	1.9926	2.1436
9	1.0937	1.1951	1.3048	1.4233	1.5513	1.6895	1.8385	1.9990	2.1719	2.3579
10	1.1046	1.2190	1.3439	1.4802	1.6289	1.7908	1.9672	2.1589	2.3674	2.5937
11	1.1157	1.2434	1.3842	1.5395	1.7103	1.8983	2.1049	2.3316	2.5804	2.8531
12	1.1268	1.2682	1.4258	1.6010	1.7959	2.0122	2.2522	2.5182	2.8127	3.1384
13	1.1381	1.2936	1.4685	1.6651	1.8856	2.1329	2.4098	2.7196	3.0658	3.4523
14	1.1495	1.3195	1.5126	1.7317	1.9799	2.2609	2.5785	2.9372	3.3417	3.7975
15	1.1610	1.3459	1.5580	1.8009	2.0789	2.3966	2.7590	3.1722	3.6425	4.1772
16	1.1726	1.3728	1.6047	1.8730	2.1829	2.5404	2.9522	3.4259	3.9703	4.5950
17	1.1843	1.4002	1.6528	1.9479	2.2920	2.6928	3.1588	3.7000	4.3276	5.0545
18	1.1961	1.4282	1.7024	2.0258	2.4066	2.8543	3.3799	3.9960	4.7171	5.5599
19	1.2081	1.4568	1.7535	2.1068	2.5270	3.0256	3.6165	4.3157	5.1417	6.1159
20	1.2202	1.4859	1.8061	2.1911	2.6533	3.2071	3.8697	4.6610	5.6044	6.7275
21	1.2024	1.5157	1.8603	2.2788	2.7860	3.3996	4.1406	5.0338	6.1088	7.4002
22	1.2447	1.5460	1.9161	2.3699	2.9253	3.6035	4.4304	5.4365	6.6586	8.1403
23	1.2572	1.5769	1.9736	2.4647	3.0715	3.8197	4.7405	5.8715	7.2579	8.9543
24	1.2697	1.6084	2.0328	2.5633	3.2251	4.0489	5.0724	6.3412	7.9111	9.8497
25	1.2824	1.6406	2.0938	2.6658	3.3864	4.2919	5.4274	6.8485	8.6231	10.835
26	1.2953	1.6734	2.1566	2.7725	3.5557	4.5494	5.8074	7.3964	9.3992	11.918
27	1.3082	1.7069	2.2213	2.8834	3.7335	4.8223	6.2139	7.9881	10.245	13.110
28	1.3213	1.7410	2.2879	2.9987	3.9201	5.1117	6.6488	8.6271	11.167	14.421
29	1.3345	1.7758	2.3566	3.1187	4.1161	5.4184	7.1143	9.3173	12.172	15.863
30	1.3478	1.8114	2.4273	3.2434	4.3219	5.7435	7.6123	10.063	13.268	17.449
31	1.3613	1.8476	2.5001	3.3731	4.5380	6.0881	8.1451	10.868	14.462	19.194
32	1.3749	1.8845	2.5751	3.5081	4.7649	6.4534	8.7153	11.737	15.763	21.114
33	1.3887	1.9222	2.6523	3.6484	5.0032	6.8406	9.3253	12.676	17.182	23.225
34	1.4026	1.9607	2.7319	3.7943	5.2533	7.2510	9.9781	13.690	18.728	25.548
35	1.4166	1.9999	2.8139	3.9461	5.5160	7.6861	10.677	14.785	20.414	28.102
36	1.4308	2.0399	2.8983	4.1039	5.7918	8.1473	11.424	15.968	22.251	30.913
37	1.4451	2.0807	2.9852	4.2681	6.0814	8.6361	12.224	17.246	24.254	34.004
38	1.4595	2.1223	3.0748	4.4388	6.3855	9.1543	13.079	18.625	26.437	37.404
39	1.4741	2.1647	3.1670	4.6164	6.7048	9.7035	13.995	20.115	28.816	41.145
40	1.4889	2.2080	3.2620	4.8010	7.0400	10.286	14.974	21.725	31.409	45.259
41	1.5038	2.2522	3.3599	4.9931	7.3920	10.903	16.023	23.462	34.236	49.785
42	1.5188	2.2972	3.4607	5.1928	7.7616	11.557	17.144	25.339	37.318	54.764
43	1.5340	2.3432	3.5645	5.4005	8.1497	12.250	18.344	27.367	40.676	60.240
44	1.5493	2.3901	3.6715	5.6165	8.5572	12.985	19.628	29.556	44.337	66.264
45	1.5648	2.4379	3.7816	5.8412	8.9850	13.765	21.002	31.920	48.327	72.890
46	1.5805	2.4866	3.8950	6.0748	9.4343	14.590	22.473	34.474	52.677	80.180
47	1.5963	2.5363	4.0119	6.3178	9.9060	15.466	24.046	37.232	57.418	88.197
48	1.6122	2.5871	4.1323	6.5705	10.401	16.394	25.729	40.211	62.585	97.017
49	1.6283	2.6388	4.2562	6.8333	10.921	17.378	27.530	43.427	68.218	106.72
50	1.6446	2.6916	4.3839	7.1067	11.467	18.420	29.457	46.902	74.358	117.39

이자율(r) 기간(n)	11%	12%	13%	14%	15%	16%	17%	18%	19%	20%
1	1.1100	1.1200	1.1300	1.1400	1.1500	1.1600	1.1700	1.1800	1.1900	1.2000
2	1.2321	1.2544	1.2769	1.2996	1.3225	1.3456	1.3689	1.3924	1.4161	1.4400
3	1.3676	1.4049	1.4429	1.4815	1.5209	1.5609	1.6016	1.6430	1.6852	1.7280
4	1.5181	1.5735	1.6305	1.6890	1.7490	1.8106	1.8739	1.9388	2.0053	2.0736
5	1.6851	1.7623	1.8424	1.9254	2.0114	2.1003	2.1924	2.2878	2.3864	2.4883
6	1.8704	1.9738	2.0820	2.1950	2.3131	2.4364	2.5652	2.6996	2.8398	2.9860
7	2.0762	2.2107	2.3526	2.5023	2.6600	2.8262	3.0012	3.1855	3.3793	3.5832
8	2.3045	2.4760	2.6584	2.8526	3.0590	3.2784	3.5115	3.7589	4.0214	4.2998
9	2.5580	2.7731	3.0040	3.2519	3.5179	3.8030	4.1084	4.4355	4.7854	5.1598
10	2.8394	3.1058	3.3946	3.7072	4.0456	4.4114	4.8068	5.2338	5.6947	6.1917
11	3.1518	3.4785	3.8359	4.2262	4.6524	5.1173	5.6240	6.1759	6.7767	7.4301
12	3.4985	3.8960	4.3345	4.8179	5.3503	5.9360	6.5801	7.2876	8.0642	8.9161
13	3.8833	4.3635	4.8980	5.4924	6.1528	6.8858	7.6987	8.5994	9.5964	10.699
14	4.3104	4.8871	5.5348	6.2613	7.0757	7.9875	9.0075	10.147	11.420	12.839
15	4.7846	5.4736	6.2543	7.1379	8.1371	9.2655	10.539	11.974	13.590	15.407
16	5.3109	6.1304	7.0673	8.1372	9.3576	10.748	12.330	14.129	16.172	18.488
17	5.8951	6.8660	7.9861	9.2765	10.761	12.468	14.426	16.672	19.244	22.186
18	6.5436	7.6900	9.0243	10.575	12.375	14.463	16.879	19.673	22.901	26.623
19	7.2633	8.6128	10.197	12.056	14.232	16.777	19.748	23.214	27.252	31.948
20	8.0623	9.6463	11.523	13.743	16.367	19.461	23.106	27.393	32.429	38.338
21	8.9492	10.804	13.021	15.668	18.822	22.574	27.034	32.324	38.591	46.005
22	9.9336	12.100	14.714	17.861	21.645	26.186	31.629	38.142	45.923	55.206
23	11.026	13.552	16.627	20.362	24.891	30.376	37.006	45.008	54.649	66.247
24	12.239	15.179	18.788	23.212	28.625	35.236	43.297	53.109	65.032	79.497
25	13.585	17.000	21.231	26.462	32.919	40.874	50.658	62.669	77.388	95.396
26	15.080	19.040	23.991	30.167	37.857	47.414	59.270	73.949	92.092	114.48
27	16.739	21.325	27.109	34.390	43.535	55.000	69.345	87.260	109.59	137.37
28	18.580	23.884	30.633	39.204	50.066	63.800	81.134	102.97	130.41	164.84
29	20.624	26.750	34.616	44.693	57.575	74.009	94.927	121.50	155.19	197.81
30	22.892	29.960	39.116	50.950	66.212	85.850	111.06	143.37	184.68	237.38
31	25.410	33.555	44.201	58.083	76.144	99.586	129.95	169.18	219.76	284.85
32	28.206	37.582	49.947	66.215	87.565	115.52	152.04	199.63	261.52	341.82
33	31.308	42.092	56.440	75.485	100.70	134.00	177.88	235.56	311.21	410.19
34	34.752	47.143	63.777	86.053	115.80	155.44	208.12	277.96	370.34	492.22
35	38.575	52.800	72.069	98.100	133.18	180.31	243.50	328.00	440.70	590.67
36	42.818	59.136	81.437	111.83	153.15	209.16	284.90	387.04	524.43	708.80
37	47.528	66.232	92.024	127.49	176.12	242.63	333.33	456.70	624.08	850.56
38	52.756	74.180	103.99	145.34	202.54	281.45	390.00	538.91	742.65	1020.7
39	58.559	83.081	117.51	165.69	232.92	326.48	456.30	635.91	883.75	1224.8
40	65.001	93.051	132.78	188.88	267.86	378.72	533.87	750.38	1051.7	1469.8
41	72.151	104.22	150.04	215.33	308.04	439.32	624.63	885.45	1251.5	1763.7
42	80.088	116.72	169.55	245.47	354.25	509.61	730.81	1044.8	1489.3	2116.5
43	88.897	130.73	191.59	279.84	407.39	591.14	855.05	1232.9	1772.2	2539.8
44	98.676	146.42	216.50	319.02	468.50	685.73	1000.4	1454.8	2109.0	3047.7
45	109.53	163.99	244.64	363.68	538.77	795.44	1170.5	1716.7	2509.7	3657.3
46	121.58	183.67	276.44	414.59	619.58	922.71	1369.5	2025.7	2986.5	4388.7
47	134.95	205.71	312.38	472.64	712.52	1070.3	1602.3	2390.3	3553.9	5266.5
48	149.80	230.39	352.99	538.81	819.40	1241.6	1874.7	2820.6	4229.2	6319.7
49	166.27	258.04	398.88	614.24	942.31	1440.3	2193.3	3328.3	5032.7	7583.7
50	184.56	289.00	450.74	700.23	1083.7	1670.7	2566.2	3927.4	5988.9	9100.4

이자율(r) / 기간(n)	21 %	22 %	23 %	24 %	25 %	26 %	27 %	28 %	29 %	30 %
1	1.2100	1.2200	1.2300	1.2400	1.2500	1.2600	1.2700	1.2800	1.2900	1.3000
2	1.4641	1.4884	1.5129	1.5376	1.5625	1.5876	1.6129	1.6384	1.6641	1.6900
3	1.7716	1.8158	1.8609	1.9066	1.9531	2.0004	2.0484	2.0972	2.1467	2.1970
4	2.1436	2.2153	2.2889	2.3642	2.4414	2.5205	2.6014	2.6844	2.7692	2.8561
5	2.5937	2.7027	2.8153	2.9316	3.0518	3.1758	3.3038	3.4360	3.5723	3.7129
6	3.1384	3.2973	3.4628	3.6352	3.8147	4.0015	4.1959	4.3980	4.6083	4.8268
7	3.7975	4.0227	4.2593	4.5077	4.7684	5.0419	5.3288	5.6295	5.9447	6.2749
8	4.5950	4.9077	5.2389	5.5895	5.9605	6.3528	6.7675	7.2058	7.6686	8.1573
9	5.5599	5.9874	6.4439	6.9310	7.4506	8.0045	8.5948	9.2234	9.8925	10.604
10	6.7275	7.3046	7.9259	8.5944	9.3132	10.086	10.915	11.806	12.761	13.786
11	8.1403	8.9117	9.7489	10.657	11.642	12.708	13.862	15.112	16.462	17.922
12	9.8497	10.872	11.991	13.215	14.552	16.012	17.605	19.343	21.236	23.298
13	11.918	13.264	14.749	16.386	18.190	20.175	22.359	24.759	27.395	30.288
14	14.421	16.182	18.141	20.319	22.737	25.421	28.396	31.691	35.339	39.374
15	17.449	19.742	22.314	25.196	28.422	32.030	36.062	40.565	45.587	51.186
16	21.114	24.086	27.446	31.243	35.527	40.358	45.799	51.923	58.808	66.542
17	25.548	29.384	33.759	38.741	44.409	50.851	58.165	66.461	75.862	86.504
18	30.913	35.849	41.523	48.039	55.511	64.072	73.870	85.071	97.862	112.46
19	37.404	43.736	51.074	59.568	69.389	80.731	93.815	108.89	126.24	146.19
20	45.259	53.358	62.821	73.864	86.736	101.72	119.14	139.38	162.85	190.05
21	54.764	65.096	77.269	91.592	108.42	128.17	151.31	178.41	210.08	247.06
22	66.264	79.418	95.041	113.57	135.53	161.49	192.17	228.36	271.00	321.18
23	80.180	96.889	116.90	140.83	169.41	203.48	244.05	292.30	349.59	417.54
24	97.017	118.21	143.79	174.63	211.76	256.39	309.95	374.14	450.98	542.80
25	117.39	144.21	176.86	216.54	264.70	323.05	393.63	478.90	581.76	705.64
26	142.04	175.94	217.54	268.51	330.87	407.04	499.92	613.00	750.47	917.33
27	171.87	214.64	267.57	332.95	413.59	512.87	634.89	784.64	968.10	1192.5
28	207.97	261.86	329.11	412.86	516.99	646.21	806.31	1004.3	1248.9	1550.3
29	251.64	319.47	404.81	511.95	646.23	814.23	1024.0	1285.6	1611.0	2015.4
30	304.48	389.76	497.91	634.82	807.79	1025.9	1300.5	1645.5	2078.2	2620.0
31	368.42	475.50	612.43	787.18	1009.7	1292.7	1651.6	2106.2	2680.9	3406.0
32	445.79	580.12	753.29	976.10	1262.2	1628.8	2097.6	2696.0	3458.4	4427.8
33	539.41	707.74	926.55	1210.4	1577.7	2052.2	2663.9	3450.9	4461.3	5756.1
34	652.68	863.44	1139.7	1500.9	1972.2	2585.8	3383.2	4417.1	5755.1	7483.0
35	789.75	1053.4	1401.8	1861.1	2465.2	3258.1	4296.7	5653.9	7424.0	9727.9
36	955.59	1285.2	1724.2	2307.7	3081.5	4105.3	5456.7	7237.0	9577.0	12646.2
37	1156.3	1567.9	2120.7	2861.6	3851.9	5172.6	6930.1	9263.4	12354.3	16440.1
38	1399.1	1912.8	2608.5	3548.3	4814.8	6517.5	8801.2	11857.1	15937.1	21372.1
39	1692.9	2333.6	3208.5	4399.9	6018.5	8212.0	11177.5	15177.1	20558.8	27783.7
40	2048.4	2847.0	3946.4	5455.9	7523.2	10347.2	14195.4	19426.7	26520.9	36118.9
41	2478.6	3473.4	4854.1	6765.3	9404.0	13037.4	18028.2	24866.2	34212.0	46954.5
42	2999.1	4237.5	5970.6	8389.0	11754.9	16427.2	22895.8	31828.7	44133.4	61040.9
43	3628.9	5169.8	7343.8	10402.4	14693.7	20698.2	29077.7	40740.7	56932.1	79353.1
44	4390.9	6307.1	9032.9	12898.9	18367.1	26079.8	36928.7	52148.1	73442.5	103159.1
45	5313.0	7694.7	11110.4	15994.7	22958.9	32860.5	46899.4	66749.6	94740.8	134106.8
46	6428.8	9387.5	13665.8	19833.4	28698.6	41404.3	59562.3	85439.5	122215.6	174338.9
47	7778.8	11452.8	16808.9	24593.4	35873.2	52169.4	75644.1	109362.5	157658.1	226640.5
48	9412.3	13972.4	20675.0	30495.9	44841.6	65733.4	96068.0	139984.0	203379.0	294632.7
49	11388.9	17046.4	25430.2	37814.9	56051.9	82824.1	122006.3	179179.6	262358.9	383022.5
50	13780.6	20796.6	31279.2	46890.4	70064.9	104358.4	154948.0	229349.9	338443.0	497929.2

[부표4] 연금미래가치계수표 : $\frac{(1+r)^n - 1}{r}$

이자율(r) / 기간(n)	1%	2%	3%	4%	5%	6%	7%	8%	9%	10%
1	1.0000	1.0000	1.0000	1.0000	1.0000	1.0000	1.0000	1.0000	1.0000	1.0000
2	2.0100	2.0200	2.0300	2.0400	2.0500	2.0600	2.0700	2.0800	2.0900	2.1000
3	3.0301	3.0604	3.0909	3.1216	3.1525	3.1836	3.2149	3.2464	3.2781	3.3100
4	4.0604	4.1216	4.1836	4.2465	4.3101	4.3746	4.4399	4.5061	4.5731	4.6410
5	5.1010	5.2040	5.3091	5.4163	5.5256	5.6371	5.7507	5.8666	5.9847	6.1051
6	6.1520	6.3081	6.4684	6.6330	6.8019	6.9753	7.1533	7.3359	7.5233	7.7156
7	7.2135	7.4343	7.6625	7.8983	8.1420	8.3938	8.6540	8.9228	9.2004	9.4872
8	8.2857	8.5830	8.8923	9.2142	9.5491	9.8975	10.260	10.637	11.028	11.436
9	9.3685	9.7546	10.159	10.583	11.027	11.491	11.978	12.488	13.021	13.579
10	10.462	10.950	11.464	12.006	12.578	13.181	13.816	14.487	15.193	15.937
11	11.567	12.169	12.808	13.486	14.207	14.972	15.784	16.645	17.560	18.531
12	12.683	13.412	14.192	15.026	15.917	16.870	17.888	18.977	20.141	21.384
13	13.809	14.680	15.618	16.627	17.713	18.882	20.141	21.495	22.953	24.523
14	14.947	15.974	17.086	18.292	19.599	21.015	22.550	24.215	26.019	27.975
15	16.097	17.293	18.599	20.024	21.579	23.276	25.129	27.152	29.361	31.772
16	17.258	18.639	20.157	21.825	23.657	25.673	27.888	30.324	33.003	35.950
17	18.430	20.012	21.762	23.698	25.840	28.213	30.840	33.750	36.974	40.545
18	19.615	21.412	23.414	25.645	28.132	30.906	33.999	37.450	41.301	45.599
19	20.811	22.841	25.117	27.671	30.539	33.760	37.379	41.446	46.018	51.159
20	22.019	24.297	26.870	29.778	33.066	36.786	40.995	45.762	51.160	57.275
21	23.239	25.783	28.676	31.969	35.719	39.993	44.865	50.423	56.765	64.002
22	24.472	27.299	30.537	34.248	38.505	43.392	49.006	55.457	62.873	71.403
23	25.716	28.845	32.453	36.618	41.430	46.996	53.436	60.893	69.532	79.543
24	26.973	30.422	34.426	39.083	44.502	50.816	58.177	66.765	76.790	88.497
25	28.243	32.030	36.459	41.646	47.727	54.865	63.249	73.106	84.701	98.347
26	29.526	33.671	38.553	44.312	51.113	59.156	68.676	79.954	93.324	109.18
27	30.821	35.344	40.710	47.084	54.669	63.706	74.484	87.351	102.72	121.10
28	32.129	37.051	42.931	49.968	58.403	68.528	80.698	95.339	112.97	134.21
29	33.450	38.792	45.219	52.966	62.323	73.640	87.347	103.97	124.14	148.63
30	34.785	40.568	47.575	56.085	66.439	79.058	94.461	113.28	136.31	164.49
31	36.133	42.379	50.003	59.328	70.761	84.802	102.07	123.35	149.58	181.94
32	37.494	44.227	52.503	62.701	75.299	90.890	110.22	134.21	164.04	201.14
33	38.869	46.112	55.078	66.210	80.064	97.343	118.93	145.95	179.80	222.25
34	40.258	48.034	57.730	69.858	85.067	104.18	128.26	158.63	196.98	245.48
35	41.660	49.994	60.462	73.652	90.320	111.43	138.24	172.32	215.71	271.02
36	43.077	51.994	63.276	77.598	95.836	119.12	148.91	187.10	236.12	299.13
37	44.508	54.034	66.174	81.702	101.63	127.27	160.34	203.07	258.38	330.04
38	45.953	56.115	69.159	85.970	107.71	135.90	172.56	220.32	282.63	364.04
39	47.412	58.237	72.234	90.409	114.10	145.06	185.64	238.94	309.07	401.45
40	48.886	60.402	75.401	95.026	120.80	154.76	199.64	259.06	337.88	442.59
41	50.375	62.610	78.663	99.827	127.84	165.05	214.61	280.78	369.29	487.85
42	51.879	64.862	82.023	104.82	135.23	175.95	230.63	304.24	403.53	537.64
43	53.398	67.159	85.484	110.01	142.99	187.51	247.78	329.58	440.85	592.40
44	54.932	69.503	89.048	115.41	151.14	199.76	266.12	356.95	481.52	652.64
45	56.481	71.893	92.720	121.03	159.70	212.74	285.75	386.51	525.86	718.90
46	58.046	74.331	96.501	126.87	168.69	226.51	306.75	418.43	574.19	791.80
47	59.626	76.817	100.40	132.95	178.12	241.10	329.22	452.90	626.86	871.97
48	61.223	79.354	104.41	139.26	188.03	256.56	353.27	490.13	684.28	960.17
49	62.835	81.941	108.54	145.83	198.43	272.96	379.00	530.34	746.87	1057.2
50	64.463	84.579	112.80	152.67	209.35	290.34	406.53	573.77	815.08	1163.9

이자율(r) / 기간(n)	11%	12%	13%	14%	15%	16%	17%	18%	19%	20%
1	1.0000	1.0000	1.0000	1.0000	1.0000	1.0000	1.0000	1.0000	1.0000	1.0000
2	2.1100	2.1200	2.1300	2.1400	2.1500	2.1600	2.1700	2.1800	2.1900	2.2000
3	3.3421	3.3744	3.4069	3.4396	3.4725	3.5056	3.5389	3.5724	3.6061	3.6400
4	4.7097	4.7793	4.8498	4.9211	4.9934	5.0665	5.1405	5.2154	5.2913	5.3680
5	6.2278	6.3528	6.4803	6.6101	6.7424	6.8771	7.0144	7.1542	7.2966	7.4416
6	7.9129	8.1152	8.3227	8.5355	8.7537	8.9775	9.2068	9.4420	9.6830	9.9299
7	9.7833	10.089	10.405	10.730	11.067	11.414	11.772	12.142	12.523	12.916
8	11.859	12.300	12.757	13.233	13.727	14.240	14.773	15.327	15.902	16.499
9	14.164	14.776	15.416	16.085	16.786	17.519	18.285	19.086	19.923	20.799
10	16.722	17.549	18.420	19.337	20.304	21.321	22.393	23.521	24.709	25.959
11	19.561	20.655	21.814	23.045	24.349	25.733	27.200	28.755	30.404	32.150
12	22.713	24.133	25.650	27.271	29.002	30.850	32.824	34.931	37.180	39.581
13	26.212	28.029	29.985	32.089	34.352	36.786	39.404	42.219	45.244	48.497
14	30.095	32.393	34.883	37.581	40.505	43.672	47.103	50.818	54.841	59.196
15	34.405	37.280	40.417	43.842	47.580	51.660	56.110	60.965	66.261	72.035
16	39.190	42.753	46.672	50.980	55.717	60.925	66.649	72.939	79.850	87.442
17	44.501	48.884	53.739	59.118	65.075	71.673	78.979	87.068	96.022	105.93
18	50.396	55.750	61.725	68.394	75.836	84.141	93.406	103.74	115.27	128.12
19	56.939	63.440	70.749	78.969	88.212	98.603	110.28	123.41	138.17	154.74
20	64.203	72.052	80.947	91.025	102.44	115.38	130.03	146.63	165.42	186.69
21	72.265	81.699	92.470	104.77	118.81	134.84	153.14	174.02	197.85	225.03
22	81.214	92.503	105.49	120.44	137.63	157.41	180.17	206.34	236.44	271.03
23	91.148	104.60	120.20	138.30	159.28	183.60	211.80	244.49	282.36	326.24
24	102.17	118.16	136.83	158.66	184.17	213.98	248.81	289.49	337.01	392.48
25	114.41	133.33	155.62	181.87	212.79	249.21	292.10	342.60	402.04	471.98
26	128.00	150.33	176.85	208.33	245.71	290.09	342.76	405.27	479.43	567.38
27	143.08	169.37	200.84	238.50	283.57	337.50	402.03	479.22	571.52	681.85
28	159.82	190.70	227.95	272.89	327.10	392.50	471.38	566.48	681.11	819.22
29	178.40	214.58	258.58	312.09	377.17	456.30	552.51	669.45	811.52	984.07
30	199.02	241.33	293.20	356.79	434.75	530.31	647.44	790.95	966.71	1181.9
31	221.91	271.29	332.32	407.74	500.96	616.16	758.50	934.32	1151.4	1419.3
32	247.32	304.85	376.52	465.82	577.10	715.75	888.45	1103.5	1371.2	1704.1
33	275.53	342.43	426.46	532.04	664.67	831.27	1040.5	1303.1	1632.7	2045.9
34	306.84	384.52	482.90	607.52	765.37	965.27	1218.4	1538.7	1943.9	2456.1
35	341.59	431.66	546.68	693.57	881.17	1120.7	1426.5	1816.7	2314.2	2948.3
36	380.16	484.46	618.75	791.67	1014.3	1301.0	1670.0	2144.6	2754.9	3539.0
37	422.98	543.60	700.19	903.51	1167.5	1510.2	1954.9	2531.7	3279.3	4247.8
38	470.51	609.83	792.21	1031.0	1343.6	1752.8	2288.2	2988.4	3903.4	5098.4
39	523.27	684.01	896.20	1176.3	1546.2	2034.3	2678.2	3527.3	4646.1	6119.0
40	581.83	767.09	1013.7	1342.0	1779.1	2360.8	3134.5	4163.2	5529.8	7343.9
41	646.83	860.14	1146.5	1530.9	2047.0	2739.5	3668.4	4913.6	6581.5	8813.6
42	718.98	964.36	1296.5	1746.2	2355.0	3178.8	4293.0	5799.0	7833.0	10577.4
43	799.07	1081.1	1466.1	1991.7	2709.2	3688.4	5023.8	6843.9	9322.2	12693.8
44	887.96	1211.8	1657.7	2271.5	3116.6	4279.5	5878.9	8076.8	11094.5	15233.6
45	986.64	1358.2	1874.2	2590.6	3585.1	4965.3	6879.3	9531.6	13203.4	18281.3
46	1096.2	1522.2	2118.8	2954.2	4123.9	5760.7	8049.8	11248.3	15713.1	21938.6
47	1217.7	1705.9	2395.3	3368.8	4743.5	6683.4	9419.2	13273.9	18699.6	26327.3
48	1352.7	1911.6	2707.6	3841.5	5456.0	7753.8	11021.5	15664.3	22253.5	31593.7
49	1502.5	2142.0	3060.6	4380.3	6275.4	8995.4	12896.2	18484.8	26482.6	37913.5
50	1668.8	2400.0	3459.5	4994.5	7217.7	10435.6	15089.5	21813.1	31515.3	45497.2

이자율(r) / 기간(n)	21 %	22 %	23 %	24 %	25 %	26 %	27 %	28 %	29 %	30 %
1	1.0000	1.0000	1.0000	1.0000	1.0000	1.0000	1.0000	1.0000	1.0000	1.0000
2	2.2100	2.2200	2.2300	2.2400	2.2500	2.2600	2.2700	2.2800	2.2900	2.3000
3	3.6741	3.7084	3.7429	3.7776	3.8125	3.8476	3.8829	3.9184	3.9541	3.9900
4	5.4457	5.5242	5.6038	5.6842	5.7656	5.8480	5.9313	6.0156	6.1008	6.1870
5	7.5892	7.7396	7.8926	8.0484	8.2070	8.3684	8.5327	8.6999	8.8700	9.0431
6	10.183	10.442	10.708	10.980	11.259	11.544	11.837	12.136	12.442	12.756
7	13.321	13.740	14.171	14.615	15.073	15.546	16.032	16.534	17.051	17.583
8	17.119	17.762	18.430	19.123	19.842	20.588	21.361	22.163	22.995	23.858
9	21.714	22.670	23.669	24.712	25.802	26.940	28.129	29.369	30.664	32.015
10	27.274	28.657	30.113	31.643	33.253	34.945	36.723	38.593	40.556	42.619
11	34.001	35.962	38.039	40.238	42.566	45.031	47.639	50.398	53.318	56.405
12	42.142	44.874	47.788	50.895	54.208	57.739	61.501	65.510	69.780	74.327
13	51.991	55.746	59.779	64.110	68.760	73.751	79.107	84.853	91.016	97.625
14	63.909	69.010	74.528	80.496	86.949	93.926	101.47	109.61	118.41	127.91
15	78.330	85.192	92.669	100.82	109.69	119.35	129.86	141.30	153.75	167.29
16	95.780	104.93	114.98	126.01	138.11	151.38	165.92	181.87	199.34	218.47
17	116.89	129.02	142.43	157.25	173.64	191.73	211.72	233.79	258.15	285.01
18	142.44	158.40	176.19	195.99	218.04	242.59	269.89	300.25	334.01	371.52
19	173.35	194.25	217.71	244.03	273.56	306.66	343.76	385.32	431.87	483.97
20	210.76	237.99	268.79	303.60	342.94	387.39	437.57	494.21	558.11	630.17
21	256.02	291.35	331.61	377.46	429.68	489.11	556.72	633.59	720.96	820.22
22	310.78	356.44	408.88	469.06	538.10	617.28	708.03	812.00	931.04	1067.3
23	377.05	435.86	503.92	582.63	673.63	778.77	900.20	1040.4	1202.0	1388.5
24	457.22	532.75	620.82	723.46	843.03	982.25	1144.3	1332.7	1551.6	1806.0
25	554.24	650.96	764.61	898.09	1054.8	1238.6	1454.2	1706.8	2002.6	2348.8
26	671.63	795.17	941.46	1114.6	1319.5	1561.7	1847.8	2185.7	2584.4	3054.4
27	813.68	971.10	1159.0	1383.1	1650.4	1968.7	2347.8	2798.7	3334.8	3971.8
28	985.55	1185.7	1426.6	1716.1	2064.0	2481.6	2982.6	3583.3	4302.9	5164.3
29	1193.5	1447.6	1755.7	2129.0	2580.9	3127.8	3789.0	4587.7	5551.8	6714.6
30	1445.2	1767.1	2160.5	2640.9	3227.2	3942.0	4813.0	5873.2	7162.8	8730.0
31	1749.6	2156.8	2658.4	3275.7	4035.0	4968.0	6113.5	7518.7	9241.0	11350.0
32	2118.1	2632.3	3270.8	4062.9	5044.7	6260.6	7765.1	9625.0	11921.9	14756.0
33	2563.8	3212.5	4024.1	5039.0	6306.9	7889.4	9862.7	12321.0	15380.3	19183.8
34	3103.3	3920.2	4950.7	6249.4	7884.6	9941.6	12526.6	15771.8	19841.6	24939.9
35	3755.9	4783.6	6090.3	7750.2	9856.8	12527.4	15909.8	20189.0	25596.7	32422.9
36	4545.7	5837.0	7492.1	9611.3	12322.0	15785.6	20206.5	25842.9	33020.7	42150.7
37	5501.3	7122.2	9216.3	11919.0	15403.4	19890.8	25663.2	33079.9	42597.7	54796.9
38	6657.5	8690.1	11337.0	14780.5	19255.3	25063.4	32593.3	42343.2	54952.0	71237.0
39	8056.6	10602.9	13945.6	18328.9	24070.1	31580.9	41394.5	54200.4	70889.1	92609.1
40	9749.5	12936.5	17154.0	22728.8	30088.7	39793.0	52572.0	69377.5	91448.0	120392.9
41	11797.9	15783.6	21100.5	28184.7	37611.8	50140.2	66767.4	88804.1	117968.9	156511.7
42	14276.5	19257.0	25954.6	34950.0	47015.8	63177.6	84795.6	113670.3	152180.8	203466.3
43	17275.6	23494.5	31925.1	43339.1	58770.7	79604.8	107691.5	145499.0	196314.3	264507.2
44	20904.4	28664.3	39268.9	53741.4	73464.4	100303.0	136769.2	186239.7	253246.4	343860.3
45	25295.3	34971.4	48301.8	66640.4	91831.5	126382.8	173697.8	238387.8	326688.9	447019.4
46	30608.4	42666.1	59412.2	82635.1	114790.4	159243.3	220597.3	305137.4	421429.7	581126.2
47	37037.1	52053.7	73078.0	102468.5	143489.0	200647.6	280159.5	390576.9	543645.3	755465.1
48	44815.9	63506.5	89886.9	127061.9	179362.2	252817.0	355803.6	499939.5	701303.4	982105.6
49	54228.3	77478.9	110561.9	157557.8	224203.8	318550.4	451871.6	639923.5	904682.4	1276738.3
50	65617.2	94525.3	135992.2	195372.6	280255.7	401374.5	573877.9	819103.1	1167041.3	1659760.7

찾아보기

경제성 공학

초 판 발 행 | 2012년 5월 25일
초판5쇄발행 | 2024년 2월 6일

저 자 | 고근환 · 김광호 · 김기화 · 김정한 · 남시복 ·
남 현 · 노인배 · 문종훈 · 박상혁 · 손학식 ·
윤석구 · 정해종 · 최성우

발 행 인 | 이성범
발 행 처 | 문운당
주 소 | 서울시 종로구 혜화로5길 16 (명륜1가 45-3)
전 화 | (02)762-6010
팩 스 | 영업 (02)745-0265 / 편집 (02)762-8758
홈페이지 | http://munundang.co.kr
이 메 일 | munun2@chol.com

ISBN 978-89-7393-869-8 93530

정가 24,000원